Forschungs- und Entwicklungsverträge zwischen dem öffentlichen Auftraggeber und Industriefirmen im wehrtechnischen Bereich

Europäische Hochschulschriften

European University Studies

Publications Universitaires Européennes

Reihe II **Rechtswissenschaft**

Series II Law

Série II Droit

Band/Volume **5876**

Claudia Miller

Forschungs- und Entwicklungsverträge zwischen dem öffentlichen Auftraggeber und Industriefirmen im wehrtechnischen Bereich

Insbesondere unter besonderer Betrachtung der Allgemeinen Bedingungen für Entwicklungsverträge mit Industriefirmen (ABEI) in der rechtlichen Entwicklung und Anwendung in der Praxis

PL ACADEMIC RESEARCH

Bibliografische Information der Deutschen Nationalbibliothek
Die Deutsche Nationalbibliothek verzeichnet diese Publikation in der Deutschen Nationalbibliografie; detaillierte bibliografische Daten sind im Internet über http://dnb.d-nb.de abrufbar.

Zugl.: Köln, Univ., Diss., 2016

D 38
ISSN 0531-7312
ISBN (Print) 978-3-631-67740-7
E-ISBN (E-PDF) 978-3-653-07268-6
E-ISBN (EPUB) 978-3-631-69670-5
E-ISBN (MOBI) 978-3-631-69671-2
DOI 10.3726/978-3-653-07268-6

PL Academic Research ist ein Imprint der Peter Lang GmbH.
Peter Lang – Frankfurt am Main · Bern · Bruxelles · New York · Oxford · Warszawa · Wien

Diese Publikation wurde begutachtet.

www.peterlang.com

Inhaltsverzeichnis

Abkürzungsverzeichnis ... 15

Vorwort ... 17

Einleitung ... 19

1. Kapitel: Forschungs- und Entwicklungsverträge ... 21

§ 1 Begriff ... 21

§ 2 Abgrenzung des FuE-Vertrags von anderen Formen der Zusammenarbeit ... 22

§ 3 Rechtscharakter von FuE-Verträgen ... 23

A. FuE-Vertrag als gemischter Vertrag ... 23

B. Rechtstypologische Einordnung der Forschungs- und Entwicklungsleistung als Dienst- oder Werkvertrag ... 25

I. Abgrenzung zum Kaufrecht ... 25

II. Relevanz der vertragstypologischen Einordnung von FuE-Verträgen ... 25

III. Kriterien zur Einordnung von FuE-Verträgen als Werk- oder Dienstvertrag ... 28

1. Literatur ... 29

2. Rechtsprechung ... 32

3. Ergebnis ... 33

C. Rechtstypologische Einordnung der Übertragung von Rechten bzw. der Einräumung von Nutzungsrechten in FuE-Verträgen ... 34

I. Anwendbarkeit kaufvertraglicher Regelungen hinsichtlich der Übertragung von Rechten ... 34

II. Lizenzvertrag als Vertrag sui generis bei der Einräumung von Nutzungsrechten ... 34

2. Kapitel: Der Beschaffungsgang bei FuE-Vorhaben der Bundeswehr im wehrtechnischen Bereich 37

§ 1 Begriff des Öffentlichen Auftragswesens 37

§ 2 Argumente für Auftragsforschung/-entwicklung und gegen eine staatseigene Rüstungsindustrie 38

§ 3 Besonderheiten bei der öffentlichen Auftragsvergabe 38

A. Gebot der Wirtschaftlichkeit und Sparsamkeit 38

B. Reziprokes Verhältnis zwischen Zwangsbedarf und Nachfragemonopol der öffentlichen Hand 39

§ 4 Durchführung der Vergabe von FuE-Aufträgen der öffentlichen Hand im wehrtechnischen Bereich 39

§ 5 Verfahrensbestimmungen für die Bedarfsermittlung, Bedarfsdeckung und Nutzung in der Bundeswehr 40

§ 6 Vergabe von Liefer- und Dienstleistungsaufträgen der öffentlichen Hand im Verteidigungs- und Sicherheitsbereich unter besonderer Betrachtung der Besonderheiten der Vergabe von FuE-Aufträgen im Rahmen des novellierten Vergaberechts 48

A. EU-Richtlinie zu Vergaben in den Bereichen Verteidigung und Sicherheit – RL 2008/81/EG und die Umsetzung in nationales Recht 49

B. Arten der Vergabe von Liefer- und Dienstleistungsaufträgen im Verteidigungs- und Sicherheitsbereich 51

C. Besonderheiten bei der Vergabe von FuE-Aufträgen im Anwendungsbereich des VSVgV 52

I. Ausnahmevorschriften bei der Vergabe von FuE-Aufträgen im Anwendungsbereich des VSVgV 52

1. Forschungs- und Entwicklungsleistungen gem. § 12 Abs. 1 Nr. 1 lit. d) VSVgV 52

2. Für Forschungs- und Entwicklungszwecke hergestellte Güter gem. § 12 Abs. 1 lit e) VSVgV 53

II. Ausnahmevorschriften bei der Vergabe von FuE-Aufträgen im Anwendungsbereich des GWB 53

1. Forschungs- und Entwicklungsdienstleistungen gem. § 145 Nr. 6 GWB 53
a. Allgemeine Betrachtung 53
b. Anwendbarkeit der Ausnahmevorschrift bei Vergaben auf Grundlage der Allgemeinen Bedingungen für Entwicklungsverträge mit Industriefirmen (ABEI) 55
2. Forschungs- und Entwicklungsdienstleistungen gem. § 145 Nr. 2 GWB 57
III. Möglichkeit der Vergabe von FuE-Aufträgen mit Option auf die nachfolgende Phasen 58

3. Kapitel: Rahmenbedingungen von Forschungs- und Entwicklungsverträgen zwischen der öffentlichen Hand und Industriefirmen im wehrtechnischen Bereich 61

§ 1 Argumente für die Verwendung von standardisierten Bedingungen 61

§ 2 Mustervertragstext 63

§ 3 Leistungsbeschreibung 63

§ 4 Allgemeine Vertragsbedingungen – VOL/B 65

§ 5 Zusätzliche Vertragsbedingungen ZVB/BMVg 67

§ 6 Ergänzende Vertragsbedingungen für Nicht-IT-Leistungen 68
A. Allgemeine Bedingungen für Forschungsverträge mit Industriefirmen (ABFI) 68
B. Allgemeine Bedingungen für Entwicklungsverträge mit Industriefirmen (ABEI) 69
C. Ergänzende Bestimmungen zum gewerblichen Rechtschutz und Urheberrecht (EB-GRUR) 69

§ 7 Ergänzende Vertragsbedingungen für IT-Leistungen (EVB-IT) 70

§ 8 Bürgerliches Gesetzbuch – BGB 70

4. Kapitel: Allgemeine Bedingungen für Entwicklungsverträge mit Industriefirmen (ABEI) 71

§ 1 Notwendigkeit aus Sicht der Parteien der Vereinbarung spezifischer vertraglicher Regelungen 71

A. Haftung und Gewährleistung 71

I. Generelle Erwägungen 71

II. Haftung des Auftragnehmers für Verletzung von Schutzrechten Dritter 72

1. Haftung bei Anwendung der werkvertraglichen Regelungen 73

2. Haftung bei der Anwendung der dienstvertraglichen Regelungen 73

3. Haftung bei Anwendung der lizenzvertraglichen Regelungen 75

4. Einordnung der Verletzung von Schutzrechten Dritter im Rahmen eines FuE-Vertrags mit Lizenzeinräumung in ein gesetzlichen Haftungsregime 76

5. Ergebnis 77

B. Vorzeitige Beendigung 77

C. Nutzungsrechte am Ergebnis 78

I. Rechtslage bei fehlender Regelung zur Inhaberschaft und Nutzungs- und Verwertungsrechten an den Ergebnissen 79

1. Inhaberschaft von schutzrechtsfähigen Erfindungen und Schutzrechten 79

2. Inhaberschaft bei Gemeinschaftserfindungen 81

3. Inhaberschaft am Know-how 82

4. Umfang des Nutzungs- und Verwertungsrechts an den Ergebnissen 82

II. Ergebnis 84

D. Sonstige Regelungen 85

I. Mitwirkungsrechte und -pflichten des Auftraggebers........... 85
II. Geheimhaltungsverpflichtung.. 87
III. Erteilung von Unteraufträgen 87

§ 2 Die rechtliche und historische Entwicklung der Allgemeinen Bedingungen für Entwicklungsverträge mit Industriefirmen (ABEI)......88
A. Die Allgemeinen Bedingungen für Entwicklungsverträge mit Industriefirmen in der Fassung aus dem Jahre 1959............... 88
I. Gründe für die Einführung der ABEI im Jahre 1959............ 88
II. Überblick über die wesentlichen Bestimmungen................. 89
1. § 2 Vergütung.. 90
2. § 5 Durchführung des Entwicklungsvertrages................ 92
3. § 6 Schutzrechte 95
4. § 7 Arbeitnehmererfindungen... 97
5. § 9 Benutzungsrecht / § 12 Benutzungsentgelt / § 15 Benutzung des Entwicklungsergebnisses durch Dritte / §16 Fertigungstechnische Hilfe / § 17 Übertragung des Benutzungsrechts auf einen ausländischen Staat.. 98
6. § 11 Neuerungen und Verbesserungen......................... 102
7. § 13 Verwertung des Entwicklungsergebnisses durch den Auftragnehmer 103
8. § 18 Vorstellung des Entwicklungsergebnisses, Prüfungen, Gewährleistung.. 104
9. § 19 Kündigung, Restabgeltung...................................... 106
III. Resümee 106
B. Die Reformen der ABEI bis zur Version ABEI 2005 107
I. Reformen bis zur ABEI 1971 107
II. Reform der ABEI 1971 zur ABEI 2005............................... 108
1. Hintergrund für die Reformierung der ABEI im Jahre 2005 108
2. Überblick über die wesentlichen Änderungen 110
3. Weitere wesentliche Regelungen der ABEI 2005 111
4. Resümee 112

5. Kapitel: Die Wirksamkeit wesentlicher Regelungen der ABEI 2005 als Allgemeine Geschäftsbedingungen im Sinne von §§ 305 ff BGB ... 113

§ 1 Voraussetzung für die Einbeziehung der ABEI als Allgemeine Geschäftsbedingungen in den Vertrag ... 113

A. Vorliegen von Allgemeinen Geschäftsbedingungen gem. § 305 Abs. 1 BGB ... 113

I. Für eine von Vielzahl von Verträgen vorformulierte Vertragsbedingungen ... 113

II. Vom Verwender gestellte Vertragsbedingungen ... 113

III. Nicht individuell ausgehandelte Bedingungen gem. § 305 Abs. 1 S. 3 BGB ... 114

IV. Vertragsbedingungen der öffentlichen Hand ... 115

B. Einbeziehung in den Vertrag ... 116

§ 2 Inhaltskontrolle wesentlicher Vorschriften der ABEI 2005 ... 116

A. Möglicher Entfall der Inhaltskontrolle, wenn die ABEI Regelungen insgesamt und ohne inhaltliche Abweichung übernommen wurden analog der VOB/B gem. § 310 Abs. 1 S. 3 BGB ... 116

I. Hintergrund für die Bereichsausnahme bei vollständiger Übernahme der VOB/B ... 116

II. Anwendung der für die VOB/B geltenden Grundsätze einer Gesamtwürdigung auf die ABEI ... 117

B. Maßstäbe der Inhaltskontrolle ... 118

I. Allgemeines ... 118

II. Berücksichtigung der §§ 308–309 BGB gegenüber Unternehmern ... 118

III. Marktbeherrschende Stellung der öffentlichen Hand als Abwägungskritierium ... 120

C. Kontrollfähigkeit der Klauseln gem. § 307 Abs. 3 S. 1 BGB ... 121

I. Allgemeines ... 121

II. Kontrollfreie Bestimmungen eines der ABEI 2005 zugrundeliegenden Entwicklungsvertrages ... 122

D. Die Inhaltskontrolle wesentlicher Klauseln der ABEI 2005 gem. § 307 Abs. 1 und 2 BGB ... 122

I. Vorbemerkung ... 122
II. Besonderheiten bei kollektiv ausgehandelten Vertragswerken ... 123
III. Typologische Einordnung der FuE-Leistung sowie der Rechteregelung ... 124
IV. Inhaltskontrolle von § 3 Abs. 2 ABEI ... 129
1. Bewertung bei Einordung der FuE-Leistung als werkvertragliche Leistung ... 129
2. Bewertung bei Einordung der FuE-Leistung als dienstvertragliche Leistung ... 130
V. Inhaltskontrolle von § 12 Abs. 1, 2 ABEI ... 132
1. Argumente für eine Kontrollfreiheit gem. § 307 Abs. 3 S. 1 BGB ... 132
2. Argumente gegen eine Kontrollfreiheit gem. § 307 Abs. 3 S. 1. BGB ... 133
3. Stellungnahme ... 136
VI. Inhaltskontrolle von § 19 ABEI ... 137
1. Bewertung bei Einordnung der FuE-Leistung als werkvertragliche Leistung ... 138
2. Bewertung bei Einordnung der FuE-Leistung als dienstvertragliche Leistung ... 140

6. Kapitel: Umsetzung der ABEI 2005 in der Praxis und Erfahrungen der Industrieseite ... 143

§1 Durchführung einer Umfrage zur Erfahrung der Industrieseite beim Umgang mit der ABEI in der Praxis ... 143
A. Rahmenbedingungen ... 143
B. Inhaltliche Fragen zur ABEI ... 144
C. Zusammenfassung ... 148

§ 2 Modifikationen der ABEI durch den öffentlichen Auftraggeber in FuE-Verträgen in der täglichen Praxis und deren rechtliche Konsequenzen ... 148
A. Mögliche (AGB-)rechtliche Auswirkungen im Rahmen der Verwendung des Vertragsmusters „Entwicklungsvertrag Inland" in der Fassung vom 01.10.2012 ... 148

I. Verlängerung der Gewährleistungsfrist gem. § 6 Abs. 1 Vertragsmusters „Entwicklungsvertrag Inland“ 149
II. Regelungen zum Benutzungsentgelt gem. § 15 Abs. 1 und 4 des Vertragsmusters „Entwicklungsvertrag Inland“..... 150
III. Modifikationen zum Benutzungsrecht gem. § 16 des Vertragsmusters „Entwicklungsvertrag Inland“ 152
IV. Streichung der Haftungsbegrenzung in § 10 Abs. 7 ABEI in § 21 Abs. 1, 1. Spiegelstrich des Vertragsmusters „Entwicklungsvertrag Inland“ 156
V. Absetzen von 5 % der Vergütung in § 7 Abs. 11 des Vertragsmusters „Entwicklungsvertrag Inland“ 158
VI. § 7 Abs. 11 des Vertragsmusters „Entwicklungsvertrag Inland“ – Verjährungsfrist für Rückforderungsansprüche aus Preisprüfungen 162
VII. Ergebnis 164
B. Weitere Modifikationen gem. den Erfahrungen der Industrie lt. Umfrage und deren gegebenenfalls rechtliche Auswirkungen 164
I. Streichung der Bemühensklausel in § 1 Abs. 1 ABEI 164
II. Vereinbarung eines Selbstkostenfestpreises bzw. Streichung von § 5 (5) ABEI bei Vereinbarung eines Selbstkostenerstattungspreises 166
III. Anwendung der ABEI auf andere Vertragsarten als Entwicklungsverträge 169
1. Forschungsverträge 170
2. Studienverträge 170
3. Verträge über sogenannte „Anpassentwicklungen“ 171
a. Rechtliche Bewertung 171
b. Lösungsansätze 172
C. Kartellrechtliche Auswirkungen im Rahmen von § 19 GWB 173
I. Verhältnis zu den AGB-rechtlichen Vorschriften 173
II. Unternehmereigenschaft der öffentlichen Hand gem. § 1 GWB 174
III. Marktbeherrschende Stellung 176

IV. Missbräuchliche Ausnutzung einer marktbeherrschenden Stellung durch die Verwendung Allgemeiner Geschäftsbedingungen 176
1. § 19 Abs. 2 Nr. 2 GWB i.V.m. §§ 305 ff BGB 176
2. § 19 Abs. 1 GWB i.V.m. §§ 305 ff BGB 179
V. Sonstige Anhaltspunkte für eine missbräuchliche Ausnutzung einer marktbeherrschenden Stellung 183
VI. Verwaltungsverfahren/ Untersagung 183

7. Kapitel: Analyse unklarer und missverständlicher Regelungen der ABEI und Versuch einer Neugestaltung unter Berücksichtigung der Interessen der Industrie und des öffentlichen Auftraggebers 185

§ 1 § 9 ABEI – Rückzahlung der Entwicklungskosten 185
A. Probleme in der Praxis 185
B. Neuformulierung § 9 ABEI 187

§ 2 § 12 ABEI – Benutzungsrechte und Kennzeichnung 189
A. Unklarheiten und Regelungslücken des § 12 ABEI 189
B. Neuformulierung § 12 ABEI 192

§ 3 § 15 Benutzungsentgelt im Vertragsmuster „Entwicklungsvertrag Inland“ 196

§ 4 § 7 Abs. 11 im Vertragsmuster „Entwicklungsvertrag Inland“ 197

8. Kapitel: Handlungsempfehlungen für den öffentlichen Auftraggeber für die künftige Beauftragung von FuE-Leistungen 199

§ 1 Anpassung der ABEI 2005 und des Vertragsmusters „Entwicklungsvertrag Inland“ 199

§ 2 Vertragliche Festlegung ob dienst- oder werkvertragliche Leistungen geschuldet sind 199

§ 3 Weitere Ansätze zur interessensgerechten Optimierung des Vertragswerkes 200

A. Vereinbarung von Meilensteinen 200
B. „Cost-Sharing"-Systeme 201
C. Vereinbarung von Leistungskorridoren 201
D. Design-Freeze 201

Zusammenfassung und Thesen 205

A. Die wichtigsten Punkte 205
§ 1 Forschungs- und Entwicklungsverträge 205
§ 2 Der Beschaffungsgang der Bundeswehr bei Entwicklungen im wehrtechnischen Bereich 205
§ 3 Rahmenbedingungen von Forschungs- und Entwicklungsverträgen zwischen der öffentlichen Hand und Industriefirmen im wehrtechnischen Bereich 206
§ 4 Allgemeine Bedingungen für Entwicklungsverträge mit Industriefirmen 207
§ 5 Die Wirksamkeit wesentlicher Regelungen der ABEI 2005 als Allgemeine Geschäftsbedingungen im Sinne von §§ 305 ff BGB 207
§ 6 Umsetzung der ABEI 2005 in der Praxis und Erfahrungen der Industrieseite 208
§ 7 Neuformulierung und Handlungsempfehlung für den öffentlichen Auftraggeber 210

B. Fazit und Ausblick 211
§ 1 Fazit dieser Arbeit 211
§ 2 Auswirkungen des Gutachtens von KPMG 212

Literaturverzeichnis 215

Abkürzungsverzeichnis

a. A.	anderer Ansicht
ABEI	Allgemeine Bedingungen für Entwicklungsverträge mit Industriefirmen
ABFI	Allgemeine Bedingungen für Forschungsverträge mit Industriefirmen
AEUV	Vertrag über die Arbeitsweise der europäischen Union
AGB	Allgemeine Geschäftsbedingung
Anm.	Anmerkung
ArbnErfG	Arbeitnehmererfindungsgesetz
Art.	Artikel
BAAINBw	Bundesamt für Ausrüstung, Informationstechnik und Nutzung der Bundeswehr
BB	Betriebsberater
BDI	Bundesverband der Deutschen Industrie
BGB	Bürgerliches Gesetzbuch
BGH	Bundesgerichtshof
BGHZ	Bundesgerichtshof, Entscheidungen in Zivilsachen, amtliche Sammlung
BHO	Bundeshaushaltsordnung
BMWi	Bundesministerium für Wirtschaft und Technologie
BT-Drucks.	Bundestagsdrucksache
BVB	Besondere Vertragsbedingungen
bzgl.	bezüglich
DB	Der Betrieb
d. h.	das heißt
EDA	European Defence Agency
etc.	et cetera
EuGH	Europäischer Gerichtshof
f	folgende
ff	fortfolgende
FuE	Forschung und Entwicklung
GebrMG	Gebrauchsmustergesetz
GeschmMG	Geschmacksmustergesetz
ggf.	gegebenenfalls
GRUR	Gewerblicher Rechtschutz und Urheberrecht

GWB	Gesetz gegen Wettbewerbsbeschränkungen
h. M.	herrschende Meinung
hinsichtl.	hinsichtlich
i.d.R.	in der Regel
i.S.v.	im Sinne von
MMR	MultiMedia und Recht
NJW	Neue Juristische Woche
Nr.	Nummer
öAG	öffentlicher Auftraggeber
o. ä.	oder ähnlich
o. g.	oben genannt
OCCAR	Organisation Conjointe de Coopération en Matière d'Armement
PatG	Patentgesetz
Rn.	Randnummer
S.	Seite
sog.	sogenannte/sogenanntes/sogenannter
Urt.	Urteil
usw.	und so weiter
u.U.	unter Umständen
UrhG	Urhebergesetz
VDA	Verband der Automobilindustrie
vgl.	vergleiche
VOB/B	Vergabe- und Vertragsordnung für Bauleistungen, Teil B
VOL/A	Vergabe und Vertragsordnung für Leistungen, Teil A
VOL/B	Allgemeine Vertragsbedingungen für die Ausführung von Leistungen
VSVgV	Vergabeverordnung für Verteidigung und Sicherheit
WuW	Wirtschaft und Wettbewerb
z.B.	zum Beispiel
z. T	zum Teil

Vorwort

Die vorliegende Arbeit entstand unter der Betreuung von Frau Prof. Dr. Dauner-Lieb und wurde vom Fachbereich Rechtswissenschaften der Universität zu Köln als Dissertation angenommen. Die Motivation und die Idee zu der vorliegenden Arbeit ist entstanden aus meiner beruflichen Tätigkeit, durch die ich regelmäßig mit der juristischen Beratung und Begleitung von Forschungs- und Entwicklungsvorhaben mit dem öffentlichen Auftraggeber und den damit einhergehenden Problemen und Fragestellungen befasst bin.

Bedanken möchte ich mich zunächst bei meiner Doktormutter Professor Dr. Barbara Dauner-Lieb und auch Frau Professor Dr. Barbara Grunewald für die rasche Erstellung des Zweitgutachtens.

Vor allem möchte ich mich aber bei meinem Kollegen Markus Zimmermann bedanken für seine nie versiegenden motivierenden Worte und seine stets wertvolle und hilfsbereite Unterstützung. Herzlich danken möchte ich auch den Freunden und Weggefährten, die auf ihre Weise zum Gelingen der Arbeit beigetragen haben.

Danken möchte ich auch den diversen engagierten Mitarbeitern des BAAIN-Bw, die mir bei Fragen mit Rat und Tat zur Seite standen.

Nicht zuletzt gilt mein tief empfundener Dank meiner Familie – insbesondere Andreas – für die liebevolle Unterstützung und Geduld in allen Höhen und Tiefen während der Erstellung dieser Arbeit.

Einleitung

Forschung und Entwicklung sind für die Innovationskraft der deutschen Sicherheits- und Verteidigungsindustrie von tragender Bedeutung. Aufgrund dieser Wichtigkeit ist die finanzielle Unterstützung der diesbezüglichen Forschung und Entwicklung unerlässlich. Denn ohne Aufwendungen für Forschung und Entwicklung würden mittelfristig keine innovativen und neuen Produkte entstehen. Dies hätte nicht nur für die Wettbewerbsfähigkeit nationaler Unternehmen negative Auswirkungen, sondern auch für die nationale Souveränität, den deutschen Beitrag an internationalen Kooperationen und nicht zuletzt für die Bündnisverpflichtungen der Bundesrepublik Deutschland.[1]

Die aktuelle, konträr geführte Diskussion über die Beschaffung von Waffensystemen und Militärtechnik für die Bundeswehr zeigt, welche gesellschaftspolitischen Folgen konkrete Beschaffungsvorgänge nach sich ziehen können. Auch die enorme wirtschaftliche Bedeutung dieses Gebietes ist unbestritten, so betrugen die Ausgaben für Wehrforschung, wehrtechnische und sonstige militärische Entwicklung und Erprobung beim Bund 2013 927.407,00 Euro.[2]

Die entsprechenden Verträge über Forschungs- und Entwicklungsleistungen gehören dabei nicht zu den typisierten Rechtsgeschäften. Da zum Zeitpunkt des Vertragsschlusses der Verlauf des Projekts und die Erfolgsaussichten in der Regel nicht exakt kalkulierbar sind, kommt der vertraglichen Gestaltung eine tragende Bedeutung zu. Denn davon hängt vor allem der interessengerechte Ausgleich von Rechten und Pflichten der Vertragspartner ab – insbesondere, wenn das Projekt tatsächlich anders verläuft als von beiden Parteien bei Vertragsschluss angenommen.

Die öffentliche Hand verwendet für die Beauftragung von Forschungs- und Entwicklungsleistungen eigene Bedingungen, nämlich die „Allgemeinen Bedingungen für Entwicklungsverträge mit Industriefirmen“ (ABEI).

Eine vertiefte Auseinandersetzung mit diesen Bedingungen ist trotz des nicht unbeachtlichen Ausgabevolumens von fast 1 Mrd jährlich bislang kaum in Literatur noch Rechtsprechung erfolgt.

---

1 BDSV: Positionspapier zur wehrtechnischen Forschung und Technologie des Bundesverbandes der Deutschen Sicherheits- und Verteidigungsindustrie e. V. (BDSV) unter http://www.bdsv.eu/de/Presse/Positionen.htm (abgerufen am 26.10.2014).

2 Abrufbar unter http://www.bundeshaushalt-info.de/startseite/#/2013/soll/ausgaben/funktion/036.html (abgerufen am 26.10.2014).

Einzig im Zusammenhang mit der Auseinandersetzung um den EURO-HAWK im Jahr 2013 und dem dazu veröffentlichten Sachstandsbericht der Ad-Hoc-Arbeitsgruppe drangen die Bedingungen der Musterentwicklungsverträge der Bundeswehr, insbesondere die Bemühensklausel gem. § 1 Abs. 1 ABEI,[3] in die Öffentlichkeit und waren unter anderem Gegenstand der öffentlichen Diskussion.

Die vorliegende Arbeit befasst sich neben der Untersuchung der Rechtsnatur des Forschungs- und Entwicklungsvertrags im Allgemeinen mit den Rahmenbedingungen der Beauftragung von Forschungs- und Entwicklungsvorhaben der Bundeswehr und geht daraufhin weiter auf die konkreten Bedingungen solcher Verträge, insbesondere der ABEI, ein. Dabei wird nicht nur die Notwendigkeit der Verwendung von eigenen Bedingungen mangels gesetzlich ausreichender Regelungen dargestellt, sondern diese Bedingungen auch auf einen AGB- und kartellrechtlichen Prüfstand gestellt. Zudem werden auf der anderen Seite die praktischen Probleme bei der Anwendung der ABEI im Rahmen einer Umfrage ermittelt und u.a. eine Lösung diverser praktischer und rechtlicher Probleme durch eine Neuformulierung angeboten.

3 Bericht der Ad-Hoc-Arbeitsgruppe, abrufbar unter www.bmvg.de/resource/resource/.../sachstandsbericht.pdf, dort ab S. 22 (abgerufen am 26.10.2014).

1. Kapitel: Forschungs- und Entwicklungsverträge

§ 1 Begriff

Obwohl in der Praxis die Begriffe „Forschung“ und „Entwicklung“ oft gemeinsam verwendet werden und die Übergänge häufig fließend sind, sollten diese Begriffe differenziert verwendet werden, da hier unterschiedliche Phasen eines Innovationsprozesses beschrieben werden.[4] Im Bereich der Forschung wird zudem zwischen der Grundlagenforschung und der angewandten Forschung unterschieden.

Grundlagenforschung verfolgt hauptsächlich das Ziel der Gewinnung neuer Erkenntnisse, ohne dass bereits eine bestimmte Anwendung oder Nutzung angestrebt wird, während die angewandte Forschung neue wissenschaftliche oder technische Erkenntnisse mit einer bestimmten Zielsetzung zu ermitteln versucht.[5]

In der Entwicklung wird dieser wissenschaftliche Fortschritt in den technologischen Fortschritt umgesetzt, wenn ein technischer oder anwendungsreifer Prototyp entsteht.[6] Das Ergebnis der Entwicklung soll somit direkt für das Endprodukt bzw. dessen Herstellung verwendet werden.

Die einheitliche Verwendung des Begriffs „Forschungs- und Entwicklungsvertrag“ bzw. „FuE-Vertrag“, die sich mittlerweile im allgemeinen Sprachgebrauch verankert ist, lässt allerdings nicht den Rückschluss zu, dass der jeweilige Vertrag zugleich Forschungs- und Entwicklungsanteile beinhaltet. Vielmehr ist der Vertragsgegenstand jeweils im Einzelfall zu ermitteln.[7]

---

4 Möffert, Franz-Josef: Der Forschungs- und Entwicklungsvertrag, 3. Auflage, München 2008, S. 40.

5 OECD: Frascati Manual 2002, S. 30. Rosenberger, Hans-Peter: Verträge über Forschung und Entwicklung, F&E-Kooperationen in rechtlicher und wirtschaftlicher Sicht, 2. Auflage Köln 2010, S. 5.

6 Möffert: Der Forschungs- und Entwicklungsvertrag, S. 41.

7 Winzer, Wolfgang: Forschungs- und Entwicklungsverträge – Ein Vertragshandbuch, 2. Auflage 2011, A Rn 1.

§ 2 Abgrenzung des FuE-Vertrags von anderen Formen der Zusammenarbeit

FuE-Verträge kommen in den verschiedensten Ausprägungen und Fallgestaltungen vor.

Als Forschungs- und Entwicklungsvertrag wird in der Regel ein Vertrag über eine Forschungs- und/oder Entwicklungsleistung zwischen einem privatrechtlich agierenden öffentlichen, einem industriellen oder privaten Auftraggeber und einem beauftragten Unternehmen bzw. einer öffentlichen Einrichtung wie z.B. Hochschulen oder Forschungsorganisationen bezeichnet.

Im Rahmen dieser Arbeit wird unter dem Begriff „Forschungs- und Entwicklungsvertrag" bzw. „FuE-Vertrag" weiterhin nur ein Forschungs- und Entwicklungsvertrag im Sinne eines Auftragsverhältnisses[8] verstanden, in dessen Rahmen sich der Auftragnehmer zur Durchführung bestimmter FuE-Arbeiten für den Auftraggeber verpflichtet und der Auftraggeber dem Auftragnehmer dafür ein Entgelt zu leisten hat.

Vom FuE-Vertrag sind jedoch Kooperationen zwischen zwei oder mehreren Unternehmen, bei welchen die Partner auf einem bestimmten Gebiet ein gemeinsames FuE-Ziel verfolgen, abzugrenzen. Dabei hat jeder Partner einen eigenen Leistungsanteil und es findet ein gegenseitiger Wissenstransfer statt, um z.B. ein neues Produkt zu entwickeln bzw. ein bestehendes Produkt weiterzuentwickeln.[9] Die Arbeiten an dem Projekt werden in verschiedene Arbeitspakete aufgeteilt, die von den jeweils darauf spezialisierten Kooperationspartnern bearbeitet werden. Ein Leistungsaustausch gegen Entgelt erfolgt dabei in aller Regel nicht.[10]

Abzugrenzen sind weiterhin reine Lizenzvereinbarungen, in deren Rahmen lediglich Lizenzen an Erfindungen, Schutzrechten oder Know-how eingeräumt werden. Die entsprechenden Erfindungen, Schutzrechte und das Know-how können dabei durch Eigenforschung bzw. -entwicklung des Lizenzgebers entstanden

8 sofern im Sprachgebrauch der Begriff „Auftrag" im Zusammenhang mit FuE-Verträgen verwendet wird, wird damit nicht ein Auftrag iSd §§ 662 ff BGB verstanden, sondern liegt vielmehr das kaufmännische bzw. betriebswirtschaftliche Verständnis des Auftrags als ein Austauschverhältnis zugrunde, welches sowohl Dienst- als auch Werkvertrag sein kann und Elemente anderer Vertragstypen enthalten kann (vgl. auch Rosenberger: Verträge über Forschung und Entwicklung, S. 9).

9 Winzer: Forschungs- und Entwicklungsverträge, A Rn. 3.

10 So auch Koch, Thurid: Die Haftungsfreizeichung bei Forschungs- und Entwicklungsverträgen, Diss., 1. Auflage 2009, Baden Baden 2009, zit: Koch, Haftungsfreizeichung, S. 26.

sein oder im Rahmen einer Auftragsforschung bzw. -entwicklung für einen Dritten, wobei dem jeweiligen Auftraggeber dabei nur ein nichtausschließliches oder auf einen bestimmten Anwendungsbereich beschränktes Nutzungsrecht eingeräumt wurde. Der Hauptunterschied zu dem o.g. FuE-Vertrag ist, dass sich die Leistungspflichten der Parteien auf den reinen Austausch von Technologie gegen Geld beschränken und nicht auf die Erbringung von FuE-Leistungen gerichtet sind[11]

§ 3 Rechtscharakter von FuE-Verträgen

Die Frage nach der vertragstypologischen Einordnung des Forschungs- und Entwicklungsvertrags ist bislang in Literatur und Rechtsprechung relativ unbeachtet geblieben, so findet man z. B. in der Kommentarliteratur zum BGB – wenn überhaupt – nur wenige Zeilen hierzu.[12] Auch die Rechtsprechung hat sich bis auf wenige Ausnahmen kaum mit der rechtlichen Einordnung von FuE-Verträgen befasst[13]. Dieses „Schattendasein“ ist insbesondere im Hinblick auf die Bedeutung der Thematik für die technologische Entwicklung in Deutschland kaum verständlich.

A. FuE-Vertrag als gemischter Vertrag

Ein Forschungs- und Entwicklungsvertrag enthält in der Regel Elemente von verschiedenen Vertragstypen, wie z. B. dienst- und oder werkvertragliche oder – sofern es um die Einräumung von Nutzungsrechten geht – auch lizenzvertragliche Regelungen. Grundsätzlich handelt es sich bei FuE-Verträgen nach der Mehrzahl der in der Literatur vertretenen Meinungen um Typenverschmelzungsverträge, da die verschiedenen Bestandteile einer Leistung nur in ihrer Gesamtheit ein sinnvolles Ganzes ergeben und untrennbar miteinander verbunden sind.[14] So ist z. B. die Beauftragung einer Entwicklung für einen Auftraggeber nur

11 Gempe, Michael: Haftung für Rechtsmängel im Zusammenhang mit der Durchführung von Forschungs- und Entwicklungsaufträgen, Diss. an der Friedrich-Schiller-Universität, Dresden 2008, zit: Gempe: Haftung für Rechtsmängel, S. 24. Ulsenheimer, Stefan: Die zwischenbetriebliche Forschungs- und Entwicklungskooperation, Diss., Frankfurt 2001, S. 22.

12 Palandt, Otto: Bürgerliches Gesetzbuch: BGB mit Nebengesetzen, 73. neubearbeitete Auflage, München 2014, vor 631 Rn. 23, MüKo, Busche, § 631, Rn. 260.

13 vor allem BGH NJW 2002, 3323 ff.

14 Palandt: vor § 311, Rn. 19, 23, so auch Beaumart, Markus: Werkerfolgsrisiken in F&E-Verträgen, in: Nicklisch (Hrsg.): Forschungs- und Entwicklungsverträge in

dann als sinnvoll zu erachten, wenn er an den Ergebnissen auch ein entsprechendes Nutzungsrecht eingeräumt bekommt.

Gempe hingegen behandelt den FuE-Vertrag als Typenkombinationsvertrag, da die Charakteristika der verschiedenen Vertragstypen in jeweils verschiedenen Leistungspflichten enthalten sind.[15]

Auf argumentativer Ebene überzeugt Gempe hierbei, da mit der FuE-Leistung und der Rechteverteilung zwei separate Leistungspflichten vorliegen und eben keine verschiedenen Vertragstypen innerhalb einer einzigen Leistungspflicht, was das Charakteristikum eines Typenverschmelzungsvertrags wäre. Die Begründung der Literatur[16], dass die Vertragskomponenten nur in ihrer Gesamtheit ein sinnvolles Ganzes ergeben, ist dabei kein Kennzeichen für das Vorliegen eines Typenverschmelzungsvertrags sondern nur für das Vorliegen eines gemischten Vertrags.[17]

Eine abschließende Entscheidung muss an dieser Stelle jedoch nicht getroffen werden, da die rechtliche Behandlung sowohl für Typenkombinationsverträge als auch für Typenverschmelzungsverträge als Untergruppen der gemischten Verträge gleichlaufend ist.

Nach der oftmals herangezogenen Kombinationstheorie sind für jede Leistung die Vorschriften des entsprechenden Vertragstyps heranzuziehen.[18] So hat das LG Hannover entschieden, dass die Pflicht zur Erstellung einer Dokumentation als werkvertragliches Element zu qualifizieren ist, wohingegen die Forschungs- und Entwicklungsleistung als solche eine dienstvertragliche Tätigkeit darstellt.[19]

Für die rechtliche Einstufung der Forschungs- und Entwicklungsleistung selbst als untrennbare Leistung hilft diese Einordnung allerdings nicht weiter, weshalb diese nachfolgend gesondert betrachtet werden soll.

Wissenschaft und Technik, München 2004, S. 40 und Schmeißer, Nikolai/Zirkel, Markus: Forschungs- und Entwicklungsverträge – Rechtliche Einordnung und vertragliche Gestaltung, MDR 2003, S. 849. Brandi-Dohrn, Matthias: Das Risiko im Entwicklungsvertrag, CR 1998, S. 645 (648).

15 Gempe: Haftung für Rechtsmängel, S. 47. Zustimmend ebenfalls Lempe, Franziska: Die rechtliche Kartografierung von Forschungs- und Entwicklungsverträgen, Diss., Marburg 2012, zit: Lempe: Kartografierung, S. 111.

16 Schmeißer/Zirkel: Forschungs- und Entwicklungsverträge, MDR 2003, S. 849.

17 Palandt: vor § 311 Rn. 19.

18 Palandt: § 311 Rn. 24, 25, im Gegensatz dazu ist die eher kritisch betrachtete Absorptionstheorie bestrebt, das Vertragskonstrukt einem einzigen Typ unterzuordnen und wendet bei atypischen Verträgen allein das Recht des dominanten Typenelements an, welches alle anderen Regelungen absorbiert.

19 LG Hannover: Urteil vom 13.7.1998 in NJW-RR 1999, 1655 (1656).

B. Rechtstypologische Einordnung der Forschungs- und Entwicklungsleistung als Dienst- oder Werkvertrag

I. Abgrenzung zum Kaufrecht

Gem. § 651 S. 1 BGB finden auf einen Vertrag, der die Lieferung herzustellender oder zu erzeugender beweglicher Sachen zum Gegenstand hat, die Vorschriften über den Kauf Anwendung. Damit wurde durch die Schuldrechtsreform bzw. durch die Neufassung des § 651 BGB ein Teil des Anwendungsbereichs des Werkvertragsrechts dem Kaufrecht zugeordnet. Sofern man jedoch davon ausgeht, dass bei Forschungs- und Entwicklungsverträgen nicht die bloße technische Herstellung einer beweglichen Sache im Vordergrund steht, sondern die geistig-wissenschaftliche Leistung derart im Vordergrund steht, dass diese dem Vertrag ihr Gepräge gibt, kommen grundsätzlich die §§ 631 ff. BGB (statt über § 651 BGB die §§ 433 ff. BGB) zur Anwendung.[20]

II. Relevanz der vertragstypologischen Einordnung von FuE-Verträgen

Die richtige Zuordnung eines FuE-Vertrags zum Werk- oder Dienstvertragsrecht ist schon allein deswegen unabdingbar, da bei Lücken in der Vertragsgestaltung das dispositive Gesetzesrecht ergänzend gilt. Haben die Parteien also bestimmte Punkte ihres Vertrags offen gelassen, so ist der Vertragstyp festzulegen, um die Lücken mit den entsprechenden gesetzlichen Vorschriften auszufüllen.[21]

Sofern es sich zudem um Allgemeine Geschäftsbedingungen handelt, für die eine AGB-Kontrolle durchgeführt werden soll, ist der Leitbildcharakter der gesetzlichen Regelung gem. § 307 Abs. 2 Nr. 1 BGB entscheidend.

Auch auf der Rechtsfolgenseite ist im Rahmen der AGB-Prüfung die typologische Einordnung des Vertrags von Bedeutung. Ergibt die Prüfung die Unwirksamkeit einer Klausel, sind gem. § 306 Abs. 2 BGB – sofern ein bestimmter Vertragstyp vorliegt – die Vorschriften des dispositiven Gesetzesrechts des jeweiligen Vertragstyps heranzuziehen. Nur wenn der Rückgriff auf

---

20 Palandt: § 651 Rn. 4, Schmeißer/Zirkel: Forschungs- und Entwicklungsverträge, S. 849. Siehe dazu auch Manowski, Peter: Werkvertragsrecht – die Neuerungen durch § 651 und der Abschied vom Werklieferungsvertrag, MDR 15/2003, MDR 2003, 854.

21 vgl. auch Palandt: § 157 Rn. 4, wonach ein grundsätzlicher Vorrang des dispositiven Gesetzesrechts vor der Methodik der ergänzenden Vertragsauslegung gem. §§ 133, 157 BGB besteht.

einen bestimmten Vertragstyp unmöglich ist, kann die Lücke durch ergänzende Vertragsauslegung gefüllt werden.[22]

Die Unterscheidung und Zuordnung der Forschungs- und Entwicklungsleistung zum Dienst- oder Werkvertragsrecht ist in diesen Fällen erforderlich, da diese Vertragstypen in den für FuE-Verträge wesentlichen Regelungen völlig unterschiedliche Rechtsfolgen vorsehen:

- Mängelhaftung

  Das Dienstvertragsrecht gem. §§ 611 ff BGB ist tätigkeitsbezogen ausgestaltet, d.h. der Dienstverpflichtete schuldet i.d.R. nur die Durchführung der vereinbarten Forschungs- und Entwicklungsleistungen, allerdings ohne für einen bestimmten Erfolg verschuldensunabhängig die Gewähr zu übernehmen.[23] Das bedeutet, dass der Auftragnehmer nur sein Bemühen zur Erreichung des Forschungs- und Entwicklungsziel schuldet; Gewährleistungsverpflichtungen sind dem Dienstvertragsrecht deshalb fremd.

  Bei Pflichtverletzungen können sich neben möglichen Leistungsverweigerungs- und Kündigungsrechten[24] nur Schadensersatzansprüche gem. §§ 611, 280 I, 249ff BGB ergeben; Rechtsbehelfe wie Minderung der Vergütung oder Selbstvornahme im Falle der Schlechterfüllung sind nicht vorgesehen.

  Eine Schlechterfüllung kann u.U. bei Nichteinhaltung der vereinbarten wissenschaftlichen Sorgfalt in Betracht kommen bzw. bei Sorgfaltspflichtverstößen wie z.B. hinsichtlich der Auswahl und des Einsatzes von qualifiziertem Fachpersonal; dem Vorhalten und Einsatz der Ausrüstung etc.[25]

  Im Werkvertragsrecht haftet der Auftragnehmer hingegen grundsätzlich verschuldensunabhängig für die Herbeiführung eines bestimmten Ergebnisses bzw. Erfolges, was sich vor allem durch die Regelungen zur Mängelhaftung in den §§ 633 ff BGB manifestiert. Daneben können bei Nichterreichung des Erfolgs Schadensersatzansprüche gegenüber dem Auftragnehmer geltend gemacht werden, wobei das Verschulden i.d.R. gem. § 280 I S. 2 BGB vermutet wird.

---

22 Palandt: § 306, Rn. 13.

23 Beaumart: Werkerfolgsrisiken in F&E-Verträgen, S. 43.

24 Palandt: § 611, Rn. 16.

25 Möffert: Der Forschungs- und Entwicklungsvertrag, S. 63.

- Kündigung

  Im Rahmen des Werkvertragsrechts steht dem Auftraggeber gem. § 649 BGB jederzeit ein freies Kündigungsrecht zu; er bleibt jedoch zur Entrichtung der vereinbarten Vergütung verpflichtet, wobei nur die ersparten Aufwendungen des Auftragnehmers in Abzug gebracht werden bzw. dass, was der Auftragnehmer durch anderweitige Verwendung seiner Arbeitskraft erwirbt oder zu erwerben böswillig unterlässt.

  Zudem wird von der Rechtsprechung bei Werkverträgen mit Dauerschuldcharakter ein außerordentliches Kündigungsrecht gem. § 314 BGB mit von § 649 BGB abweichenden Rechtsfolgen anerkannt, d.h. ohne Vergütungspflicht für noch ausstehende Teilleistungen.[26]

  Im Dienstvertragsrecht sind die Möglichkeiten einer Kündigung in den §§ 620–628 BGB geregelt und kann danach – sofern die Voraussetzungen gem. § 620 Abs. 2 erfüllt sind (z.B. unbestimmte Dauer) – ordentlich nach den §§ 621–623 BGB gekündigt werden. In der Regel müssen dabei nur die erbrachten Dienstleistungen vergütet werden.

- Verjährung

  Auch die Verjährungsfristen für Ansprüche aus Schlechtleistung fallen bei Werk- und Dienstvertrag auseinander. So verjähren beim Dienstvertrag Ansprüche aus Vertragsverletzung gem. § 280 I BGB nach 3 Jahren (§ 195 BGB). Im Werkvertragsrecht gelten unterschiedliche Verjährungsfristen. Ansprüche aus Gewährleistung gem. § 634 a Abs. 1 Nr. 1 BGB verjähren grundsätzlich 2 Jahre nach Abnahme, bei Bauwerken und Plan- und Überwachungsleistungen in 5 Jahren, ansonsten nach 3 Jahren gem. § 634 a Abs. 1 Nr. 3 BGB.

- Vergütungsgefahr

  Ein signifikanter Unterschied besteht hinsichtlich der Vergütungsgefahr, da beim Werkvertrag der Auftragnehmer diese gem. § 644 BGB grundsätzlich bis zur Abnahme des Werkes trägt. Im Dienstvertragsrecht gilt dies nicht, dort bestimmt z.B. § 615 S. 1 BGB, dass der Auftraggeber im Falle eines Annahmeverzugs verpflichtet ist, die aus diesem Grunde nicht geleisteten Dienste zu vergüten bzw. kann gem. § 616 BGB der Auftragnehmer Anspruch auf

26 Palandt: § 649, Rn. 13.

die vereinbarten Vergütung für Zeiten geltend machen, in denen er an der Dienstleistung verhindert war.[27]

Darüber hinaus ist anzumerken, dass das Dienstvertragsrecht mehr von dem Gedanken der Steuerung und Kontrolle des Auftraggebers geprägt ist als das Werkvertragsrecht. Dies resultiert vor allem aus dem Gedanken, dass ein Auftragnehmer für den Eintritt eines bestimmten Erfolges, den er aufgrund der Steuerungsbefugnis durch den Auftraggeber nicht selbstbestimmt steuern kann, vernünftigerweise nicht einstehen kann.[28]

III. Kriterien zur Einordnung von FuE-Verträgen als Werk- oder Dienstvertrag

Wie unter § 3 A. dargestellt, kann ein FuE-Vertrag irgendwo zwischen Werkvertrag und Dienstvertrag angesiedelt sein.

Sofern sich die Vertragsleistung nur darauf beschränkt, nach neuen Erkenntnissen hinsichtlich einer bestimmten Thematik zu suchen (z. B. Versuchsreihen), handelt es sich in der Regel um einen Dienstvertrag.[29] Darunter fallen vor allem Verträge über Grundlagenforschung, da hier in der Regel wissenschaftliches Neuland betreten werden soll.

Eine Einstufung als Werkvertrag ist dann jedoch als unproblematisch anzunehmen, wenn vertraglich ein bestimmter Erfolg geschuldet ist, aber im Rahmen der Leistung kein wissenschaftliches Neuland betreten wird. Da hier kein Neuartigkeitsrisiko seitens des Auftragnehmers getragen werden muss, weil die Leistung auf Basis des bei Vertragsschluss bekannten Stands der Technik erbracht wird, darf der Auftraggeber in der Regel auch die Herbeiführung des Erfolgs erwarten. So handelt es sich z. B. bei der Erstellung von Gutachten nach vorherrschender Meinung um Werkverträge.[30]

Schwierig wird die Zuordnung zum Dienst- oder Werksvertragsrecht allerdings dann, wenn der Auftragnehmer sich einerseits zur Erbringung einer bestimmten Leistung bzw. Erreichung eines bestimmten Forschungs- und Entwicklungsziels verpflichtet hat und dadurch auch wissenschaftliches Neuland

27 Plander, Harro/Schliek, Dagmar: Forschung als Gegenstand von Werkverträgen, RdA 1990, 219 (224).

28 Plander/Schliek: Forschung als Gegenstand von Werkverträgen, RdA 1990, 219(226).

29 Schmeißer/Zirkel: Forschungs- und Entwicklungsverträge, 849 (850).

30 Palandt: vor § 631 Rn. 24.

betreten wird.[31] Diesbezüglich existieren diverse Ansätze von Literatur und Rechtsprechung zur Differenzierung:

1. Literatur

Grundsätzlich kann konstatiert werden, dass eine Bezeichnung des Vertrags durch die Parteien z.B. als „Werkvertrag“ oder „Forschungsvertrag“ keinen Einfluss auf die rechtliche Einordnung ausübt, sofern die Auslegung des Vertragsinhalts etwas anderes ergibt.[32]

Die Literatur werden zum Teil eigene diverse Ansätze bezüglich einer Einordnung diskutiert, teilweise wurden allerdings lediglich die Kriterien der unter Kapitel 1 § 3 A. III. 2. dargestellten BGH-Entscheidung übernommen.

Möffert trifft dahingehend eine Abgrenzung, dass der Forschungsvertrag grundsätzlich als Dienstvertrag und der Entwicklungsvertrag grundsätzlich als Werkvertrag zu qualifizieren ist.[33] Dies greift aber zu kurz, da zum einen die Grenzen zwischen Forschung und Entwicklung fließend sind[34] und Verträge oft Forschungs- und Entwicklungselemente zugleich enthalten.

Zum Teil wird die Art der Vergütung als Indiz betrachtet; so könnten Festpreisvereinbarungen für einen werkvertraglichen und Vergütungen nach Aufwand oder zeitabhängige Leistungsentgelte für einen dienstvertraglichen Charakter sprechen.[35] Allerdings ist zu beachten, dass auch Werkverträge Erstattungspreise oder auch dienstvertragliche Vereinbarungen eine Festpreisvereinbarung beinhalten können. So ist es z.B. bei Verträgen über die Erstellung eines Gutachtens, die in der Regel als Werkverträge eingestuft werden, durchaus üblich, dass der Sachverständige seine Vergütung nach der aufgewendeten Arbeitszeit berechnet.[36]

Auch die Modalitäten der Zahlungen können weitere Indizien darstellen – so können regelmäßige Zahlungen, die unabhängig von Teilabnahmen sind, durchaus für das Vorliegen eines Dienstvertrags sprechen. Teilzahlungen allein sind jedoch noch kein aussagekräftiges Kriterium, da diese gerade bei langfristigen Projekten üblich sind, um den Auftragnehmer nicht übergemäß in Vorleistung treten zu lassen. Dies sieht der werkvertragliche § 641 Abs. 1 S. 2 BGB explizit

31 Schmeißer/Zirkel: Forschungs- und Entwicklungsverträge, 849, (851).

32 Schmeißer/Zirkel: Forschungs- und Entwicklungsverträge, 849, (850). Plander/Schliek: Forschung als Gegenstand von Werkverträgen, RdA 1990, 219 (221).

33 Möffert: Der Forschungs- und Entwicklungsvertrag, S. 41f.

34 BGH, NJW 2002, 3323 (3324).

35 Möffert: Der Forschungs- und Entwicklungsvertrag, S. 43. Plander/Schliek: Forschung als Gegenstand von Werkverträgen, RdA 1990, 219 (227).

36 MüKo, Busche § 631, Rn. 17.

vor, allerdings werden dann Zahlungen in der Regel an Teilabnahmen oder vom Auftragnehmer zu erbringende Lieferungen und Leistungen gekoppelt.[37] Auch sieht § 632a BGB ein Recht des Auftragnehmers vor, Abschlagszahlungen für bereits erbrachte Teile des Werkes verlangen zu können.

Weiterhin wird auch der Grad der Anweisungsbefugnis des Auftraggebers als Indiz herangezogen, da das Dienstvertragsrecht mehr von dem Gedanken der Steuerung und Kontrolle des Auftraggebers geprägt ist als das Werkvertragsrecht. Dies resultiert vor allem aus dem Gedanken, dass ein Auftragnehmer für den Eintritt eines bestimmten Erfolges nicht vernünftigerweise einstehen kann, auf den er aufgrund der Steuerungsbefugnis durch den Auftraggeber nicht selbstbestimmt hinzuwirken in der Lage ist.[38]

Auch Klauseln im Vertrag selbst können Hinweise auf den Rechtscharakter darstellen. So werden Formulierungen über ein „Bemühen“ des Auftragnehmers, das angestrebte Ergebnis zu erreichen, als Indiz für das Vorliegen eines Dienstvertrags ausgelegt und sind diese oft in Vertragsmustern für Forschungsverträge, die als Dienstleistungsverträge ausgestaltet sind, enthalten.[39]

Dahingegen ist eine Formulierung im Vertrag, wonach sich der Auftragnehmer zu einem den Regeln der Wissenschaft und Technik entsprechenden Vorgehen verpflichtet, für eine Abgrenzung bzw. für einen Hinweis auf einen Dienstvertrag ungeeignet, da allgemein davon ausgegangen wird, dass der Auftragnehmer auch im Werkvertragsrecht ohne ausdrückliche Vereinbarung zur Einhaltung der anerkannten Regeln der Technik verpflichtet sei, was in § 633 BGB hineinzulesen sei.[40]

Die Aufnahme von rechtsfolgenbezogenen Vereinbarungen, welche den Inhalten der § 631 ff BGB entsprechen, z.B. über Gewährleistung und Vergütungsrisiko, kann ebenfalls ein Indiz für das Vorliegen eines Werkvertrags darstellen.[41]

Auch auf die Leistungsbeschreibung wird bei der Abgrenzung abgestellt. Zum Teil wird dabei die Ansicht vertreten, dass je konkreter die zu erledigenden Aufgaben und der Umfang der Arbeiten erfasst sind, desto eher von der Annahme

---

37 Plander/Schliek: Forschung als Gegenstand von Werkverträgen, RdA 1990 219 (227).

38 Plander/Schliek: Forschung als Gegenstand von Werkverträgen, RdA 1990, 219 (226).

39 Möffert: Der Forschungs- und Entwicklungsvertrag, S. 44; anderer Ansicht: Ullrich, Hanns: Zum Werkerfolgsrisiko beim Forschungs- und Entwicklungsvertrag in: Festschrift für Wolfgang Fikentscher zum 70. Geburtstag, Tübingen 1998, S. 323, der in der Bemühensklausel nur eine Festlegung des Sorgfaltsmaßstabs sieht, vgl. dazu auch die ausführlichere Darstellung in Kapitel 4 § 2 A II 2.

40 Beaumart: Werkerfolgsrisiken in F&E-Verträgen, S. 45.

41 Plander/Schliek: Forschung als Gegenstand von Werkverträgen, RdA 1990, 219 (225).

eines Werkvertrags auszugehen sei. Hingegen läge die Annahme eines Dienstvertrags umso näher, je mehr die Parteien sich auf deren allgemeine Umschreibung beschränkt haben.[42] Schmeißer/ Zirkel sehen hingegen darin höchstens ein sehr schwaches Indiz, da es sich bei Leistungsbeschreibungen in FuE-Verträgen in der Regel um ein Mittel zur Verdeutlichung und Eingrenzung der Zielrichtung für den Auftragnehmer handelt. Dies bedeutet nicht automatisch, dass der Auftragnehmer zugleich die Verantwortung für das Erreichen eines Erfolges im juristischen Sinn übernehmen soll.[43]

Allerdings können die Parteien auch in der Leistungsbeschreibung über die bloße Beschreibung des Ziels hinaus durchaus eine Regelung hinsichtlich der Verantwortung für die Übernahme des Erfolgs treffen, was wiederum ein gewichtiger Hinweis für den Vertragstyp wäre. Der Wortlaut der Leistungsbeschreibung ist somit im Einzelfall genauer zu untersuchen; der Behauptung, dass die Leistungsbeschreibung überhaupt kein brauchbares Abgrenzungskriterium liefern kann, kann in dieser Form nicht gefolgt werden.

In der Literatur wird zudem die Beherrschbarkeit des Erfolgsrisikos als Abgrenzungskriterium genannt.[44]

Danach wird die Bereitschaft des Auftragnehmers ein Erfolgsrisiko zu übernehmen umso geringer, je größer die mit der Tätigkeit verbundenen Unwägbarkeiten sind.[45] Es wird dann von einem Werkvertrag auszugehen sein, wenn sich das Ergebnis noch in einem Bereich befindet, der sich in naheliegender Weise aus dem bei Vertragsschluss bekannten Stand der Technik ergibt. Dann würde nämlich eine Leistung erbracht, die grundsätzlich dem Stand der Technik entspricht und bei der das Entwicklungsergebnis unter Einsatz des Know-hows des Auftragnehmers erzielt wird.[46] Auch diese Abgrenzung wird grundsätzlich nur als weiteres Indiz gewertet werden können, da es dem Auftragnehmer natürlich unbenommen bleibt, auch bei einem unbeherrschbaren Risiko für den Eintritt eines bestimmten Erfolges einzustehen.

---

42 Plander/Schliek: Forschung als Gegenstand von Werkverträgen, RdA 1990, 219 (225).

43 Schmeißer/Zirkel: Forschungs- und Entwicklungsverträge, MDR 2003, 849 (851).

44 MüKo § 631, Rn. 260, Brandi-Dohrn: CR 1998, 645 (646).

45 MüKo § 631, Rn. 260.

46 Schmeißer /Zirkel: Forschungs- und Entwicklungsverträge, MDR 2003, 849 (852).

2. Rechtsprechung

Veröffentlichte Rechtsprechung zur dogmatischen Einordnung des FuE-Vertrags existiert kaum. Der BGH hat sich mit dieser Frage erstmals in seiner Entscheidung vom 16.07.2002 auseinandergesetzt:

In dem der Entscheidung zugrundeliegenden Sachverhalt hat sich die Beklagte gegenüber der Klägerin zur Entwicklung bestimmter Antigene verpflichtet, die bei der Entwicklung einer Diagnose von Autoimmunerkrankungen der Leber verwendet werden sollten. Dafür wurden der Beklagten Sach- und Personalmittel zur Verfügung gestellt und in einem Arbeitsplan sechs Meilensteine definiert, an denen die Leistungen und Zahlen erbracht werden sollten. Die Beklagte konnte letztendlich nur geringe Mengen von einzelnen Bestandteilen für die Antigene zur Verfügung stellen. Nachdem die Beklagte eine kostenneutrale Verlängerung des Projektes abgelehnt hatte, kündigte die Klägerin die Zusammenarbeit und forderte die Rückzahlung der gezahlten Vergütung.

Der BGH führt aus, dass für die Abgrenzung von Dienst- und Werkvertrag der im Vertrag zum Ausdruck kommende Parteiwille maßgeblich ist. Ob somit eine Dienstleistung als solche oder das Arbeitsergebnis als Erfolg geschuldet sei, sei anhand der Umstände des Einzelfalles zu ermitteln. Dies gelte auch für Verträge, in denen sich der Auftragnehmer zur Erbringung von FuE-Leistungen verpflichtet, da beide Leistungsarten Gegenstand eines Dienst- wie auch eines Werkvertrags sein können. Im Falle des Dienstvertrags schuldet der Auftragnehmer lediglich ein den Regeln der Wissenschaft und Technik entsprechendes Vorgehen, im Falle eines Werkvertrags die Herbeiführung eines Erfolgs, welcher sowohl der Herbeiführung eines bestimmten Arbeitsergebnisses als auch nur in der ordnungsgemäßen Durchführung von Untersuchungen und der Anfertigung von Berichten bestehen kann.

Für die Vertragsauslegung nennt der BGH mehrere Ansatzpunkte.

So kann für das Vorliegen eines Werkvertrags eine konkrete Festlegung der Aufgabe und des Arbeitsumfangs durch die Parteien sprechen. Allerdings reicht die Beschreibung von Entwicklungszielen, z. B. in Form von Meilensteinen allein für die Annahme eines Werkvertrags nicht aus, sondern kann dies auch nur als Mittel betrachtet werden, um näher einzugrenzen, in welche Richtung die vom Auftragnehmer zu erbringende Tätigkeit gehen soll. Es sei somit immer zu untersuchen, wie der Begriff „Meilenstein" verstanden wird – als Vorgabe in eine bestimmte Richtung zu forschen oder als Vorgabe hinsichtlich des Erreichens und „Einstehen-Müssens" für bestimmte Zwischenerfolge.

Ein Indiz könnte zudem die Wahrscheinlichkeit der Erfolgsherbeiführung sein, da ein verständiger Auftragnehmer kaum für einen unwahrscheinlichen Erfolg einstehen will. Diesbezüglich räumt der BGH jedoch ein, dass es den

Parteien unbenommen bleibt, auch für unwahrscheinliche Erfolge einen Werkvertrag zu schließen.

Sofern die Vergütung eine „Risikoprämie" enthält, wird man dies als Indiz für einen Werkvertrag werten können, da eine solche vertragliche Vereinbarung auf den Willen des Auftragnehmers hindeutet, dass er das Risiko für den Erfolgseintritt tragen wird.[47]

Eine öffentliche-rechtliche Bindung des Auftragnehmers wertet der BGH als Indiz für einen Dienstleistungsvertrag, da dieser das Risiko eines Scheiterns des FuE-Vorhabens rechtlich vernünftigerweise gar nicht übernehmen kann, da er aufgrund der im Haushaltsrecht geltenden Grundsätze der Sparsamkeit und Wirtschaftlichkeit verpflichtet sei, keine unkalkulierbaren Risiken einzugehen. Dem öffentlich-rechtlich gebundenen Auftragnehmer wird durch ihn bindende haushaltsrechtliche Vorgaben die Möglichkeit genommen, Rücklagen für das Scheitern von solchen Projekten zu bilden.[48] Dies wird jedoch nur als ein sehr schwaches Indiz gewertet werden können, da es auch einem öffentlich rechtlich gebundenen Auftragnehmer aufgrund der Vertragsfreiheit grundsätzlich frei steht, sich auch in Fällen, in welchen technisches Neuland betreten wird, zur Übernahme des Forschungs- und Entwicklungsrisikos zu verpflichten.[49]

3. *Ergebnis*

Die Zuordnung eines so komplexen und vielseitigen Konstrukts wie dem FuE-Vertrag ist pauschal nicht möglich, sondern muss anhand des im Vertrag zum Ausdruck kommenden Parteiwillens in einer Einzelfallprüfung festgestellt werden. Dieser wird sich primär in den im Vertrag verwendeten Formulierungen ausdrücken (z.B. durch eine „Bemühensklausel"); auch können im Vertrag enthaltene Regelungen, die weitgehend den gesetzlichen Regelungen zur Gewährleistung entsprechen auf einen Werkvertrag hindeuten. Weiterhin kann auch die Wahrscheinlichkeit des Erfolgseintritts als Indiz herangezogen werden, wobei zur Bestimmung der Wahrscheinlichkeit auf den bei Vertragsabschluss vorherrschenden Stand der Technik abgestellt wird. Dieser ist z.B. durch ein Sachverständigengutachten ermittelbar. Je weiter die vereinbarten FuE-Leistungen von diesem Stand der Technik

---

47 BGH NJW 2002, 3323, (3324).

48 BGH NJW 2002, 3323 (3324), vgl. auch Schmeißer/Zirkel: Forschungs- und Entwicklungsverträge, MDR 2003, S. 849 (853) bzw. Anlage 1 zu den Allgemeinen Verwaltungsvorschriften zu § 44 BHO – ANBest Ziff. 1.8 wonach Rücklagen überhaupt nicht gebildet werden dürfen und Rückstellungen nur insoweit, als sie gesetzlich vorgeschrieben sind.

49 BGH NJW 2002, 3323, (3324).

entfernt sind, desto höher ist das Risiko, dass das Ergebnis nicht erreicht werden kann und desto weniger kann davon ausgegangen werden, dass der Auftragnehmer den Erfolgseintritt verschuldensunabhängig gewährleistet.

Eine bloße Beschreibung der konkret zu erbringenden FuE-Leistung bzw. des Vorhabenziels allein reicht hingegen noch nicht für die Annahme eines Werkvertrags aus. Als weiteres, wenn auch nur schwaches Indiz kann auch die Ausgestaltung der Vergütungsregelung herangezogen werden.

C. Rechtstypologische Einordnung der Übertragung von Rechten bzw. der Einräumung von Nutzungsrechten in FuE-Verträgen

Wie bereits unter Ziff. 3 a) festgestellt, handelt es sich bei FuE-Verträgen um gemischt-typische Verträge, so dass für jede Leistung die Vorschriften des entsprechenden Vertragstyps anzuwenden sind.

Eine elementarer Bestandteil in FuE-Verträgen sind die Regelungen über die Verteilung der an den im Rahmen des Vertrags entstehenden bzw. vorvertraglichen Ergebnisse.

I. Anwendbarkeit kaufvertraglicher Regelungen hinsichtlich der Übertragung von Rechten

Grundsätzlich ist zu unterscheiden, ob der Auftragnehmer und Auftraggeber eine Verfügung über das gesamte entstehende oder bestehende Recht (z.B. Schutzrechte) treffen und dieses durch den Rechteinhaber auf den Vertragspartner vollständig und endgültig übertragen wird oder ob nur Nutzungsrechte in einem bestimmten Umfang eingeräumt werden sollen.[50]

Sofern einmalig das Eigentum an dem Recht auf den Auftraggeber übertragen werden soll, handelt es sich um einen Rechtskauf i. S. d. § 453 I BGB i.V.m. § 433 BGB, für den die kaufvertraglichen Vorschriften entsprechende Anwendung finden. Nicht patentierte Erfindungen oder Know-how fallen unter „sonstige Gegenstände" i.S.d. § 453 I BGB.[51]

II. Lizenzvertrag als Vertrag sui generis bei der Einräumung von Nutzungsrechten

Sofern dem Vertragspartner lediglich Nutzungsrechte durch den Rechteinhaber eingeräumt werden – sei es unentgeltlich oder entgeltlich, ausschließlich oder

50 Palandt: Einf. v. § 433 Rn 22, MüKo, Westermann § 433, Rn. 30.

51 Palandt: § 453, Rn. 9.

nichtausschließlich – handelt es sich im Kern um einen Lizenzvertrag[52]. Diese Möglichkeit der Rechtseinräumung ist z.B. in § 15 II PatG oder § 22 II GebrMG ausdrücklich vorgesehen.

Die vorherrschende Meinung ordnet den Lizenzvertrag mangels ausdrücklicher gesetzlicher Regelung rechtstypologisch als Vertrag sui generis ein (vgl. § 311 I BGB), da aufgrund der charakteristischen Merkmale des Lizenzvertrags dieser nicht auf ein der im BGB gesetzlich geregelten Vertragstypen (z.B. Kaufvertrag, Mietvertrag, Pachtvertrag oder Gesellschaftsvertrag) zuzuordnen ist. Allerdings ist zumindest das allgemeine Schuldrecht für gegenseitige Verträge anwendbar. Da der Lizenzvertrag viele Merkmale der gesetzlich normierten Vertragstypen wie Pacht oder Miete aufweist, kann bei der jeweiligen Definition der wesentlichen Rechte und Pflichten des Lizenzvertrags im Einzelfall durchaus auch auf die Regelungen dieser Vertragstypen zurückgegriffen werden. Dabei muss dem Risikocharakter des Lizenzvertrags allerdings stets Rechnung getragen werden.[53]

52 Schmeißer/Zirkel: Forschungs- und Entwicklungsverträge, MDR 2003, 849 (850); vgl. auch BGH, Urt. vom 25.01.1983 „Brückenlegepanzer", GRUR 1983, 237 (238), nach der es sich bei der streitgegenständlichen Einräumung der Befugnis, im Zusammenhang mit der Ausarbeitung der Studie entstehende Schutzrechte benutzen zu dürfen, nach Ansicht des BGH um eine Lizenzvereinbarung handelt. Zwar würde der Vertrag über die Erstellung der Studie in seinem wesentlich Kern werkvertragliche Züge tragen, allein die Zurverfügungstellung sich dabei ergebener Schutzrechte sei keine werkvertragliche Verpflichtung des Auftragnehmers und die Parteien hätten dies auch so gesehen, wie die gesonderte Einräumung eines Nutzungsrechts an Schutzrechten (und das Versprechen einer besonderen Vergütung) zeigt. Soweit die vertraglichen Vereinbarungen gewerbliche Schutzrechte betreffen, hätten sie daher den Charakter einer entgeltlichen Nutzungserlaubnis, also den einer Lizenz.

53 Bartenbach, Kurt: Patentlizenz- und Know-how-Vertrag, 7. neubearbeitete Auflage, Köln 2013, Rn. 62, Groß, Michael: Der Lizenzvertrag, 10. aktualisierte und erweiterte Auflage, Frankfurt/Main 2011, S. 17 f., vertritt die Auffassung, dass die Vorschriften der Pacht im Allgemeinen analog angewendet werden sollen und nur insofern davon abgewichen werden soll, als dies aufgrund der Eigenart des Lizenzvertrags erforderlich ist – dies dürfte nach seiner Ansicht in sehr vielen Punkten mit der Gegenansicht übereinstimmen, die den Lizenzvertrag als einen Vertrag mit eigenem Charakter ansieht und auf ihn allgemeine Rechtsgrundsätze anwenden will. Der Versuch, die anzuwendenden Rechtsregeln aus der Natur des Vertragsverhältnisses selbst zu entwickeln, birgt eine beträchtliche Rechtsunsicherheit, da es auch der Rechtsprechung bislang nicht gelungen sei, in allen wichtigen Fragen einheitliche Grundsätze herauszuarbeiten.

2. Kapitel: Der Beschaffungsgang bei FuE-Vorhaben der Bundeswehr im wehrtechnischen Bereich

§ 1 Begriff des Öffentlichen Auftragswesens

Der Begriff des Öffentlichen Auftragswesens umfasst die Bedarfsdeckung der öffentlichen Hand an Sachmitteln und Leistungen für ihren jeweiligen Verwendungsbereich.[54] Nach der Legaldefinition des § 99 GWB sind öffentliche Aufträge entgeltliche Verträge von öffentlichen Auftraggebern mit Unternehmen über die Beschaffung von Leistungen, die Liefer-, Bau- oder Dienstleistungen zum Gegenstand haben, Baukonzessionen und Auslobungsverfahren, die zu Dienstleistungsaufträgen führen sollen.

Die Bedarfsdeckung erfolgt grundsätzlich durch Beschaffung auf den jeweiligen Märkten, so dass nach herrschender Meinung der Staat wie ein Unternehmer am Wirtschaftsleben teilnimmt und so fiskalisch als privatrechtlicher Träger durch den Abschluss von zivilrechtlichen Verträgen tätig wird.[55]

Abzugrenzen ist der öffentliche Auftrag in erster Linie von Zuwendungen. Zuwendungen sind in § 23 BHO definiert und sind Ausgaben und Verpflichtungsermächtigungen für Leistungen an Stellen außerhalb der Bundesverwaltung zur Erfüllung bestimmter Zwecke, die nur veranschlagt werden dürfen, wenn der Bund an der Erfüllung durch solche Stellen ein erhebliches Interesse hat, das ohne die Zuwendung nicht oder nicht im notwendigen Umfang befriedigt werden kann. Die Zuwendung ist als Verwaltungsakt ausgestaltet und stellt im Gegensatz zum öffentlichen Auftrag kein Entgelt für eine Leistung dar, da lediglich ein eigenes Vorhaben des Zuwendungsempfängers mit öffentlichen Mitteln, d.h. mit projektbezogenen Zuschüssen, gefördert wird. Das aus dem Vorhaben resultierende FuE-Ergebnis steht in erster Linie dem Zuwendungsempfänger zu, der öffentliche Auftraggeber erhält nur in eingeschränktem Umfang Informations-, Veröffentlichungs- und Mitbenutzungsrechte.[56]

---

54 Daub, Walter/Eberstein, Hans H.: Kommentar zur VOL/A, Rn. 50.

55 Daub/Eberstein: Kommentar zur VOL/A, Rn. 50.

56 Jank, Volkmar/Zdzieblo, Wolfgang: Schriften zum öffentlichen Auftragswesen, Heft 1, Einführung in das öffentliche Auftragswesen, Hamburg 1987, S. 29.

§ 2 Argumente für Auftragsforschung/-entwicklung und gegen eine staatseigene Rüstungsindustrie

Der Verzicht auf eine staatseigene Rüstungsindustrie ist zum einen historisch begründet, da die Bundesrepublik Deutschland damit in erster Linie die Glaubwürdigkeit ihres Friedenswillens ausdrücken wollte.[57]

Zum anderen argumentiert das Bundesamt für Ausrüstung, Informationstechnik und Nutzung der Bundeswehr (nachfolgend BAAINBw), dass man sich aus Effizienzgründen bundeswehrintern nur auf die Abarbeitung derjenigen Aufgaben beschränkt, die zu den Kernaufgaben der Bundeswehr gehören und welche diese selbst wirtschaftlicher erbringen kann als zivile Auftragnehmer.[58] Dieses Vorgehen ist sicherlich sinnvoll, da manche Problemlösungen interdisziplinäres und spezifisches Fachwissen erfordern, über das die Bundeswehr nicht verfügt bzw. ein entsprechendes Vorhalten auch nicht wirtschaftlich wäre; zudem kann so die Industrie, die später die Entwicklungsergebnisse umsetzen und fertigen muss, frühzeitig beteiligt werden.[59]

§ 3 Besonderheiten bei der öffentlichen Auftragsvergabe

Verglichen mit privaten Auftraggebern treten bei der Beschaffung durch den öffentlichen Auftraggeber einige Beschränkungen und Besonderheiten hervor, welche nachfolgend kurz skizziert werden.

A. Gebot der Wirtschaftlichkeit und Sparsamkeit

Als eine Besonderheit bei der öffentlichen Auftragsvergabe ist der im Haushaltsrecht (§§ 7, 34, Abs. 2 BHO) verankerte Grundsatz anzusehen, wonach bei der Bedarfsdeckung die öffentlichen Hand dazu angehalten ist, das Gebot der Wirtschaftlichkeit und Sparsamkeit uneingeschränkt zu beachten. Da die Beschaffungen durch Steuergelder finanziert werden, soll die öffentliche Hand diese im Interesse der Allgemeinheit nicht für unwirtschaftliche Investitionen verwenden.

---

57 Anspach, Joachim/Walitschek, Hubert F.: Die Bundeswehr als Auftraggeber. Ein Wegweiser für Industrie, Handel, Handwerk und Dienstleistungsgewerbe, 2. überarbeitete Auflage, Koblenz 1986, S. 19.

58 BAAINBw: Auftraggeber Bundeswehr, S. 23.

59 Wolff, Eckart: Aufträge der öffentlichen Hand über Entwicklungsprojekte in der Raumfahrt in: Nicklisch (Hrsg.): Der komplexe Langzeitvertrag, Heidelberger Kolloquium Technolgie und Recht, 1986, S. 243.

Die Verwendung der Mittel wird von den Rechnungshöfen des Bundes und der Länder kontrolliert.

B. Reziprokes Verhältnis zwischen Zwangsbedarf und Nachfragemonopol der öffentlichen Hand

Bei dem Bedarf der Bundeswehr handelt es sich zum einen um Zwangsbedarf, also einen Bedarf, der zwangsläufig gedeckt werden muss, damit die Bundeswehr den von der Verfassung vorgegebenen Auftrag zur Landesverteidigung und die daraus resultierenden Aufgaben (z.B. Bereitstellung der notwendigen Ausstattung) erfüllen kann. Damit ist die öffentliche Hand abhängig von der Leistungsbereitschaft der entsprechenden Anbieter und kaum flexibel, was z.B. den Leistungsumfang oder die zeitliche Bindung betrifft.[60]

Andererseits besitzt die öffentliche Hand gerade im Rüstungsbereich ein Nachfragemonopol, da sie im Wesentlichen die Bedarfsträgerin an den entsprechenden Lieferungen und Leistungen ist.

Während der Zwangsbedarfscharakter die Stellung des öffentlichen Auftraggebers am Markt schwächt, wird diese andererseits durch das nachfragemonopolistische Merkmal gestärkt.[61]

Ob allerdings durch diese gegenläufigen Merkmale ein Gleichgewicht zwischen den Marktteilnehmern hergestellt werden kann, bleibt insbesondere durch die Verlagerung von der nationalen hin zur europa- bzw. weltweiten Ausschreibung, die die Zahl der leistungsbereiten Anbieter in der Regel erhöht, eher zweifelhaft.

§ 4 Durchführung der Vergabe von FuE-Aufträgen der öffentlichen Hand im wehrtechnischen Bereich

Die Deckung der Gesamtheit des Sachbedarfs der Streitkräfte erfolgt durch die Behörden und zivilen Dienststellen der Bundeswehrverwaltung, deren Ermächtigung auf Art. 87b GG beruht. Schwerpunktmäßig werden die Aufträge durch das Bundesamt für Ausrüstung, Informationstechnik und Nutzung der Bundeswehr (BAAINBw) vergeben. Dieses ist der Abteilung Ausrüstung, Informationstechnik und Nutzung des Bundesministeriums der Verteidigung unterstellt.

Die Vergabe von FuE-Aufträgen erfolgt im Rahmen der zentralen Beschaffung. Zentrale Beschaffung bedeutet, dass der Bedarf der Teilstreitkräfte erst

60 Jank/Zdzieblo: Schriften zum öffentlichen Auftragswesen, S. 31.
61 Daub/Eberstein: Kommentar zur VOL/A, Rn. 54.

zusammengefasst festgestellt und auf dieser Grundlage dann beschafft wird. Vorteile sind neben einem breiteren Wettbewerb auch niedrigere Preise für höhere Stückzahlen[62]. Abzugrenzen davon ist die dezentrale Beschaffung, die für Produkte und Leistungen gilt, für die eine zentrale Beschaffung nicht zweckmäßig und auch aus wirtschaftlichen Gründen ungeeignet ist. Darunter fällt z.B. die Beschaffung handelsüblicher Versorgungsgüter, wie Verpflegungsmittel oder Bewachungs- und Reinigungsleistungen[63].

§ 5 Verfahrensbestimmungen für die Bedarfsermittlung, Bedarfsdeckung und Nutzung in der Bundeswehr

Das Customer Product Management (CPM) sind bundeswehrinterne Verfahrensbestimmungen zur Bedarfsermittlung und Bedarfsdeckung im Geschäftsbereich des Bundesministeriums der Verteidigung (BMVg). Diese regeln insbesondere die Vorgehensweise und Verantwortlichkeiten bei Beschaffungen der Bundeswehr. Die aktuelle novellierte Fassung ist seit dem 1. Januar 2013 in Kraft.

Die Bedarfsermittlung und -deckung ist danach in drei Phasen gegliedert:

A. Analysephase

In der Analysephase Stufe 1 werden die Fähigkeitslücken identifiziert und im Falle einer materiellen Lösung in eine funktionale Forderung überführt. Das diesbezüglich zu erstellende FFF-Dokument („Fähigkeitslücke und Funktionale Forderung“) ist dem Generalinspekteur zur Billigung vorzulegen.

In der Analysephase Stufe 2 wird durch Annahme des FFF durch den Generalinspekteur der Ausrüstungs- und Nutzungsprozess in Gang gesetzt. Die Analysephase Stufe 2 dient dazu, auf Grundlage der gebilligten FFF mehrere Lösungsvorschläge zum Schließen der Fähigkeitslücke zu erarbeiten, zu bewerten und schließlich eine Lösung auszuwählen.

B. Realisierungsphase

In der Realisierungsphase wird durch das BAAINBw das Vergabeverfahren durchgeführt, an dessen Ende der Abschluss des Vertrags zur ausgewählten Lösung steht.

62 BAAINBw: Auftraggeber Bundeswehr, Stand Dezember 2014, S. 19.
63 BAAINBw: Auftraggeber Bundeswehr, Stand Dezember 2014, S. 26.

C. Nutzungsphase

In der Nutzungsphase ist das Ziel die Nutzung/Inanspruchnahme von Gütern/Dienstleistungen entsprechend ihrer Zweckbestimmung. Dies umfasst alle Maßnahmen zum Erhalt und der Wiederherstellung der Einsatzreife.[64]

Exkurs: Die Beteiligung der Industrie bei wehrtechnischen Entwicklungsvorhaben in der Praxis des BMVg und dessen rechtliche Zulässigkeit insbesondere unter vergabe- und kartellrechtlichen Gesichtspunkten

a) Hintergrund

„Der CPM (nov.) sieht eine enge Einbindung der Wirtschaft und Industrie in allen seinen Phasen vor."[65]

Die Beteiligung der Industrie soll danach durch die Einbindung in die Integrierten Projektteams (IPTs) erfolgen. Dadurch kann sowohl die interne als auch die industrielle Fachkompetenz unter einer Führung gebündelt werden. Die so gebildeten IPTs sollen während des gesamten Produktlebenszyklus, also von der Analysephase bis zum Ende der Nutzungsphase, unter der Leitung des jeweils Verantwortlichen bestehen bleiben.

Eine solche frühe und enge Mitwirkung der Industrie birgt Vorteile wie z.B. einen frühzeitigen Austausch darüber, was überhaupt realistisch machbar ist bzw. die Kommunikation hinsichtlich der Erfahrungen bei Nutzung neu eingeführter Produkte oder über die Einbringung von technischen Neuerungen.

Problematisch wird dieses Vorgehen, wenn die vorbefassten Unternehmen selbst auch am späteren Bieterwettbewerb teilnehmen möchten. Denn diese Unternehmen verfügen in der Regel über einen Wettbewerbsvorteil. Dieser ergibt sich zum einen aus einem Informations- und Zeitvorsprung, zum anderen sind die beteiligten Unternehmen vielfach an der Ausgestaltung der Leistungsbeschreibung beteiligt.

64 BMVg AIN I 1, Customer Product Management (nov.) vom 12.11.2012, abrufbar unter http://www.baain.de/portal/a/baain/!ut/p/c4/04_SB8K8xLLM9MSSzPy8xBz9CP3I5EyrpHK9pMTEzDy9gqL8rNTsEr3kgly9vPyy1JyczNSi0rx0_YJsR0UAXb6nRA!!/.

65 BMVg AIN I 3, Leitfaden für die Beteiligung der Industrie in Integrierten Projektteams (IPT) vom 19.09.2013, S. 2.

Der CPM (nov.) selbst regelt dazu nicht viel, sondern setzt die industrielle Beteiligung pauschal unter den Vorbehalt der rechtlichen Zulässigkeit.[66] Ein Überblick darüber, welche Tätigkeiten innerhalb eines IPTs ohne Rechtsverletzung ausgeführt werden können, fehlt. Eine solche Rechtsunsicherheit geht in erster Linie zu Lasten der Industrie, die z.B. das Risiko trägt, nachträglich aus dem Vergabeverfahren wegen eines Wettbewerbsvorteils ausgeschlossen zu werden.[67]

Der mit Wirkung zum 20.09.2013 erlassene Leitfaden beschreibt die Tätigkeit der IPTs insbesondere in der Analysephase und ist an die Leiter[68] eines IPTs gerichtet.

Ob diese verwaltungsinterne Anweisung die o.g. Rechtsunsicherheit beseitigen kann und die Industrie zur Beteiligung in den IPTs animieren, ist allerdings mehr als fraglich.

In der Analysephase kann die Leitung des IPT danach die industrielle Fachkompetenz durch Firmenpräsentationen, Markterkundungen Marktsymposien oder auf vertraglicher Grundlage einbeziehen.

Auf Seite 5 des Leitfadens wird als Rahmenbedingung erneut klargestellt, dass Vorteile, die durch die Teilnahme eines Unternehmens am IPT entstanden sind, auszugleichen sind, um Wettbewerbsverfälschungen zu vermeiden. § 10 Abs. 2 VSVgV verpflichtet dabei den Auftraggeber sicherzustellen, dass der Wettbewerb nicht durch die Beratung oder sonstige Unterstützung des Bieters vor Einleitung eines Vergabeverfahrens verfälscht wird. Ein solcher Ausgleich hat zum einen durch die Prüfung der Protokolle, Dokumentationen etc. durch die Vergabestelle zu erfolgen, die dann entscheidet, welche Informationen im Vergabeverfahren bekannt zu geben sind.

Zum anderen stehen als weitere Maßnahmen zum Vorteilsausgleich eine produktneutrale Abfassung der Vergabeunterlagen, eine Sicherstellung des gleichen Zugangs zu eigenen Informationen des Auftraggebers und zu den Unterlagen zum Vergabegegenstand, die im Rahmen der Vorbefassung

---

66 BMVg AIN I 1, Customer Product Management (nov.) vom 12.11.2012, S. 7.

67 Piesbergen stellt in WT I 2013, S 26 f ebenfalls die insbesondere vergaberechtlich auftretenden Fallstricke für die an den IPTs teilnehmenden Unternehmen dar.

68 In der vorliegenden Arbeit wird ausschließlich die männliche Form verwendet. Dennoch ist damit auch stets die weibliche Form gemeint. Dies ist ausschließlich praktischen Gründen geschuldet und soll nicht als Diskriminierung verstanden werden.

erstellt und eingebracht worden sind, für alle Bieter sowie eine ausreichend lange Frist für die Angebotsabgabe zur Verfügung.

Sollte ein Wettbewerbsvorteil durch die o.g. Maßnahmen nicht ausgeglichen werden können, ist das Unternehmen zur Vermeidung einer Wettbewerbsverzerrung als Ultima Ratio vom Vergabeverfahren auszuschließen.

b) Rechtliche Problemfelder

- Kartellrecht

Falls bei Firmenpräsentationen oder einem Marktsymposium mehrere Wettbewerber an den Gesprächen teilnehmen und ein Austausch von wettbewerblich relevanten Informationen stattfindet, kann dies zu einem Verstoß gegen § 1 GWB führen.

Gem. § 1 GWB sind u.a. aufeinander abgestimmte Verhaltensweisen, die eine Verhinderung, Einschränkung oder Verfälschung des Wettbewerbs bezwecken oder bewirken, verboten. Die Voraussetzung für ein abgestimmtes Verhalten, nämlich ein marktbezogener Kontakt zwischen Wettbewerbern, ist bei den o.g. Symposien bzw. im Rahmen von Firmenpräsentationen mehrerer Unternehmen gegeben. Sofern dieser Kontakt subjektiv bezweckt oder objektiv bewirkt, das Marktverhalten eines Konkurrenten zu beeinflussen bzw. diesen über das eigene künftige Marktverhalten zu informieren, kann bereits eine Abstimmung im Sinne einer Koordinierung vorliegen. Das künftige Marktverhalten wird dann nicht mehr autonom bestimmt, sondern ist beeinflusst von dem vorangegangenen Kontakt. Die Ursächlichkeit der Abstimmung für das nachfolgende Verhalten wird in der Praxis schon bei einem annähernd gleichförmigen Verhalten nach einem gegenseitigen Kontakt widerlegbar vermutet.[69]

Ein Informationsaustausch über wettbewerbsrelevante, nicht allgemein bekannte Daten und Handlungen kann den Wettbewerb bereits dadurch beschränken, dass er den Geheimwettbewerb beeinträchtigt, d.h. die Ungewissheit über das gegenwärtige und zukünftige Verhalten im Wettbewerb.[70]

Die Gefahr, dass man sich im Rahmen der o.g. Veranstaltungen bei Gesprächen mit dem Auftraggeber im Beisein von Wettbewerbern über solche

69 Wiedemann, Gerhard: Handbuch des Kartellrechts, S. 143f.

70 Schulte, Just: Kartellrecht – GWB, Kartellvergaberecht, EU-Kartellrecht, 1. Auflage, Köln 2012, Rn. 49, OLG Frankfurt/M. WuW/E 5048 (5050) Grundkonsens.

wettbewerbsrelevanten nicht allgemein bekannten Daten und Handlungen austauscht, ist dabei immanent.

Ein kartellrechtlich unzulässiger Informationsaustausch stellt unter anderem eine Ordnungswidrigkeit gem. § 81 (2) Nr. 1 GWB dar.

Das BMVg hat die kartellrechtliche Problematik wohl erkannt und in seinem Leitfaden in 2.1 bzw. 2.3 verfügt, dass sofern im Rahmen von Firmenpräsentationen bzw. Marktsymposien bei Gesprächen vertrauliche Informationen übermittelt werden, an diesen Gesprächen nicht mehrere Vertreter der Industrie teilnehmen sollen.

In der Theorie ist das sicherlich ein guter Ansatz, jedoch wird dies in der Praxis nicht immer so leicht umzusetzen sein. Voraussetzung für das in 2.3 dargestellte Symposium sind ja gerade mehrere Marktteilnehmer (die in der Regel auch Wettbewerber sind), die ihre Beiträge präsentieren und diskutieren. Bei Befolgung der im Leitfaden aufgestellten Regelung könnte man im Rahmen der Beiträge/Diskussion nur noch allgemein zugängliche Informationen vortragen.

Zudem könnte es sich als problematisch erweisen, dass die Teilnehmer der Industrie bei Firmenpräsentationen/Marktsymposien (z.B. Ingenieure) bei den Gesprächen rechtzeitig die Grenze zwischen vertraulichen und nichtvertraulichen Informationen erkennen und dementsprechend darauf hinweisen.

Resümierend kann festgehalten werden, dass zumindest auf dem Papier ein Lösungsansatz ermittelt werden konnte, kartellrechtliche Verstöße zu vermeiden. In der Praxis dürfte das allerdings schwer umsetzbar sein und insgesamt zu Lasten der Industrie gehen.

- Vergaberecht

Vergaberechtlich besteht vor allem die Gefahr einer Wettbewerbsverfälschung, wenn Unternehmen im Vorfeld an IPTs beteiligt waren und auch am Bieterwettbewerb teilnehmen. § 10 Abs. 2 VSVgV und auch § 6 Abs. 6 VOL/A enthalten den Grundsatz, dass bei Beratung oder sonstiger Unterstützung des Bieters vor Einleitung des Vergabeverfahrens der Auftraggeber sicherzustellen hat, dass der Wettbewerb durch Teilnahme des Bieters nicht verfälscht wird. Der Leitfaden greift diesen Grundsatz in Ziffer 6 auf und regelt in Ziffer 6.1, dass die jeweils zuständige Vergabestelle im BAAINBw unter Berücksichtigung der Vereinbarung mit dem am IPT teilnehmenden Unternehmen prüft, welche Informationen im Vergabeverfahren bekannt zu geben sind. Als weitere Maßnahmen bezüglich des Wettbewerbsausgleichs werden eine produktneutrale Abfassung der Vergabeunterlagen, eine Sicherstellung des gleichen Zugangs zu Informationen des Auftraggebers und zu den Informationen, die der vorbefasste Bieter in den Grenzen des Anhangs 1 für alle Bewerber sowie eine ausreichend lange Frist zur Angebotsabgabe genannt.

Sofern die Wettbewerbsvorteile nicht auszugleichen sind, besteht als Ultima Ratio noch die Möglichkeit des Ausschlusses des vorbefassten Unternehmens aus dem Vergabeverfahren.

Ein genereller Ausschluss der Projektanten vom Vergabeverfahren ist hingegen nach der „Fabricom“-Rechtsprechung des EuGH nicht verhältnismäßig und gemeinschaftswidrig.[71]

In der o.g. Aufzählung sind durchaus einige wichtige Punkte enthalten, z.B. der Ausgleich eines entstanden Zeitvorteils durch eine ausreichende Bemessung der Angebotsabgabefristen oder die Sicherstellung, dass alle Informationen des Auftraggebers, die dem vorbefassten mitgeteilt wurden, in den Ausschreibungsunterlagen aufgenommen werden.

Die Pflicht zur produktneutralen Ausschreibung ist allerdings ein allgemeiner vergaberechtlicher Grundsatz und z.B. in § 15 Abs. 8 VSVgV bzw. in § 7 Abs. 4 VOL/A niedergelegt und nicht nur eine spezielle Maßnahme zum Vorteilsgleich.

Sofern das am IPT teilnehmende Unternehmen an der Erstellung der Leistungsbeschreibung mitgewirkt hat, ist der Auftraggeber verpflichtet, die Leistungsbeschreibung explizit dahingehend zu überprüfen, ob diese auch neutral gehalten ist und nicht auf das spätere Angebot des vorbefassten Unternehmens „maßgeschneidert“ wurde. Falls erforderlich sind Sachverständige zur Begutachtung einzubeziehen. Weiterhin sind auch die Angebote des vorbefassten Unternehmens besonders sorgfältig zu prüfen. Wenn z.B. das Angebot von diesem viel günstiger ist als die der Wettbewerber oder wenn die Leistungsbeschreibung nur von dem vorbefassten Unternehmen

71 Dippel, Norbert/Sterner, Frank/Zeiss, Christopher: Praxiskommentar Beschaffung im Verteidigungs- und Sicherheitsbereich, Köln 2013, § 10, Rn. 13, EuGH, Urteil vom 03.03.2005, Rs. C-34/03 (Fabricom), VergabeR 2005, 319– In diesem Urteil wurde vor allem festgestellt, dass der generelle Ausschluss eines vorbefassten Projektanten im Bieterverfahren nicht zulässig ist.

eingehalten werden kann, können dies Indizien für eine bereits eingetretene Wettbewerbsverfälschung sein, die nur noch durch Ausschluss des betreffenden Unternehmens beseitigt werden kann.

Ein wesentliches Hindernis zur Herstellung eines Informationsgleichstands ist jedoch die Tatsache, dass die von dem Unternehmen als „vertraulich“ gekennzeichneten Dokumente zum Vergabegegenstand und davon umfasste Inhalte vom Auftraggeber vertraulich zu behandeln sind und nicht an Dritte weitergegeben werden dürfen.

Danach erhalten die anderen Bieter zu diesen Dokumenten im Gegensatz zum vorbefassten Unternehmen keinen Zugang. Sollten hierdurch nichtausgleichbare Wettbewerbsvorteile entstehen, wäre dieses Unternehmen vom Vergabeverfahren auszuschließen. Zudem hätte auch jeder Mitbieter die Möglichkeit über eine Rüge und ein Nachprüfungsverfahren bei der Vergabekammer einen Ausschluss zu bewirken, so dass für das vorbefasste Unternehmen vergleichsweise lange Ungewissheit besteht.

Sobald also Unternehmen im Rahmen ihrer IPT-Beteiligung vertrauliche Informationen übermitteln, schwebt über ihnen das Damoklesschwert des späteren Ausschlusses im Vergabeverfahren. Da die Teilnahme am Vergabeverfahren für die Unternehmen regelmäßig von größerer Bedeutung ist als die Beteiligung in IPTs, wäre der Anreiz zur Teilnahme für diese gering.

Die Wettbewerber werden mit einem weiteren Problem konfrontiert: Da die Teilnehmer am IPT und ihre Art der Beteiligung nicht veröffentlicht werden, läuft ein effektiver Rechtschutz für die Wettbewerber mangels Kenntnis häufig ins Leere, da diese im Nachprüfungsverfahren als Antragsteller verpflichtet wären, die Wettbewerbsverfälschung durch den IPT-Teilnehmer darzulegen. Im Rahmen des Nachprüfungsverfahrens wird diese allgemeine Darlegungslast allerdings dadurch etwas entschärft, das der Auftraggeber im Rahmen der allgemeinen Verfahrenspflicht gem. § 113 Abs.2 GWB darlegen muss, warum keine Wettbewerbsverfälschung bestand.

c) Problemfelder aus Sicht der am IPT teilnehmenden Unternehmen

Wie bereits unter b), 2. Spiegelstrich dargestellt, besteht für die teilnehmenden Unternehmen neben dem kartellrechtlichen Risiko insbesondere das vergaberechtliche Risiko des Ausschlusses aus dem Vergabeverfahren. Da § 10 Abs. 2 VSVgV keine Bagatellgrenze („beraten oder sonst unterstützt“) für solche Beratungsleistungen kennt, kann jede noch so geringfügige Teilnahme riskant sein.

Weiterhin ist gem. Leitfaden das am IPT teilnehmende Unternehmen verpflichtet, die als Anhang 1 und 2 beigefügten Dokumente zu unterzeichnen. In Anhang 1 ist eine Rechteregelung dergestalt enthalten, dass der Auftragnehmer dem Auftraggeber ein Nutzungsrecht an allen bereitgestellten Dokumenten und den umfassten Inhalten zum Zwecke des Vergabeverfahrens einräumt. Dieses Nutzungsrecht kann auch durch Dritte im Auftrag ausgeübt werden. Sofern bestimmte Dokumente/Inhalte als „vertraulich" gekennzeichnet wurden, dürfen diese vom Auftraggeber nicht an Dritte übermittelt werden sondern nur intern genutzt werden. Dies bedeutet, dass – sofern keine anderweitige vertragliche Regelung existiert – der Auftraggeber ein kostenloses Nutzungsrecht an den diesen „bereitgestellten" neu entstanden und bestehenden (Schutz-)rechten und dem Know How erhält. Damit läuft das Unternehmen Gefahr, solche Rechte ohne ein Äquivalent aus der Hand zu geben, da es sein kann, dass im Vergabeverfahren ein anderer (günstigerer) Anbieter den Zuschlag zur Fertigung erhält. Bei Altrechten, die vom Unternehmen mit einem hohen finanziellen Aufwand erzeugt werden, kann dies zu wirtschaftlich dramatischen Folgen führen.

Darüber hinaus sollen lt. Leitfaden nur diejenigen Informationen (die z.B. im Rahmen eines Gesprächs erlangt werden) vertraulich behandelt werden, die das Unternehmen schriftlich als vertraulich bzw. als Betriebs- oder Geschäftsgeheimnis kennzeichnet. Wie dies in der Praxis effektiv umgesetzt werden soll, ist nicht klar. In vielen Geheimhaltungsvereinbarungen gibt es für mündlich offenbarte Informationen deswegen eine Klausel, nach der Informationsübermittler schon während des Gesprächs mündlich auf die Vertraulichkeit hinweisen muss und im Nachgang den Inhalt des Gesprächs innerhalb eines bestimmten Zeitraums schriftlich zusammenzufassen, als vertraulich kennzeichnen und dem Gesprächspartner übermitteln muss. Dieser wiederum ist dann ab dem mündlichen Hinweis an die Vertraulichkeitsregelungen gebunden. Eine solche oder ähnlich lautende Regelung ist im Dokument jedoch nicht enthalten.

Aus Unternehmenssicht wird auf dieser Grundlage von einer Teilnahme an einem IPT-Verfahren grundsätzlich abzuraten sein und wenn überhaupt, sich nur auf die Herausgabe nichtvertraulicher bzw. allgemein zugänglicher Informationen zu beschränken.

d) Ergebnis

Die Beteiligung von Unternehmen an IPTs birgt sowohl aus kartellrechtlicher als auch vergaberechtlicher Sicht diverse Risiken. Auch ist eine kostenlose

Einräumung von weitgehenden Nutzungsrechten nicht im Unternehmensinteresse.

Um dieses rechtliche „Minenfeld"[72] etwas besser unter Kontrolle zu bekommen ist es sinnvoll, die Beziehungen zwischen Unternehmen und Auftraggeber auf einc transparente Grundlage zu stellen. Empfehlenswert wäre eine Beteiligung von Unternehmen in IPTs im Rahmen von Studien- bzw. FuE-Aufträgen (die sofern vergaberechtlich einschlägig auch ausgeschrieben werden). Damit könnte präzise definiert und dokumentiert werden, welche Leistungen, Unterlagen etc. an das Unternehmen übertragen werden. Zudem könnte in einem Vertrag auch eine angemessene Gegenleistung für die Übertragung/Einräumung von Nutzungsrechten festgeschrieben werden, da nachvollziehbar ist, dass der Auftraggeber übertragbare Nutzungsrechte benötigt, um die Leistung überhaupt ausschreiben und an Dritte vergeben zu können.

Bei einer solchen Ausschreibung von Studien- bzw. FuE-Aufträgen hätten zudem alle interessierten Unternehmen eine faire Chance, sich für eine Beteiligung am IPT zu qualifizieren, da im Rahmen der Auswahl die vergaberechtlichen Grundsätze einzuhalten sind.[73]

§ 6 Vergabe von Liefer- und Dienstleistungsaufträgen der öffentlichen Hand im Verteidigungs- und Sicherheitsbereich unter besonderer Betrachtung der Besonderheiten der Vergabe von FuE-Aufträgen im Rahmen des novellierten Vergaberechts

Die öffentliche Hand ist bei der Vergabe von Aufträgen an das Vergaberecht gebunden. Die Wurzeln für das Vergaberecht liegen im Haushaltsrecht. Dieses beinhaltet nämlich in § 7 Abs. 1 BHO den unter Kapitel 2 § 3 A dargestellten Grundsatz der Wirtschaftlichkeit und Sparsamkeit. Das bedeutet, dass die öffentliche Hand Lieferungen und Leistungen zu angemessenen Preisen beschaffen

72 Oppenhoff & Partner: Newsletter Defence: Leitfaden für die Beteiligung der Industrie in Integrierten Projektteams (IPT): Sinnvolle Beteiligungsmöglichkeit oder rechtliches Minenfeld?, abrufbar unter: http://www.oppenhoff.eu/de/recht-aktuell/newsletter/articles/newsletter-defence-leitfaden-fuer-die-beteiligung-der-industrie-in-integrierten-projektteams-ipt-sinnvolle-beteiligungsmoeglichk.html.

73 Piesbergen, Heiko: CPM (nov.) der Bundeswehr – Möglichkeiten und Grenzen der Industriebeteiligung in iPTs, WT I/2013, S. 26 ff., WT I/2013, S. 27.

muss. Die Ermittlung solcher angemessener Preise erfolgt am effektivsten im Rahmen einer Vergabe im Wettbewerb. § 55 Abs. 1 BHO bestimmt daher, dass „dem Abschluss von Verträgen über Lieferungen und Leistungen (…) eine öffentliche Ausschreibung vorangehen" muss, sofern nicht die Natur des Geschäfts oder besondere Umstände eine Ausnahme rechtfertigen".[74]

Nachfolgend werden die Regelungen des deutschen Vergaberechts für verteidigungs- und sicherheitsrelevante Beschaffungen betrachtet, um dann weiter schwerpunktmäßig die vergaberechtlichen Rahmenbedingungen für FuE-Leistungen herauszuarbeiten. Auf andere Regelungen wie z.B. das Agreement on Government Procurement (GPA)[75] wird im Rahmen dieser Arbeit nicht näher eingegangen.

A. EU-Richtlinie zu Vergaben in den Bereichen Verteidigung und Sicherheit – RL 2008/81/EG und die Umsetzung in nationales Recht

Ziel der Richtlinie ist es, die bisher oft national abgeschotteten Märkte für Verteidigungs- und Sicherheitsbeschaffungen für eine europaweit zugängliche und transparente Vergabe von Lieferungen und Leistungen zu öffnen. Viele Mitgliedsstaaten der EU hatten bis dahin Verteidigungs- und Sicherheitsbeschaffungen der Anwendung der EU-Vergabevorschriften unter Berufung auf die Ausnahmevorschrift des Art. 346 AEUV (Ex-Artikel 296 EGV) entzogen. Danach kann jeder Mitgliedstaat die Maßnahmen ergreifen, die seines Erachtens für die Wahrung seiner wesentlichen Sicherheitsinteressen erforderlich sind, soweit sie die Erzeugung von Waffen, Munition und Kriegsmaterial oder den Handel damit betreffen. Während sich der deutsche Markt immer mehr für ausländische Angebote geöffnet hat, wurden deutsche Unternehmen oftmals von der Teilnahme an Vergabeverfahren in anderen europäischen Ländern ausgeschlossen.

Begründet wurde dies von den jeweiligen Ländern häufig damit, dass die bisher existierenden Vergaberichtlinien mit den speziellen Anforderungen (vor allem Geheimhaltung und Versorgungssicherheit) der sensiblen Beschaffung von Verteidigungs- und Sicherheitsgütern nicht gerecht werden würden. Zudem stellt auch das Ziel des Erhalts der Kernfähigkeiten der eigenen wehrtechnischen

74 Daub/Eberstein: Kommentar zur VOL/A, S. 214.

75 Das GPA ist eine internationale, plurilaterale Vereinbarung zwischen den Vertragsstaaten (u.a. der Europäischen Union, USA, Kanada, Japan etc.) über die diskriminierungsfreie, transparente, korruptionsfreie Vergabe von Aufträgen, vgl. auch Dippel/Sterner/Zeiss: Praxiskommentar Beschaffung im Verteidigungs- und Sicherheitsbereich, Köln 2013, S. 31, Rn. 22.

Industrie ein Grund für die exzessive Anwendung von Art. 346 AEUV dar.[76] In der Praxis hatte dies zu einer weiten Fragmentierung des europäischen Marktes an den jeweiligen nationalen Grenzen entlang geführt. Überspitzt formuliert existierten bislang in der EU zahlreiche isolierte nationale Rüstungsmärkte, was durchaus negative Auswirkungen für die Wettbewerbsfähigkeit der nationalen Rüstungsindustrien hatte.[77]

Durch Umsetzung der Richtlinie soll für verteidigungs- und sicherheitsrelevante Beschaffungen mehr Wettbewerb geschaffen werden und auch die spezifischen Sicherheits- und Geheimhaltungsinteressen besser gewahrt werden.[78]

Diese Richtlinie ist seit 21.08.2009 in Kraft und hätte innerhalb von zwei Jahren in deutsches Recht umgesetzt werden müssen. Die Umsetzung in deutsches Recht erfolgte verspätet nach Einleitung eines Vertragsverletzungsverfahrens der EU-Kommission durch Änderungen im GWB zum 14.12.2011 bzw. Inkrafttreten der VSVgV am 19.07.2012, wobei im GWB grundsätzlich der Anwendungsbereich des neuen Sicherheitsvergaberechts festgelegt ist und im VSVgV die entsprechenden Verfahrensregeln enthalten sind.

Der sachliche Anwendungsbereich ist gem. § 1 VSVgV auf verteidigungs- und sicherheitsrelevante Aufträge beschränkt, die in § 104 Abs. 1 GWB legaldefiniert sind. Für die Beschaffung von Liefer- und Dienstleistungen im Anwendungsbereich der VSVgV gilt diese abschließend (vgl. § 2 Abs. 1 VSVgV).

Die Regelungen der VSVgV gelten nur oberhalb der Schwellenwerte (§ 106 GWB) unterhalb der Schwellenwerte gelten nach wie vor die Vorschriften des allgemeinen Haushaltsrechts.

---

76 Gemeinsame Erklärung des Bundesministeriums der Verteidigung und des Ausschusses der Verteidigungswirtschaft im BDI vom 20.11.2007, abrufbar unter: http:/ www.bdsv.eu/data/8cae99c0bedfb3c67dddd4c0c2c37fdbb5db88c0bdcc98cec7a677bdc8b663dcc4dcafc98bd4a176c2cfddc67ecaaa93.pdf&rct=j&frm=1&q=&esrc=s&sa=U&ei=Gek3VNeVErTe7Ab0jYC4CQ&ved=0CBQQFjAA&usg=AFQjCNHJ7fHNbE2t7pmaZ_4FVASUpC75ug.

77 Mitteilung der Kommission KOM (2007) 764, S. 4.

78 Zeiss in: Dieblich, Franz/Mark von Wietersheim/Zeiss, Christopher: Vergabe- und Vertragsrecht, 4. aktualisierte und erweiterte Auflage, Köln 2012, S. 287.

Die Ausnahme des Art. 346 AEUV steht jetzt in § 107 Abs. 2 GWB, hat aber lediglich klarstellenden Charakter, da sie ohnehin allgemein für alle Vergaben gilt weil sie unmittelbar aus dem AEUV folgt.[79,80]

Allerdings wird eine bloße Berufung auf die allgemeinen Besonderheiten der verteidigungs- und sicherheitsrelevanten Beschaffungen nach Umsetzung der Richtlinie nicht mehr als ausreichende Rechtfertigung für eine Ausnahme vom Vergaberecht gem. § 107 Abs. 2 GWB i.V.m Art. 346 AEUV ausreichen, sondern wird nur dann zu rechtfertigen sein, wenn dies zur Wahrung der jeweiligen nationalen Sicherheitsinteressen unbedingt erforderlich und im Einzelfall angemessen ist.[81]

B. Arten der Vergabe von Liefer- und Dienstleistungsaufträgen im Verteidigungs- und Sicherheitsbereich

Im Anwendungsbereich des sektorspezifischen Vergaberechts für verteidigungs- und sicherheitsrelevante Beschaffungen sind gewisse Verfahrenserleichterungen in § 146 GWB bzw. § 11 Abs. 1 VSVgV dergestalt vorgesehen, als dass der Auftraggeber wahlweise im nichtoffenen oder Verhandlungsverfahren mit vorgeschaltetem Teilnahmewettbewerb beschaffen kann. Nur in begründeten Ausnahmefällen ist ein Verhandlungsverfahren ohne Teilnahmewettbewerb oder ein wettbewerblicher Dialog zulässig.

In einem nichtoffenen Verfahren wird entsprechend der Definition in § 119 Abs. 4 GWB nur eine eingeschränkte Zahl von Unternehmen zur Abgabe von Angeboten aufgefordert. Im Falle eines vorangehenden Teilnahmewettbewerbs wird eine Vorauswahl möglicher Bieter getroffen. Dies erfolgt im Rahmen einer öffentlichen Bekanntmachung, in welcher Unternehmen aufgefordert werden, ihre Teilnahme am Wettbewerb zu beantragen. Die Vergabestelle wählt aus

---

79 Weyand, Rudolf: Vergaberecht, Praxiskommentar zu GWB, VgV, SektVO, VSVgV, VOB/A 2012, VOL/A, VOF mit sozialrechtlichen Vorschriften, 4. Auflage, München 2013. § 100, Rn. 151.

80 gem. dem EuGH Urteil vom 07.06.2012 – Az.: C-615/10 ist zu prüfen, ob der Mitgliedsstaat, der sich auf diese Bestimmung beruft, nachweisen kann, dass eine Inanspruchnahme der dort geregelten Abweichung erforderlich ist, um seine wesentlichen Sicherheitsinteressen zu wahren und ob dem Bedürfnis, diese wesentlichen Interessen nicht im Rahmen einer Ausschreibung, wie sie in der Richtlinie 2004/18 vorgesehen ist, hätte Genüge getan werden können (Rn. 45 der Urteilsgründe).

81 vgl. Erwägungsgründe 16 und 17 der RL 2009/81/EG und Zeiss in Dieblich/von Wietersheim/Zeiss: Vergabe- und Vertragsrecht 2012, S. 288.

diesen Anträgen geeignete Bewerber aus, die dann zur Abgabe eines Angebotes aufgefordert werden.[82]

Im Verhandlungsverfahren gem. § 119 Abs. 5 GWB besteht im Gegensatz zum Nichtoffenen Verfahren die Möglichkeit zur Verhandlung des Angebots nach Angebotsabgabe. Der Leistungsgegenstand muss im Unterschied zum offenen Verfahren zwar nicht bis ins letzte Detail festgeschrieben sein, allerdings darf dieser im Rahmen der Verhandlung auch nicht mehr völlig geändert werden. Anhand der Verhandlungen stellt der Auftraggeber fest, welches Unternehmen die bestmögliche Leistungserbringung erwarten lässt. Nach Abschluss der Verhandlungen wertet der Auftraggeber die Verhandlungsergebnisse und die entsprechend abgeänderten Angebote erneut aus und trifft auf dieser Basis die Entscheidung für den Zuschlag.[83]

C. Besonderheiten bei der Vergabe von FuE-Aufträgen im Anwendungsbereich des VSVgV

I. Ausnahmevorschriften bei der Vergabe von FuE-Aufträgen im Anwendungsbereich des VSVgV

Grundsätzlich ist anzumerken, dass der Anwendungsbereich für diese beiden vergaberechtlichen Privilegierungsvorschriften ohnehin eingeschränkt ist, da die VSVgV gem. § 1 nur für verteidigungs- und sicherheitsspezifische öffentliche Aufträge gilt, die dem Teil 4 des GWB unterfallen, d.h. insbesondere nicht bereits durch Ausnahmevorschriften dem Anwendungsbereich entzogen sind.

1. Forschungs- und Entwicklungsleistungen gem. § 12 Abs. 1 Nr. 1 lit. d) VSVgV

Gem. § 12 Abs. 1 Nr. 1 lit. d) VSVgV können FuE-Leistungen im Verhandlungsverfahren ohne Teilnahmewettbewerb vergeben werden.

Gem. § 4 (5) VSVgV sind Forschung und Entwicklung im Sinne der VSVgV alle Tätigkeiten, welche Grundlagenforschung, angewandte Forschung und experimentelle Entwicklung umfassen, wobei letztere die Herstellung von technologischen Demonstrationssystemen einschließen kann. Die Herstellung und Qualifizierung von Prototypen, Werkzeug- und Fertigungstechniken oder Industriedesign soll hingegen nicht mehr vom Begriff der Forschung und

82 BAAINBw: Auftraggeber Bundeswehr, Stand Dezember 2014, S. 48.
83 BAAINBw: Auftraggeber Bundeswehr, Stand Dezember 2014, S. 49.

Entwicklung umfasst sein.[84] Der Hintergrund für dieser Regelung ist aus dem Erwägungsgrund 55 der RL2009/81 EG ersichtlich, denn danach rechtfertigt die immense Bedeutung von Forschung und Entwicklung zur Stärkung der europäischen rüstungstechnologischen und -industriellen Basis ein Maximum an Flexibilität bei der Auftragsvergabe.[85]

2. *Für Forschungs- und Entwicklungszwecke hergestellte Güter gem. § 12 Abs. 1 lit e) VSVgV*

Gem. § 12 Abs. 1 Nr. 1 e) VSVgV kann ein Verhandlungsverfahren ohne Teilnahmewettbewerb zur Beschaffung von Gütern durchgeführt werden, wenn diese ausschließlich zum Zwecke von Forschung und Entwicklung hergestellt werden. Serienfertigungen zum Nachweis der Marktfähigkeit oder zur Deckung der Forschungs- und Entwicklungskosten fallen ausdrücklich nicht unter diese Ausnahmebestimmung. Dabei wird in der Literatur sowohl die Meinung vertreten, dass nur die Ware selbst Gegenstand der beabsichtigten Forschung und Entwicklung sein kann als auch eine etwas weitere Auslegung dahingehend, dass auch Produkte einbezogen werden können, die aus den Forschungs- und Entwicklungsaktivitäten hervorgehen.[86]

II. *Ausnahmevorschriften bei der Vergabe von FuE-Aufträgen im Anwendungsbereich des GWB*

1. *Forschungs- und Entwicklungsdienstleistungen gem. § 145 Nr. 6 GWB*

a. Allgemeine Betrachtung

Gem. § 145 Nr. 6 GWB sind Forschungs- und Entwicklungsdienstleistungen vom Anwendungsbereich des 4. Teils des GWB ausgenommen. Der Begriff „Dienstleistung“ ist dabei nicht als Abgrenzung zur Werkleistung zu verstehen, sondern

---

84 Piesbergen in: von Wietersheim, Mark: Vergaben im Bereich Verteidigung und Sicherheit, Gesetzliche Neuregelung und Anwendung, Köln 2013, S. 76.

85 Dippel,/Sterner/Zeiss: Praxiskommentar Beschaffung im Verteidigungs- und Sicherheitsbereich, Köln 2013, S. 164, Rn. 12.

86 Piesbergen in: von Wintersheim: Vergaben im Bereich Verteidigung und Sicherheit, S. 75, Leinemann, Ralf/Kirch, Thomas: VSVgV Vergabeverordnung Verteidigung und Sicherheit mit Gesetz gegen Wettbewerbsbeschränkungen – 4. Teil – Auszug – und VOB/A-VS Kommentar, 1. Auflage München 2013, § 12 Rn. 15.

umfasst Dienstleistungen im Sinne der VOL/A und freiberufliche Dienstleistungen im Sinne der VOF.[87]

Diese Ausnahme greift gem. § 145 Nr. 6 GWB dann nicht, wenn ihre Ergebnisse ausschließlich Eigentum für seinen Gebrauch bei der Ausübung der eigenen Tätigkeit werden und die Dienstleistung durch den Auftraggeber vollständig vergütet wird (Rückausnahme). Diese Vorschrift entspricht Art. 16 der Vergabekoordinierungsrichtline 2004/18/EG. Nach Erwägungsgrund 23 dieser Richtlinie bzw. Erwägungsgrund 34 der Richtlinie 2009/81/EG sollen entsprechend Art. 179 AEUV (ex Art. 163 EG-Vertrag) Beiträge zur Finanzierung von Forschungsprogrammen unter bestimmten Voraussetzungen von der Richtlinie ausgenommen werden. Die Unterstützung der Forschung und Entwicklung soll dazu beitragen, die wissenschaftlichen und technischen Grundlagen der europäischen Industrie zu stärken, wobei die Öffnung der öffentlichen Beschaffungsmärkte an der Erreichung dieses Ziels Anteil hat.[88] Die Zielsetzung und die Mittel, mit denen technologischer Fortschritt gefördert werden, sind im Einzelnen vielfältig, so dass eine einheitliche Vergabe mit den strengen und teilweise starren Vergabevorschriften dieser Zielsetzung der EU nicht gerecht werden würde.[89] Es sollen daher FuE-Aufträge, bei denen der Charakter der Forschungsförderung überwiegt, aus dem Anwendungsbereich herausgenommen werden. Der Charakter der Forschungsförderung überwiegt dann, wenn die Forschungsergebnisse dem Auftragnehmer bzw. der Allgemeinheit zur Verfügung stehen sollen oder der Auftraggeber den Auftrag nur teilweise finanziert hat.[90] In diesen Fällen fehlt oft auch die Gegenseitigkeit, die mit dem Begriff eines öffentlichen Auftrags verbunden ist.[91]

Der Begriff „Forschung“ ist allerdings weder im AEU-Vertrag noch im Sekundärrecht näher definiert. Es ist aber davon auszugehen, dass darunter eine auf den planmäßigen und zielgerichteten Gewinn neuer Erkenntnisse gerichtete

---

87 Verordnungsbegründung zu § 2 Abs. 1 VSVgV (BR-Drs 321/12, S. 37), Dippel/Sterner/Zeiss: Praxiskommentar Beschaffung im Verteidigungs- und Sicherheitsbereich, S. 44, Rn. 4.

88 Erwägungsgrund 23 zu RL 2004/18/EG.

89 Hailbronner in: Byok, Jan/Jaeger, Wolfgang: Kommentar zum Vergaberecht, 3. überarbeitete Auflage, Frankfurt/Main 2011, § 100 Rn. 62.

90 Sterner in: Müller-Wrede: GWB- Vergaberecht Kommentar, § 100 Rn 46, BayObLG, NZBau 2003, 634 (635).

91 BayObLG, NZBau 2003, 634 verweist hier auf die Begründung der Kommission zu ihrem Richtlinienvorschlag (Dokument KOM [90] 372 endg.; abgedruckt in BRat-Drucks. 13/91 vom 10.1.1991).

Tätigkeit zu verstehen ist und sowohl Grundlagenforschung als auch die angewandte Forschung davon umfasst sind.[92]

Im Gegensatz dazu soll die Auftragsforschung, in deren Rahmen ein Auftraggeber den Auftragnehmer für die Erbringung die FuE-Leistung vollständig bezahlt und auch ausschließlicher Eigentümer der Ergebnisse wird, im Anwendungsbereich des Vergaberechts bleiben. Der Begriff „ausschließliches Eigentum" ist hierbei nicht rein nach dem zivilrechtlichen Eigentumsbegriff zu bestimmen sondern danach, ob dem Auftraggeber das ausschließliche Nutzungsrecht zustehen soll. Forschungsergebnisse können nämlich auch in unkörperlicher Form vorliegen, so dass an diesen zivilrechtlich kein Eigentum begründet werden kann. Auch ist die deutsche Sprachfassung nicht allein ausschlaggebend für die Interpretation, da die Vorschrift auf eine europäische Norm zurückgeht. Nach Betrachtung der englischen Fassung („where the benefits accrue") bzw. der französischen Fassung („dont les fruits appartiennent") kommt man zu dem Schluss, dass die Vorschrift sinngemäß als „wem das Ergebnis gehört" oder „wem das Nutzungsrecht zusteht" verstanden werden muss. Lediglich reflexartige Begünstigungen der Allgemeinheit, wie etwa durch Veröffentlichung der Ergebnisse, nehmen dem Ergebnis nicht die alleinige Zuordnung zur Eigentumssphäre des Auftraggebers und die Bestimmung zur Nutzung durch dessen Behörde, da es entscheidend auf die Verwertungsbefugnis des Auftraggebers ankommt.[93]

b. Anwendbarkeit der Ausnahmevorschrift bei Vergaben auf Grundlage der Allgemeinen Bedingungen für Entwicklungsverträge mit Industriefirmen (ABEI)

Interessant ist in Bezug auf die Ausnahmevorschrift von § 145 Nr. 6 GWB nun die Frage, ob Entwicklungsverträge, bei denen die allgemeinen Vertragsbedingungen des Bundes (ABEI) und somit auch die typischen ABEI-Rechteregelungen, wonach der Auftraggeber nur ein nichtausschließliches Nutzungsrecht erhält (vgl. § 12 ABEI), Anwendung finden, automatisch vom Anwendungsbereich des GWB-Vergaberechts ausgenommen sind.

Nach Wortlaut der Regelung ist die Rückausnahme nur dann einschlägig, wenn der Auftraggeber ausschließliches Eigentum im Sinne eines ausschließlichen Nutzungsrechts erhält. Die Standardbedingungen des deutschen öffentlichen Auftraggebers für Entwicklungsaufträge (ABEI) enthalten in § 12 eine Regelung, wonach der öffentlichen Hand nur ein nichtausschließliches Recht an

92 BayObLG, NZBau 2003, 634 (635).
93 BayObLG, NZBau 2003, 634 (636).

den Entwicklungsergebnissen eingeräumt wird. Da der Auftraggeber somit kein ausschließliches Eigentum an den Ergebnissen erhält, greift nach dem Wortlaut der Regelung die Rückausnahme nicht ein, so dass Entwicklungen, die u.a. § 12 ABEI zum Vertragsgegenstand haben, nicht dem GWB-Vergaberecht unterliegen.

Sinn und Zweck der Ausnahme ist es ja, die staatliche Forschungsförderung der Anwendbarkeit der Vergaberichtlinien zu entziehen; gemeinnützige FuE-Leistungen sollen demnach von den Vergaberegeln nicht erfasst sein.

Bei diesen Aufträgen wird es sich aber dem Sinn und Inhalt nach häufig um eine eigentlich vergabepflichtige Auftragsforschung bzw. Auftragsentwicklung handeln, da das Ergebnis in erster Linie dem Dienstbetrieb des Auftraggebers dienen soll. Es erfolgt also keine Ausrichtung auf die Zwecke der Allgemeinheit sondern i.d.R. auf die Zwecke des Auftraggebers. Für FuE-Leistungen, die danach einem allgemeinwohlorientierten Ziel dienen sollen, hat der Auftraggeber die Möglichkeit, diese im Rahmen von Zuwendungen zu unterstützen, d.h. es erfolgt eine Leistung (i.d.R. eine Zahlung) an den Zuwendungsempfänger zur Förderung der Forschung allgemein oder auf einem bestimmten Gebiet.

Da zudem in Deutschland nahezu alle FuE-Aufträge auf Basis der ABEI und der darin enthaltenen Rechteregelung vergeben werden, würde das bedeuten, dass kaum eine FuE-Entwicklung dem Vergaberecht unterfallen würde.

In diesen Fällen könnte man statt einer schematischen Anwendung des Ausschließlichkeitskriteriums eine wertende Betrachtung der Gesamtumstände ansetzen und diese Aufträge als vergabepflichtig qualifizieren.[94]

Dafür spricht auch, dass Ausnahmevorschriften nach ständiger Judikatur des EuGH restriktiv ausgelegt werden sollen, da sie die Wirksamkeit des Gemeinschaftsrechts einschränken.[95] Ein weiteres Argument für eine enge Auslegung ist in Erwägungsgrund 23 zur Vergabekoordinierungsrichtline 2004/18/EG niedergelegt, da die Öffnung der Beschaffungsmärkte durchaus zur Unterstützung von Forschung und Entwicklung beitragen kann.[96]

---

94 siehe Sterner in: Müller-Wrede: GWB- Vergaberecht Kommentar, § 100 Rn. 47 sowie Müller-Wrede, Malte: Kompendium des Vergaberechts, Kap. 8 Rn. 55, anderer Ansicht: Frenz, Walter: Handbuch Europarecht, Band 3, Beihilfe- und Vergaberecht, Heidelberg 2007, Rn 2254, für den das Vorliegen eines ausschließlichen Nutzungsrechts unabdingbar für die Anwendbarkeit der Rückausnahme ist.

95 Müller-Wrede: Kompendium des Vergaberechts, Kapitel 8, Rn. 9.

96 Weyand: Vergaberecht, Praxiskommentar zu GWB, VgV, SektVO, VSVgV, VOB/A 2012, VOL/A, VOF mit sozialrechtlichen Vorschriften, 4. Auflage, München 2013. § 100, Rn. 127.

Auch ein Blick auf die einschneidende Rechtsfolge bei Vorliegen eines Ausnahmetatbestands nach § 145 Nr. 6 GWB spricht für das Bejahen der Rückausnahme: liegt nämlich der Ausnahmetatbestand des § 145 Nr. 6 GWB vor, ist das Verfahren der Vergabe einem Primärrechtsschutz der beteiligten Bewerber insgesamt entzogen. Der Rechtsschutz beschränkt sich in diesen Fällen nur auf eine Kontrolle durch die Nachprüfungsinstanzen dahingehend, ob die Vergabebehörden das Vorliegen eines Ausnahmetatbestands zutreffend angenommen haben.[97]

Für das Nichteingreifen der Rückausnahme und somit für die Herausnahme aus dem Vergaberecht spricht neben dem Wortlaut auch der Hintergrund der in der ABEI enthaltenen Rechteregelung: der Auftragnehmer soll gerade diese Ergebnisse für seine Zwecke nutzen, sie weiterentwickeln, sein Know-how verbessern und ggf. auch mit Dritten teilen. Sofern der Auftragnehmer mit der Verwertung der Ergebnisse Umsätze erzielt, sieht die ABEI allenfalls eine Regelung zur Rückzahlung der Entwicklungskosten vor.

Damit erfolgt sehr wohl eine Stärkung der wissenschaftlichen und technischen Grundlagen der Industrie.

In Würdigung aller Gesichtspunkte sprechen wohl die besseren Argumente für eine vergaberechtspflichtige Einstufung, da es sich in erster Linie um Auftragsforschung handelt und das Vergaberecht auf dem FuE-Sektor quasi leer laufen würde.

2. Forschungs- und Entwicklungsdienstleistungen gem. § 145 Nr. 2 GWB

Mit § 145 Nr. 2 GWB wurde Artikel 13 c der RL 2009/81/EG umgesetzt, der einen Ausnahmetatbestand für bestimmte Aufträge begründet, die im Rahmen eines Kooperationsprogramms vergeben werden.

Solche Programme dienen insbesondere der Entwicklung neuer und komplexer Technologien und erleichtern die Übernahme von hohen FuE-Kosten.[98] Der Begriff Forschung und Entwicklung ist in Art. 1 Ziff. 27 der RL 2009/81/EG definiert und umfasst alle Tätigkeiten, die Grundlagenforschung, angewandte Forschung und experimentelle Entwicklung beinhalten, wobei letztere die Herstellung von technologischen Demonstrationssystemen, d. h. von Vorrichtungen zur Demonstration der Leistungen eines neuen Konzepts oder einer neuen Technologie, in einem relevanten oder repräsentativen Umfeld einschließen kann.

---

97 Weyand: Vergaberecht, Praxiskommentar zu GWB, VgV, SektVO, VSVgV, VOB/A 2012, VOL/A, VOF mit sozialrechtlichen Vorschriften, § 100 Rn. 115.

98 Weyand: Vergaberecht, Praxiskommentar zu GWB, VgV, SektVO, VSVgV, VOB/A 2012, VOL/A, VOF mit sozialrechtlichen Vorschriften, § 100c Rn. 6.

An dem Kooperationsprojekt müssen mindestens zwei Mitgliedstaaten der EU beteiligt sein. Aufträge können dabei entweder von einem Mitgliedsstaat (auch im Namen eines anderen Mitgliedsstaates) vergeben werden oder von internationalen Organisationen wie z.B. der OCCAR oder EDA im Namen der jeweiligen Mitgliedsstaaten.

Ziel der Kooperation muss die Entwicklung eines neuen Produkts sein. Schwierig wird hierbei in der Praxis die Abgrenzung zu Weiterentwicklungen bestehender Produkte sein. Da insbesondere auch nicht festgelegt ist, wie hoch der Entwicklungsanteil an dem Projekt sein muss, ist die Gefahr der Umgehung der Ausschreibungspflicht durch diesen Ausnahmetatbestand immanent.

III. Möglichkeit der Vergabe von FuE-Aufträgen mit Option auf die nachfolgende Phasen

Gem. Nr. 55 der Erwägungsgründe der RL 2009/81/EG hätte der nationale Gesetzgeber über die Möglichkeit verfügt, im Rahmen der Umsetzung in das VSVgV eine Regelung aufzunehmen, wonach der Auftraggeber bei der Vergabe von FuE-Leistungen eine Option auf die nachfolgenden Phasen (z.B. Weiterentwicklung, Serienvorbereitung, Serienlieferung) aufnehmen kann, so dass diese nachfolgenden Phasen nicht erneut separat ausgeschrieben werden müssen. Voraussetzung dafür ist allerdings, dass der FuE-Auftrag durch ein nichtoffenes Verfahren, ein Verhandlungsverfahren mit Veröffentlichung einer Bekanntmachung oder gegebenenfalls einen wettbewerblichen Dialog vergeben wurde.

Deutschland hat bislang von dieser Möglichkeit bei der Umsetzung in das VSVgV keinen Gebrauch gemacht.

Eine entsprechende Anfrage[99] bei dem Bundesverband der deutschen Industrie e.V. (BDI) ergab, dass nach Auskunft des BMWi eine solche Ausnahmebestimmung in das GWB und nicht in die VSVgV einzuordnen ist. Dabei ist eine entsprechende GWB-Änderung nur mit Blick auf diese Umsetzung aber nicht gewollt. Das BMWi habe insofern auf die nächste GWB-Vergaberechtsnovelle verwiesen.

Die Aufnahme einer solchen Regelung wäre vor allem aus Sicht der wehrtechnischen Industrie elementar wichtig, da für die meisten Unternehmen eine Entwicklung ohne Produktion generell kein nachhaltiges Geschäft darstellt. Entsprechend hoch ist das Risiko der Auftragsvergabe der nachfolgenden Serie an einen günstigeren Anbieter, der z.B. keine eigene Entwicklungsabteilung vorhält. Dieses Problem stellt sich umso mehr durch die bereits in Kapitel 2, § 3 B.

99 Email vom 30.01.2013 von Fr. Anja Mundt vom BDI.

dargestellte besondere Struktur des Beschaffungsmarktes, bei dem es nur wenige bis einen Nachfrager gibt.

Aus Sicht des Auftraggebers bestehen die Vorteile einer Kombination von FuE-Leistungen und Serienfertigung in einem Vertrag z.B. in Sicherstellung der erforderlichen Qualität und kürzeren Lieferfristen.

Andererseits soll der Wettbewerb bei der Vergabe von Aufträgen grundsätzlich beibehalten werden.

Die Richtlinie 2009/81/EG, die neben dem Ziel der Entwicklung eines europäischen Verteidigungsbinnenmarktes auch eine Förderung von mehr Wettbewerb und Transparenz bei der Vergabe von Rüstungsaufträgen verfolgt, hat in Erwägungsgrund 55 versucht, einen Kompromiss zu finden. So greift die Möglichkeit der kombinierten Ausschreibung von FuE-Leistungen und nachfolgenden Phasen nur, wenn der FuE-Auftrag im Rahmen eines Vergabeverfahrens vergeben wird, so dass alle interessierten, potentiellen Bieter die Chance auf eine Teilnahme erhalten. Zudem wird die Beauftragung für eine spätere Phase im FuE-Auftrag nur als Option, d.h. ein langfristig bindendes Vertragsangebot[100] des Auftragnehmers ausgestaltet. Daher ist der Auftraggeber berechtigt – jedoch nicht verpflichtet – die Option innerhalb der Optionsfrist auszulösen. Der Auftraggeber ist nach wie vor frei in seiner Entscheidung, die nachfolgenden Phasen doch im Rahmen eines Vergabeverfahrens zu vergeben. Somit wird das explizit in der Richtlinie verfolgte Ziel, ein Maximum an Flexibilität bei der Auftragsvergabe sicherzustellen, um der Bedeutung von Forschung und Entwicklung Rechnung zu tragen, gefördert.

100 Palandt: Einf v § 145, Rn. 23.

3. Kapitel: Rahmenbedingungen von Forschungs- und Entwicklungsverträgen zwischen der öffentlichen Hand und Industriefirmen im wehrtechnischen Bereich

§ 1 Argumente für die Verwendung von standardisierten Bedingungen

Für die Verwendung von standardisierten Bedingungen sprechen diverse Gründe. Zum einen verlangt das Haushaltsrecht in § 55 Abs. 2 BHO beim Abschluss von Verträgen nach einheitlichen Richtlinien zu verfahren. Darüber hinaus kann auch aus dem Verwaltungsgrundsatz der Gleichbehandlung aller Auftragnehmer die Notwendigkeit der Verwendung von einheitlichen Bedingungen abgeleitet werden.[101] Durch die Verwendung von Standardbedingungen kann zudem das Verfahren der Vertragsverhandlung und -schließung vereinfacht und der innerbetriebliche Verfahrensablauf rationalisiert werden. Der öffentliche Auftraggeber muss nicht bei jedem Vertrag „das Rad neu erfinden".[102] Die Gefahr, dass wichtige zu regelnde Punkte vergessen werden, wird minimiert, da die standardisierten Bedingungen grundsätzlich alle zu berücksichtigenden Vertragspunkte aufgreifen.[103] Angesichts der Vielzahl der abzuschließenden Verträge wäre ein grundsätzliches, individuelles Aushandeln der einzelnen Bedingungen in der Praxis auch nicht praktikabel. Die Übernahme der jeweiligen Vertragsmuster der Auftragnehmer würde auch keine Lösung darstellen, um das Verfahren zu vereinfachen und zu beschleunigen. Denn neben den vielfach aus Sicht des Auftraggebers inakzeptablen Bedingungen, wird die nach dem Haushaltsrecht notwendige Vergleichbarkeit der Angebote unmöglich gemacht.[104]

---

101 Dippel/Sterner/Zeiss: Praxiskommentar Beschaffung im Verteidigungs- und Sicherheitsbereich, § 10, Rn. 16.

102 Feil, Thomas/Leitzen, Werner: EVB-IT Kommentar, Köln 2003, Kap. 1, Rn. 5.

103 Stöcklein, Richard: Das BWB als Vertragspartner, WT 1/76, S. 56 (58).

104 Müller-Hengstenberg, Claus-Dieter: Vertragsbedingungen für Softwareverträge der öffentlichen Hand, 7. neu bearbeitete und wesentlich erweiterte Auflage, Berlin 2008, S. 15f.

Auch für den Auftragnehmer selbst kann die Verwendung von standardisierten Vertragsmustern gewisse Vorteile bedeuten. Zum einen wurden diese Vertragsbedingungen oftmals mit den einschlägigen Industrieverbänden zumindest im Grundsatz abgestimmt, so dass man nicht generell von einem eindeutigen Ungleichgewicht zu Lasten des Auftragnehmers ausgehen kann, zum anderen führt dies seitens eines Auftragnehmers, der an Ausschreibungen teilnimmt, zu einer gewissen Berechenbarkeit hinsichtlich der zu verwendenden Bedingungen.

Ein Nachteil bei der Verwendung von Standardbedingungen bzw. Vertragsmustern ist, dass nicht alle Umstände des Einzelfalls berücksichtigt werden bzw. einzelne Vertragsteile trotz der verallgemeinernden Formulierung nicht mehr passen.[105]

Ein Vertragsmuster, das auf Vollständigkeit aller im Zusammenhang mit dem Entwicklungsauftrag möglicherweise auftretenden Probleme abzielt, wird jedoch Vorbehalte, alternative Vorschläge und unbestimmte Bedingungen enthalten müssen. Ein solcher Mustervertragsentwurf kann dadurch recht unübersichtlich werden und in seiner praktischen Brauchbarkeit eingeschränkt sein.[106]

Dennoch werden die Vorteile der Verwendung von standardisierten Vertragsbedingungen überwiegen, sofern die Parteien diese Bedingungen in jedem Einzelfall nicht nur schematisch übernehmen sondern sorgfältig dahingehend überprüfen, ob der zugrundeliegende Sachverhalt bzw. die Parteiinteressen angemessen abgebildet werden oder ob entsprechende Änderungen und/oder Ergänzungen notwendig sind.

Die Vertragsarten im wehrtechnischen Bereich richten sich nach der jeweiligen Entstehungsphase des Materials und sind nach Studienvertrag, Entwicklungsvertrag, Beschaffungsvertrag und Instandsetzungs- und Wartungsvertrag typisiert[107].

Daneben sieht § 9 (1) VOL/A bzw. § 10 Abs. 3 VSVgV die Verpflichtung vor, die VOL/B grundsätzlich zum Vertragsgegenstand zu machen, was die Einbeziehung weiterer Vertragsbedingungen nicht ausschließt. § 1 Nr. 2 VOL/B sieht nämlich in der darin enthaltenen Rangfolge die Geltung von diversen besonderen, ergänzenden, zusätzlichen und allgemeinen technischen Vertragsbedingungen vor.[108]

---

105 Stöcklein: Das BWB als Vertragspartner, S. 56 ff., S. 58.

106 Meierrose, Rudolf: Grundsätze für Verhandlungen über Entwicklungsaufträge und deren vertragliche Gestaltung, in: Jahrbuch des Postwesens, Neunter Jahrgang 1959, S. 348 ff, S. 88.

107 Stöcklein: Das BWB als Vertragspartner, S. 56 (58).

108 Dippel/Sterner/Zeiss: Praxiskommentar Beschaffung im Verteidigungs- und Sicherheitsbereich, § 10, Rn. 17.

Im Folgenden werden die für die Forschungs- und Entwicklungsverträge der öffentlichen Hand bedeutsamen Regelungen in ihren Grundzügen betrachtet.

§ 2 Mustervertragstext

Derzeit verwendet die öffentliche Hand Musterverträge über Studien- und Entwicklungsleistungen, wobei weder der Begriff der Studie noch der Entwicklung in den Dokumenten definiert oder umschrieben ist.[109]

Die Bedingungen dieser Mustervertragstexte basieren zumeist auf Modifikationen der ABEI, d.h. es werden in erster Linie die Bedingungen der ABEI aufgegriffen und geändert. Eine genauere Analyse dieser Bedingungen erfolgt deswegen in Kapitel 4 ff.

§ 3 Leistungsbeschreibung

Die Leistungsbeschreibung ist ein essentieller Bestandteil eines jeden Forschungs- und Entwicklungsvertrags, da darin idealerweise die zu erbringende Leistung des Auftragnehmers genau definiert wird.

Sofern bei Erteilung eines FuE-Auftrags Vergaberecht Anwendung findet, sind die Anforderungen an die Leistungsbeschreibung in § 15 VSVgV bzw. in Art. 8 EG VOL/A geregelt.

§ 15 Abs. 2 Satz 1 VSVgV verlangt, dass die Leistung eindeutig und vollständig zu beschreiben ist (bzw. nach Art. 8 Abs. 1 EG VOL/A, dass die Leistung eindeutig und erschöpfend zu beschreiben ist). Dadurch können potentielle Bieter erkennen, welche Anforderungen gestellt werden bzw. was verlangt wird. Aus Sicht des Auftraggebers bietet das den Vorteil, dass er vergleichbare Angebote erhält, unter denen er das wirtschaftlichste auswählen kann.[110]

Eindeutig ist eine Leistungsbeschreibung dann, wenn aus Sicht des Bieters Art und Umfang der geforderten Leistung zweifelsfrei erkennbar und so gefasst sind, dass nicht mehrere Auslegungsmöglichkeiten in Betracht gezogen werden müssen.[111]

---

109 Musterverträge liegen u.a. den Mitgliedsunternehmen des BDI vor, sind allerdings nicht veröffentlicht

110 Traupel in: Müller-Wrede: VOL/A § 8 EG, Rn. 4.

111 Traupel in: Müller-Wrede: VOL/A § 8 EG, Rn 28, vgl. Roggenkamp/Zimmermann in: Heiermann, Wolfgang/Zeiss, Christopher/Blaufuss, Jörg: Juris PraxisKommentar Vergaberecht, GWB – VgV – SektVO – VOB/A, 3. Auflage, Saarbrücken 2013, § 7 VOL/A Rn. 10.

Ob die Voraussetzung „vollständig" bzw. „erschöpfend" eine darüber hinausgehende eigene Bedeutung besitzt, ist fraglich und wird in der Literatur zumindest in Bezug auf das Tatbestandsmerkmal „erschöpfend" überwiegend abgelehnt.[112] Traupel in Müller-Wrede z. B. vertritt demnach die Ansicht, dass die beiden Tatbestandsmerkmale ineinander übergehen, da eine eindeutige Leistung grundsätzlich auch erschöpfend ist.

Mit dem Merkmal „Vollständigkeit" wird allerdings nicht nur die Verständlichkeit gemeint sein, sondern auch die Lückenlosigkeit der Leistungsbeschreibung, d.h. es dürfen keine ausfüllungsbedürftigen Lücken mehr enthalten sein.[113]

Hinsichtlich der Arten der Leistungsbeschreibung wird weiterhin zwischen der konventionellen, funktionalen und konstruktiven Leistungsbeschreibung zu unterscheiden sein, obwohl diese Unterscheidung (im Gegensatz zu § 8 Nr. 2 Abs. 1 VOL/A-2006) weder in § 8 EG VOL/A noch im § 15 VSVgV ausdrücklich erwähnt, sondern dem Wortlaut nach nur auf die technischen Anforderungen bezogen ist. Dennoch kann davon ausgegangen werden, dass diese Unterscheidung weiterhin Anwendung findet und eine außerhalb dieser technischen Anforderungen formfreie Vergabe ohne Beachtung der Grundsätze für konventionelle, funktionale und konstruktive Leistungsbeschreibungen nicht möglich sein soll.[114] Die Möglichkeit einer formfreien Vergabe (für Leistungsmerkmale, die keine technischen Anforderungen i.S.d § 8 EG Abs. 2 bzw. § 15 Abs. 3 VSVgV sind) würde zudem auch nicht mit Anforderungen an eine eindeutige und erschöpfende bzw. vollständige Leistungsbeschreibung einhergehen, da die drei Varianten eben genau der Gewährleistung einer solchen dienen sollen.[115]

FuE-Leistungen werden in der Regel im Rahmen einer funktionalen Leistungsbeschreibung vergeben werden. Das bedeutet, dass lediglich die Anforderungen und die Funktionen vorgegeben werden. Der Auftraggeber legt das Ziel und den Zweck der zu beschaffenden Ware oder Dienstleistung fest und der Auftragnehmer kann dann eigenständig entscheiden, auf welche Art und Weise er das Ziel erreichen will. Dadurch können auch Innovationen eingebracht bzw. technisches

---

112 Traupel in: Müller-Wrede: VOL/A § 8 EG, Rn 36, Kapellmann in: Kapellman/Messerschmidt, VOL/A § 7, Rn. 13.

113 Rogenkamp/Albrecht in: Dippel/Sterner/Zeiss: Praxiskommentar Beschaffung im Verteidigungs- und Sicherheitsbereich, § 15, Rn. 22.

114 Schellenberg in: Pünder, Hermann/Schellenberg, Martin: Vergaberecht Handkommentar, 1. Auflage, Baden-Baden 2011, A Rn. 45, Rogenkamp/Albrecht in: Dippel/Sterner/Zeiss: Praxiskommentar Beschaffung im Verteidigungs- und Sicherheitsbereich, § 15, Rn. 57.

115 Traupel in: Müller-Wrede: VOL/A § 8 EG, Rn. 41.

Neuland betreten werden. Soweit der Bieter einen solchen Gestaltungsspielraum besitzt, werden die Anforderungen an die Eindeutigkeit bzw. Vollständigkeit/Erschöpfung der Leistungsbeschreibung zwangsläufig entsprechend zu reduzieren sein. Auch findet dadurch eine Verlagerung des Planungsrisikos, welches üblicherweise beim Auftraggeber verbleibt, auf den Auftragnehmer statt.[116]

Eine solche Verlagerung des Planungsrisikos kann reduziert werden, wenn Leistungsziel, Rahmenbedingungen und die wesentlichen Einzelheiten der Leistung durch den Auftraggeber festgelegt werden. Dadurch bleiben die Angebote auch vergleichbar transparent.[117]

Abzugrenzen ist die funktionale Leistungsbeschreibung insbesondere von der konstruktiven Leistungsbeschreibung, bei der neben dem Leistungsziel auch der Weg der Zielerreichung vorgegeben wird (im Unterschied zur konventionellen Leistungsbeschreibung wird allerdings der Weg dahin nicht vollständig vorgegeben).[118]

§ 4 Allgemeine Vertragsbedingungen – VOL/B

Die VOL/B wurden zwischen den Interessengruppen der Auftragnehmer- und Auftraggeberseite im Deutschen Vergabe- und Vertragsausschuss für Lieferungen und Dienstleistungen (DVAL) ausgearbeitet und sollen ein ausgewogenes Bedingungswerk bzw. einen angemessenen Interessenausgleich zwischen Auftraggeber und Auftragnehmer darstellen.

Die Präambel der VOL/B als erläuterndes Vorwort umschreibt den Anwendungsbereich für Verträge über Leistungen, insbesondere für Dienst-, Kauf- und Werkverträge sowie für Verträge über die Lieferung herzustellender oder zu erzeugender beweglicher Sachen. Zentraler Begriff ist hier die Leistung aufgrund eines Schuldverhältnisses durch Vertrag (§§ 311, 320 BGB). Was eine Leistung genau umfasst, ist hier nicht weiter definiert. Lediglich aus §1 Nr. 1 VOL/A bzw. § 1 Abs. 1 Nr. 1 VOL/A EG lässt sich eine negative Abgrenzung dahingehend treffen, dass Bauleistungen nicht als Leistungen im Sinne der Präambel gelten, da die VOL/A ausdrücklich nicht für Bauleistungen anzuwenden ist (das Gleiche

116 Rogenkamp/Albrecht in: Dippel/Sterner/Zeiss: Praxiskommentar Beschaffung im Verteidigungs- und Sicherheitsbereich, § 15, Rn. 64, 65, Traupel in: Müller-Wrede: VOL/A § 8 EG Rn. 47, OLG Düsseldorf, Beschluss vom 05.10.2000 – VII Verg 14/00, WuW 2001, 224.

117 Traupel in: Müller-Wrede: VOL/A § 8 EG, Rn. 47.

118 Prieß in: Kulartz, Hans-Peter/Marx, Fridhelm/Portz, Norbert/Prieß, Hans-Joachim: Kommentar zur VOL/A, 3. Auflage, Köln 2014, § 8 Rn. 114.

gilt grundsätzlich auch für Leistungen, die im Rahmen einer freiberuflichen Tätigkeit erbracht werden). Da die Aufzählung der Vertragsarten durch die Formulierung „insbesondere“ nicht abschließend ist, sollen daher alle Arten von Verträgen über Leistungen erfasst werden – sowohl typische Verträge als auch atypische oder verkehrstypische Verträge wie z.B. Lizenzverträge.[119,120] Damit kann auch eine Geltung für FuE-Verträge bejaht werden.

§ 9 Abs 1 VOL/A bzw. § 11 Abs. 1 EG VOL/A bzw. § 10 Abs. 3 VSVgV sehen die Verpflichtung vor, die VOL/B grundsätzlich zum Vertragsgegenstand zu machen. Die VOL/B soll in der Regel unverändert als Ganzes angewendet werden, denn nur so kann die erarbeitete Ausgewogenheit des Regelwerks beibehalten werden.[121] Zudem kann auch nur so die Vorgabe in § 55 Abs. 2 BHO (bzw. Ziffer 2 zu den VV-BHO zu § 55), wonach beim Abschluss von Verträgen nach einheitlichen Vorgaben zu verfahren ist, erfüllt werden. Durch die Verpflichtung, die VOL/B unverändert anzuwenden, kann auch dem Transparenzgebot Rechnung getragen werden, denn der Bieter weiß dadurch bereits im Vorfeld genau, welche Rechte und Pflichten im Auftragsfall auf ihn zukommen und kann so entscheiden, ob er auf dieser Basis ein Angebot abgeben möchte oder nicht[122]. Ausnahmen sind in berechtigten Einzelfällen zugelassen (vgl. Wortlaut in § 10 VSVgV bzw. § 9 VOL/A „grundsätzlich“). Zudem sieht die VOL/B selbst zahlreiche Öffnungsklauseln vor.

Nach herrschender Meinung stellen die VOL/B allgemeine Einkaufsbedingungen der öffentlichen Hand dar und gelten somit als Allgemeine Geschäftsbedingungen im Sinne von §§ 305 ff BGB, die nur dann Vertragsbestandteil werden, wenn diese rechtswirksam in den Vertrag einbezogen worden sind.[123] Das bedeutet, dass der Auftraggeber die Geltung in den Vergabeunterlagen ausdrücklich vorschreiben muss und der Bieter sich daraufhin mit deren Geltung mit der Abgabe eines Angebots auf Basis der Vergabeunterlagen einverstanden erklärt. Ein bloßer Hinweis auf die Geltung der VOL/B im Aufforderungsschreiben zur Angebotsabgabe reicht hingegen nicht aus, so dass diese in der Regel

119 Goede/Herrmann, VOL/B Kommentar, Präambel, Rn. 7–9.

120 Ob die VOL/B für andere als die in der Präambel ausdrücklich genannten Vertragstypen gelten soll, war bis zur Novellierung der VOL/B 1991 umstritten vgl. Daub/Eberstein: Kommentar zur VOL/A, § 9 Rn. 41.

121 Daub/Eberstein: Kommentar zur VOL/A, § 9 Rn 43.

122 Gnittke/Hartig in: Müller-Wrede: VOL/A § 11 EG, Rn 6.

123 Vgl. Kulartz/Marx/Portz/Prieß: Kommentar zur VOL/A, § 9 Rn 33–42; Gnittke/Hartig in: Müller-Wrede: VOL/A § 11 EG Rn 7, Daub/Eberstein: Kommentar zur VOL/A, Einführung, Rn. 75.

nicht Vertragsbestandteil wird und diesbezüglich dann auch keine entsprechende Zustimmung des Bieters vorliegt.[124] Allgemeine Geschäftsbedingungen enthalten oftmals Abweichungen von den gesetzlichen Vorschriften – so auch die VOL/B. So gewährt die VOL/B z.B. dem Auftraggeber in § 2 Nr. 1 das Recht, Änderungen in der Beschaffenheit der Leistung vom Auftragnehmer zu fordern. Eine solche Regelung ist dem BGB grundsätzlich fremd,[125] Vertragsleistungen könnten demnach nicht auf Verlangen einer Partei abgeändert werden. Auch die Mängelhaftung wird in § 14 VOL/B modifiziert. So haftet der Auftragnehmer grundsätzlich beschränkt nur für den Schaden an dem Gegenstand der Leistung (vgl. § 14 Nr. 2 lit. b VOL/B). Des Weiteren ergänzen die VOL/B die gesetzlichen Regelungen um z.B. die Regelungen zur Güteprüfung gem. § 12 VOL/B.[126]

Zu beachten ist allerdings die in § 1 Abs. 2 VOL/B aufgestellte Rangfolge, wonach die VOL/B bei Widersprüchen im Vertrag nachrangig zur Leistungsbeschreibung, den Besonderen Vertragsbedingungen, etwaigen „Ergänzenden Vertragsbedingungen", etwaigen „Zusätzlichen Vertragsbedingungen" und etwaigen allgemeinen „Technische Vertragsbedingungen" gilt. Dies basiert vor allem auf dem Grundsatz „lex specialis derogat legi generali", wonach die speziellere Regelung in der Anwendung den allgemeinen Regelungen vorgeht.[127]

§ 5 Zusätzliche Vertragsbedingungen ZVB/BMVg

Der Auftraggeber hat die Möglichkeit, die VOL/B durch die Zusätzlichen Vertragsbedingungen des Bundesministeriums der Verteidigung zur Verdingungsordnung für Leistungen Teil B (ZVB/BMVg) in der Fassung der ersten Änderung vom 10.05.2001 zu ergänzen; eine Verpflichtung zur Anwendung besteht jedoch nicht. § 9 Abs. 1 Satz 2 VOL/A bzw. § 11 Abs. 1 Satz 2 VOL/A EG verlangt allerdings, dass diese Zusätzlichen Vertragsbedingungen den Allgemeinen Vertragsbedingungen (VOL/B) nicht widersprechen dürfen. § 9 Nr. 3 Abs. 1 Satz 2 a. F. umschrieb die Zusätzlichen Vertragsbedingungen als Möglichkeit zur Ergänzung der VOL/B für die beim Auftraggeber allgemein gegebenen Verhältnisse. So treffen die Zusätzlichen Vertragsbedingungen in erster Linie weitergehende Konkretisierungen zu den Regelungen der VOL/B – in 1.2 wird z.B. abschließend festgelegt, was als Ergänzende oder Besondere Vertragsbedingung

---

124 Walter, Otmar: Praxishandbuch VOL/B, 1. Auflage, Freiburg 2013, S. 28/29.

125 Ausnahme ist hierbei § 313 BGB; allerdings nur unter strengen Voraussetzungen.

126 Goede/Herrmann: VOL/B Kommentar, Einleitung, Rn. 52.

127 Goede/Herrmann: VOL/B Kommentar, § 1, Rn. 3.

gilt – und schafft zudem neue Tatbestände, wie z. B. eine Vertragsstrafe wegen des Versprechens oder Gewährens von Vorteilen in Ziff. 11.4 ZVB.

§ 6 Ergänzende Vertragsbedingungen für Nicht-IT-Leistungen

Gem. § 9 Abs. 1 S. 3 VOL/A und § 11 Abs. 1 S. 3 VOL/A EG können ergänzende Vertragsbedingungen für die Erfordernisse einer Gruppe gleichgelagerter Einzelfälle Abweichungen von der VOL/B vorsehen. In § 1 1.2 ZVB/BMVg sind als ergänzende Vertragsbedingungen abschließend die ABFI, die ABEI und die ABBV definiert. Auf die Allgemeinen Bedingungen für Beschaffungsverträge des Bundesministers der Verteidigung (ABBV) wird an dieser Stelle nicht weiter eingegangen, da diese üblicherweise kein Bestandteil von FuE-Verträgen sind.

A. Allgemeine Bedingungen für Forschungsverträge mit Industriefirmen (ABFI)

Die Allgemeinen Bedingungen für Forschungsverträge mit Industriefirmen (ABFI), Stand Februar 1971, die dem Wortlaut nach für Forschungsarbeiten gelten sollen, sind zwar auf der Homepage des BAAINBw als Vertragsdokument aufgeführt, werden jedoch nach eigener Angabe des BAAINBw derzeit in der Praxis nicht verwendet.[128] Auch der Verfasserin wurde im Rahmen der Recherche zu dieser Arbeit kein Fall bekannt, bei dem die ABFI verwendet wurden, so dass sich an dieser Stelle eine genauere Betrachtung mangels Relevanz erübrigt.

Grundsätzlich ist festzustellen, dass die ABFI einen sehr ähnlichen Aufbau wie die ABEI besitzt und viele Regelungen beinahe wortgleich sind. Der Dienstleistungsvertragscharakter kommt jedoch vor allem durch die Gewährleistungsregelung in § 3 Abs. 4 ABFI zum Ausdruck. Danach „leistet der Auftragnehmer keine Gewähr für die Brauchbarkeit des Forschungsergebnisses und haftet dem Auftraggeber nicht für Schäden, die er oder seine Erfüllungsgehilfen leicht fahrlässig verursacht haben".

Auch die Regelung der Nutzungsrechte ist im Gegensatz zur ABEI aus Sicht des Auftragnehmers restriktiver, da gemäß § 12 Abs. 1, 2. Spiegelstrich ABFI eine Einräumung von Rechten an Altrechten[129] für Nachbauzwecke auf „Zwecke der

128 Schreiben BAAINBw vom 21.11.2013.

129 Vgl. Wortlaut „an seinen sonstigen im Forschungsergebnis verwerteten in- und ausländischen Schutzrechtsanmeldungen, Konstruktionen, Verfahren und Unterlagen" in Abgrenzung zu § 12 Abs. 1, 1. Spiegelstrich „an allen bei der Durchführung des Vertrages entstehenden in- und ausländischen Schutzrechtsanmeldungen, Konstruktionen, Verfahren und Unterlagen". Das bedeutet, dass die Regelung im ersten

Verteidigung, des Schutzes der Zivilbevölkerung und der Bereitschaftspolizei der Länder" limitiert ist. § 12 Abs. 2 ABEI sieht hingegen vor, dass Altrechte im gleichen Umfang wie Neurechte genutzt werden dürfen.

Der hier durchaus bedeutsame Unterschied zwischen ABEI und ABFI resultiert vor allem daraus, dass die ABFI (im Gegensatz zur ABEI) seit 1971 nicht mehr reformiert worden sind, da die ABEI in der Fassung von 1971 eine identische Rechteregelung wie die derzeit geltende ABFI vorsah.

B. Allgemeine Bedingungen für Entwicklungsverträge mit Industriefirmen (ABEI)

Die Allgemeinen Bedingungen für Entwicklungsverträge mit Industriefirmen sind Untersuchungsgegenstand der nachfolgenden Kapitel, so dass an dieser Stelle nicht näher darauf eingegangen wird. An dieser Stelle soll lediglich darauf hingewiesen werden, dass die ABEI zu den ergänzenden Vertragsbedingungen zählen.

C. Ergänzende Bestimmungen zum gewerblichen Rechtschutz und Urheberrecht (EB-GRUR)

Die Ergänzenden Bestimmungen zum gewerblichen Rechtschutz und Urheberrecht (EB-GRUR) werden nach Aussage des BAAINBw für die Vertragstypen vereinbart, „in denen die Erbringung von Entwicklungsleistungen oder von urheberrechtlich geschützten Arbeitsergebnissen an sich nicht vorgesehen ist, die Erbringung solcher Leistungen im Einzelfalle aber einer Regelung bedarf."[130]

In dem derzeit gültigen Dokument der EB-GRUR steht zum Anwendungsbereich einleitend folgender Passus: „Soweit die Leistungen des Auftragnehmers solche mit Entwicklungscharakter einschließen, gelten ergänzend nachstehende Regelungen."

Diese Aussagen und die Tatsache, dass die EB-GRUR inhaltlich nur auf die essentiellen Regelungen der ABEI Bezug nimmt (und diese z.T. modifiziert) lassen den Schluss zu, dass die EB-GRUR nur bei Verträgen zur Vertragsanlage (statt der ABEI) gemacht werden soll, bei denen der Auftragnehmer neben der ansonsten anders gearteten Hauptleistungspflicht wie z.B. bei einem Beschaffungsvertrag noch Entwicklungsleistungen in einem vergleichsweise geringen Maße

---

Spiegelstrich für sog. Neurechte gilt, wohingegen die Regelung im zweiten Spiegelstrich für die sog. Altrechte Anwendung finden soll.

130 Schreiben BAAINBw vom 21.11.2013 an die Verfasserin.

erbringen muss. Sofern die Entwicklungsleistung im Vordergrund steht, ist die ABEI (und nicht die EB-GRUR) zum Vertragsbestandteil zu machen.

§ 7 Ergänzende Vertragsbedingungen für IT-Leistungen (EVB-IT)

Die Ergänzenden Vertragsbedingungen für IT-Leistungen (EVB-IT) stellen ergänzende Vertragsbedingungen für die Beschaffung von Leistungen im Bereich der Informationstechnik dar. Sie lösen die früheren Besonderen Vertragsbedingungen für die Beschaffung von DV-Leistungen (BVB) ab. Es gibt diverse EVB-IT Vertragstypen, wie z. B. Kauf, Überlassung, System oder Pflege[131].

Laut Stellungnahme des BAAINBw[132] besteht durchaus die Möglichkeit, dass Verträge, die auf die ABEI Bezug nehmen, auch EVB-IT-Regelungen enthalten können, sofern dafür der Anwendungsbereich eröffnet ist, weshalb sie an dieser Stelle der Vollständigkeit halber nur kurz erwähnt werden.

§ 8 Bürgerliches Gesetzbuch – BGB

Neben den oben aufgeführten Musterverträgen und Standardbedingungen gelten für Verträge sowohl die zwingenden Bestimmungen des BGB, z. B. §§ 134, 138 BGB als auch die disponiblen Regelungen, u.a. über Kauf-, Werk- und Dienstverträge, soweit diese nicht ausdrücklich oder konkludent abbedungen wurden.[133]

---

131 Feil/Leitzen: EVB-IT Kommentar, Kap 1 Rn. 3.

132 vgl. Schreiben BAAINBw vom 21.11.2013.

133 Rittner, Fritz: Schriften zum öffentlichen Auftragswesen, Heft 5; Rechtsgrundlage und Rechtsgrundsätze des öffentlichen Auftragswesens , Hamburg 1988, zit: Rittner, Rechtsgrundlage und Rechtsgrundsätze, Rn. 210.

4. Kapitel: Allgemeine Bedingungen für Entwicklungsverträge mit Industriefirmen (ABEI)

§ 1 Notwendigkeit aus Sicht der Parteien der Vereinbarung spezifischer vertraglicher Regelungen

Die Verwendung der im 3. Kapitel dargestellten Allgemeinen Geschäftsbedingungen durch den öffentlichen Auftraggeber wirft die Frage auf, ob diese tatsächlich notwendig sind oder ob nicht bereits die bestehenden gesetzlichen Regelungen zum Werk- bzw. Dienstvertragsrecht die Thematik im Interesse beider Parteien angemessen regeln können.

Nachfolgend werden die gesetzlichen Regelungen zu den wesentlichen Themenbereichen eines FuE-Vertrags betrachtet und geprüft, ob diese Regelungen ausreichend sind, um den Interessen beider Vertragsparteien gerecht zu werden.

A. Haftung und Gewährleistung

I. Generelle Erwägungen

Die §§ 631 ff BGB sind grundsätzlich für klassische Werkleistungen mit kurzfristigem Leistungsaustausch konzipiert.

Sofern FuE-Projekte mit einem werkvertraglichen Leistungsgegenstand eine kurze Laufdauer aufweisen und sich das Ziel der Zusammenarbeit noch im Bereich des grundsätzlich beherrschbaren Stands der Technik befindet – somit also noch innerhalb des generell beherrschten Risikos – ist auch das klassische Werkvertragsrecht für diese Fälle passend.

Je unwahrscheinlicher allerdings der Erfolgseintritt wird, d.h. je weiter der Erfolg vom bisherigen Stand der Technik entfernt ist, desto schwerer sind die Entwicklungsrisiken einschätzbar und umso ferner liegt in der Regel der Wille des Auftragnehmers vor, das volle Erfolgsrisiko zu übernehmen.[134]

Im Werkvertragsrecht haftet der Auftragnehmer gem. den §§ 633 ff BGB verschuldensunabhängig für alle Sach- und Rechtsmängel des Werkes und verschuldensabhängig und unbegrenzt für die durch die Pflichtverletzung verursachten Schäden gem. § 634 Nr. 4 BGB i.V.m §§ 280 ff BGB.

---

134 Brandi-Dohrn: Das Risiko im Entwicklungsvertrag, CR 1998, 645 (647).

Nach diesem Prinzip der werkvertraglichen Erfolgshaftung trägt somit der Auftragnehmer allein das Entwicklungsrisiko.

Sofern die Parteien diese einseitige Risikoverteilung nicht so vereinbaren möchten, bliebe ihnen die Möglichkeit, auf die gesetzlichen Regelungen des Dienstvertrags zurückzugreifen. Danach könnte sich der Auftragnehmer zur Durchführung der vereinbarten FuE-Leistungen verpflichten, ohne jedoch für den Eintritt eines bestimmten Erfolges einstehen zu müssen. Eine Mängelhaftung wie im Werkvertragsrecht ist dem Dienstleistungsrecht dabei gänzlich fremd.

Eine Vertragsverletzung durch Schlechtleistung ist hierbei beispielsweise dann in Betracht zu ziehen, wenn der Auftragnehmer die Leistung nicht mit der geforderten wissenschaftlichen Sorgfalt erbracht hat. Dazu gehört z.B. der Einsatz von qualifiziertem Fachpersonal, die ordnungsgemäße und zielorientierte Durchführung der vorgesehenen Arbeitsprogrammschritte, die sorgfältige und gewissenhafte Auswahl der freien Mitarbeiter und ggf. einzuschaltende Unterauftragnehmer.[135]

Mit Ausnahme von reinen Forschungsleistungen wird in den meisten Fällen – gerade bei Entwicklungsvorhaben – diese Risikoverteilung, die grundsätzlich den Auftraggeber allein das Entwicklungsrisiko tragen lässt, ebenfalls zu einseitig sein, da der Auftraggeber den Auftragnehmer auf die Erbringung eines bestimmten Erfolges verpflichten möchte.

Festzustellen ist, dass die jeweiligen gesetzlichen Regelungen zum Werk- und Dienstvertragsrecht in Punkto Haftung und Gewährleistung oft nicht die Interessen der Vertragsparteien widerspiegeln. Da gerade bei Entwicklungsvorhaben die Erbringung eines bestimmten Erfolges im Vordergrund steht, liegt es nahe, grundsätzlich auf die werkvertraglichen Vorschriften zurückzugreifen und diese entsprechend vertraglich zu modifizieren, z.B. durch die Aufnahme von Haftungsbegrenzungen und Gewährleistungsausschlüssen. Diese dürften umso weitgehender sein, je weiter technisches Neuland im Rahmen des FuE-Vorhabens betreten wird.

II. Haftung des Auftragnehmers für Verletzung von Schutzrechten Dritter

Da in den FuE-Verträgen des öffentlichen Auftraggebers neben der Zuordnung der zu erbringenden Leistung zum Werk- oder Dienstvertragsrecht auch lizenzvertragliche Regelungen anwendbar sein können, sofern der Auftraggeber nur

135 Möffert: Der Forschungs- und Entwicklungsvertrag, S. 63.

ein Nutzungsrecht an den Ergebnissen erhält[136], stellt sich die Frage, zu welchem Vertragstypus das Haftungsregime für die Freiheit des Ergebnisses von Schutzrechten Dritter zuzuordnen ist.

1. Haftung bei Anwendung der werkvertraglichen Regelungen

Sofern die werkvertraglichen Vorschriften anwendbar sind[137], wird seitens des Auftragnehmers gem. § 633 Abs. 1 BGB ein Ergebnis geschuldet, welches frei von Rechtsmängeln ist. Das Werk ist gem. § 633 Abs. 3 BGB dann frei von Rechtsmängeln, wenn Dritte in Bezug auf das Werk keine oder nur die im Vertrag übernommenen Rechte gegen den Besteller geltend machen können.

Nach dem werkvertraglichen Gewährleistungsregime haftet der Auftragnehmer gem. § 634 Nr. 1 BGB auf Nacherfüllung. Diese unterscheidet sich bei einem Rechtsmangel deutlich von der bzgl. eines Sachmangels. So geht es hier nicht um körperliche Leistungen, sondern z. B. um Abfindungen Dritter[138], eine Lizenzbeschaffung oder eine Umarbeitung des Ergebnisses dergestalt, dass das Ergebnis ohne das betreffende Schutzrecht des Dritten genutzt werden kann.

Gem. §§ 634 Nr. 4 BGB kann der Auftraggeber bei Vorliegen eines Rechtsmangels Schadensersatz nach §§ 280, 281, 283, 284 und 311a BGB verlangen. Die Schadensersatzansprüche sind abhängig vom „Vertretenmüssen" des Auftragnehmers, welches gem. § 280 Abs. 1 S. 2 BGB widerlegbar vermutet wird. Als Schadensersatzanspruch kommt z. B. die Geltendmachung der Kosten eines vom Drittrechtsinhaber gegen den Auftraggeber eingeleiteten Prozesses in Frage.

2. Haftung bei der Anwendung der dienstvertraglichen Regelungen

Sofern die FuE-Leistung eine dienstvertragliche Leistung darstellt, kommt als Anknüpfungspunkt für die Haftung des Auftragnehmers die Verletzung einer Informationspflicht als Nebenpflicht aus dem FuE-Vertrag mit der Verpflichtung zum Schadensersatz gem. §§ 280 Abs. 1, 241 Abs. 2 bzw. 280 Abs. 1, 3 BGB i.V.m 282 BGB in Betracht.

---

136 Vgl. Kapitel 1 § 3 C. II.

137 Sofern die geschuldete FuE-Leistung nur in der Herstellung einer vertretbaren oder nicht vertretbaren beweglichen Sache besteht, finden gem. § 651 S. 1. die kaufvertraglichen Vorschriften Anwendung.

138 Staudinger, Julius von: Kommentar zum BGB, Buch 2, Recht der Schuldverhältnisse §§ 305–310, UKlaG, BGB, § 634, Rn. 178.

Dabei wird sowohl von der Rechtsprechung[139] als auch der Literatur[140] das Bestehen einer allgemeinen vertraglichen Informationspflicht abgelehnt.

Vielmehr wird auf verschiedene Kriterien verwiesen, die für das Entstehen einer Informationspflicht relevant sind und sich im Einzelfall zu einer Informationspflicht verdichten können. Hervorzuhebende Kriterien sind insbesondere der Informationsbedarf des Auftraggebers und die Verfügbarkeit der Informationen für den Auftragnehmer.[141]

Der Informationsbedarf des Auftraggebers leitet sich in erster Linie aus der Wesentlichkeit der Information für den Auftraggeber ab, was insbesondere im Zusammenhang mit dem verfolgten Vertragszweck zu beurteilen ist.[142]

Hinsichtlich der Verfügbarkeit der Informationen für den Auftragnehmer kommt es für das Entstehen einer Informationspflicht u.a. darauf an, ob und inwieweit der Auftragnehmer bereits über präsentes Wissen hinsichtlich bestehender Drittrechte verfügt[143], so dass man bei einem präsenten Wissen hinsichtlich bestehender Drittrechte ohne Weiteres von einer Verpflichtung des Auftragnehmers zu einer Informierung des Auftraggebers ausgehen kann. Auch kann die Durchführung einer angemessenen Recherche zu den Sorgfaltspflichten der Forschungs- und Entwicklungsfirma als Auftragnehmer gehören.[144]

Bei Verletzung einer bestehenden Informationspflicht besteht u.a. seitens des Auftraggebers ein Schadensersatzanspruch gem. §§ 241 Abs. 2 i.V.m §§ 280 Abs. 1 S. 1 BGB. Dabei ist der Auftraggeber gem. § 249 Abs. 1 BGB so zu stellen, als wäre der Auftragnehmer seiner Informationspflicht nachgekommen. Dies kann z.B. die Geltendmachung der Kosten eines von dem Inhaber des Drittrechts gegen den Auftraggeber geführten Prozesses umfassen.[145] Bei Unzumutbarkeit der Leistung des Auftragnehmers können dem Auftraggeber auch Ansprüche gem. § 280 Abs. 1, 3 i.V.m § 282 BGB zustehen.

---

139 BGH: WM 1983, 1007.

140 Palandt: § 242, Rn. 37.

141 BGH: NJW 1979, 2243, Breidenbach: Die Voraussetzungen von Informationspflichten beim Vertragsschluss, S. 61. Fleischer, Holger: Informationsasymmetrie im Vertragsrecht, Habil., München 2001., S. 583.

142 BGH NJW-RR 1998, 1406.

143 Fleischer: Informationsasymmetrie im Vertragsrecht, S. 583.

144 Pagenberg, Jochen/Beier, Dietrich: Lizenzverträge/License Agreements, Muster 10 Rn. 62, 63.

145 Palandt: § 280, Rn. 32.

3. Haftung bei Anwendung der lizenzvertraglichen Regelungen

Auch wenn der Auftragnehmer dem Auftraggeber die Ergebnisse des FuE-Projekts nicht überträgt, sondern nur eine Lizenz daran einräumt, kann sich eine Haftung des Auftragnehmers ergeben, sofern die Nutzung der Lizenz durch den Auftraggeber Schutzrechte Dritter verletzt. Der Lizenzgeber ist im Rahmen eines Lizenzvertrags verpflichtet, dem Lizenznehmer die Nutzung des Lizenzgegenstandes zu gestatten und zu ermöglichen.

Die Haftung des Lizenzgebers für eine Verletzung von Schutzrechten Dritter durch Nutzung des Lizenzgegenstandes ohne ausdrücklich vertragliche Regelung ist hierbei umstritten.

Beim Lizenzvertrag sind grundsätzlich die Bestimmungen über die Rechtspacht §§ 581 Abs. 2, 536 ff BGB rechtsähnlich anzuwenden.[146]

So ist im Lizenzvertragsrecht die Abhängigkeit von einem älteren Recht zwar als Rechtsmangel gem. § 581 Abs. 2 i.V.m. 536 BGB anerkannt, allerdings wird eine verschuldensunabhängige Haftung gem. § 536 BGB von Teilen der Literatur und in der Rechtsprechung abgelehnt.[147] Die frühere Rechtsprechung nahm deswegen im Hinblick auf den Charakter des Lizenzvertrags als gewagtes Geschäft sogar ohne ausdrückliche Regelung einen stillschweigenden Ausschluss jedweder Haftung für unerwartete Abhängigkeit von älteren Rechten an.[148] Die notwendige Vertragsanpassung sollte danach gem. § 313[149] BGB erfolgen, bei gravierenden Rechtsmängeln bzw. bei Unzumutbarkeit der Vertragsfortsetzung soll dem Lizenznehmer allerdings eine Kündigungsmöglichkeit nach § 314 BGB

146 Benkard, Georg: Patentgesetz: PatG, 10. neubearbeitete Auflage, München 2006, PatG § 15 Rn. 169; BGH, GRUR 1979, 768 (769), Ullrich: Lizenzverträge und ihre Inhaltskontrolle im unternehmerischen Geschäftsverkehr, S. 70.

147 Bartenbach: Patentlizenz- und Know-how-Vertrag, Rn. 1541, Benkard: Patentgesetz, PatG § 15 Rn. 98.

148 Pagenberg/Beier: Lizenzverträge, Rn. 42, Bartenbach: Patentlizenz- und Know-how-Vertrag, Rn. 1541, ablehnend: Henn, Günter: Patent- und Know-how-Lizenzvertrag – Handbuch für die Praxis, 5. neu bearbeitete Auflage, Heidelberg 2003, S. 164, Rn. 320.

149 Sofern der Inhaber des Drittrechts gem. § 139 Abs. 1 PatG dem Auftraggeber die Nutzung des in den FuE-Ergebnissen enthaltenen Drittrechts untersagt, wird dem Auftragnehmer die Gewährung des Nutzungsrechts nachträglich unmöglich, so dass dieser gem. § 275 Abs. 1 BGB von seiner Leistungspflicht frei würde und sich die Rechte gem. § 275 Abs. 4 BGB nach den §§ 280, 283–285, 311a und 326 BGB bestimmen würden. Gem. §§ 326 Abs. 1 S. 1 i.V.m. § 441 Abs. 2 entfällt die Pflicht des Auftraggebers zur Zahlung der vereinbarten Vergütung in dem Verhältnis, in dem der Wert des entsprechenden Nutzungsrechts zum Wert der gesamten Leistung steht.

eröffnet sein.[150] Wenn überhaupt, kommt danach eine Schadensersatzhaftung des Lizenzgebers nur bei vorwerfbarem Verhalten für gravierende Rechtsmängel in Betracht. Dies sei gerechtfertigt, da die Beurteilung der Abhängigkeit des Patents grundsätzlich der Kenntnissphäre des Lizenzgebers entzogen sei.[151] Der Lizenznehmer soll somit grundsätzlich das Risiko einer unerwarteten Abhängigkeit der lizenzierten Erfindung von einem anderen Patent tragen.[152]

Aufgrund der unklaren Rechtslage wird in der Literatur zumeist die Aufnahme einer vertraglichen Regelung empfohlen.[153]

4. Einordnung der Verletzung von Schutzrechten Dritter im Rahmen eines FuE-Vertrags mit Lizenzeinräumung in ein gesetzlichen Haftungsregime

Sofern also in einem FuE-Vertrag sowohl die Erbringung der FuE-Leistung geschuldet und gleichzeitig eine lizenzvertragliche Regelung enthalten ist, kann es fraglich sein, ob sich die gesetzliche Regelung bei Verletzung von Schutzrechten Dritter nach dienst- bzw. werkvertraglichen oder lizenzvertraglichen Maßstäben bestimmt.[154] Die Verfasserin tendiert in einem solchen Fall dazu, ausschließlich die entsprechenden dienst- bzw. werkvertraglichen Regelungen anzuwenden. Dies lässt sich damit begründen, dass die entsprechende Werk- oder Dienstleistung den Vertrag dominiert sowie vergütet wird und die lizenzvertragliche Regelung nur eine Möglichkeit der Ergebnisverschaffung darstellt. Zudem passen die oben dargelegten Grundsätze (u.a. Möglichkeit einer außerordentlichen Kündigung gem. § 314, Entfall der Vergütungspflicht seitens des Lizenznehmers)

---

150 Bartenbach: Patentlizenz- und Know-how-Vertrag, Rn. 1541, vgl. auch Busse, Rudolf: Patentgesetz, 7. neubearbeitete und erweiterte Auflage, Berlin 2013, § 15 Rn 90, das Rücktrittsrecht gem. § 326 Abs. 5, 323 Abs. 5 S.1 soll nach Invollzugsetzen des Vertrages durch das Kündigungsrecht gem. § 314 BGB verdrängt werden.

151 Benkard: Patentgesetz, § 15 Rn. 173, Pagenberg/Beier: Lizenzverträge, Rn. 43.

152 Busse, Rudolf: Patentgesetz, § 15, Rn. 117, BGH 15.05.1973, X ZR 65/70, BGH , Urteil vom 03.05.1977 , X ZR 56/74 „Dauerhaftmagnete“ abgerufen unter www.jurion.de, abl. Henn: Patent- und Know-how-Lizenzvertrag, S. 164, Rn 320, der zu Recht darauf verweist, dass der Lizenzvertrag nicht mehr Risiko trägt als jeder andere Gebrauchsüberlassungs- oder Nutzungsvertrag für ein Recht.

153 Pagenberg/Beier: Lizenzverträge Rn. 43.

154 Gempe: Haftung für Rechtsmängel, (S. 49 ff, 99ff, 113ff bzw. 121ff) unterscheidet hinsichtlich der Haftung für Rechtsmängel bei FuE-Aufträgen z.B. ohne weitere Auseinandersetzung mit der Thematik zwischen der Haftung bei Anwendbarkeit von werk-, dienst-, kaufvertraglichen Vorschriften und der Haftung bei Lizenzierung von Rechten, wenn dem Auftraggeber bei Durchführung des FuE-Projekts eine Lizenz an den Ergebnissen eingeräumt wird.

auf einen solchen Fall nicht optimal, da der FuE-Vertrag nach Abschluss der Arbeiten (und zugleich nach Beginn der Lizenzierung) nicht mehr kündbar ist und auch das Entgelt für die Nutzung der Neurechte mit Zahlung der FuE-Leistungen abgegolten ist).

5. *Ergebnis*

Die werk- bzw. dienstvertraglichen gesetzlichen Regelungen sind im Fall der Verletzung von Schutzrechten Dritter nicht durchgängig befriedigend und entsprechen oftmals nicht den Interessen der Parteien. So wurde unter A. II. 2. gezeigt, dass gerade im Rahmen eines Dienstvertrages das Bestehen einer Informationspflicht und deren Umfang von den Umständen des jeweiligen Einzelfalls abhängig ist und bei jeder fallbezogenen Bewertung eine gewisse Rechtsunsicherheit besteht.

Sofern die werkvertraglichen Regelungen anwendbar sind, ist die weite Haftung für die Verletzung von Schutzrechten Dritter meistens nicht interessengerecht, da eine erforderliche Patentrecherche (oftmals weltweit) kostspielig ist und in der Regel auch nicht gesondert vergütet wird.

In beiden Fällen wäre somit die Vereinbarung einer von den gesetzlichen Regelungen abweichenden Lösung interessengerechter, übersichtlicher und angemessener.

B. Vorzeitige Beendigung

Im Werkvertragsrecht hat der Auftraggeber die Möglichkeit, den Vertrag bis zur Vollendung jederzeit zu kündigen. (§ 649 BGB) Gem. § 649 S. 2 BGB kann der Auftragnehmer dabei allerdings die vereinbarte Vergütung verlangen, wobei ersparte Aufwendungen des Auftragnehmers in Abzug gebracht werden.

Zusätzlich ist bei Verträgen über eine längerfristige Zusammenarbeit anerkannt, dass der Auftraggeber daneben noch ein Kündigungsrecht aus wichtigem Grund gem. § 626 BGB bzw. § 314 BGB ohne Vergütungspflicht für die noch ausstehenden Teilleistungen hat, sofern der Besteller beweisen kann, dass die Teilleistung ohne Wert für ihn ist.

Da FuE-Vorhaben oftmals auf längerfristige Zusammenarbeit angelegt sind, können auch diese Grundsätze hier einschlägig sein. Als wichtiger Grund kommt z. B die Darlegung der Gefährdung des Vertragszwecks (z. B. wenn die erbrachte Teilleistung grob fehlerhaft ist) in Betracht.[155]

---

155 Palandt: § 649, Rn. 13; BGHZ 31, 224 (229); 45, 372 (375), Beaumart: Werkerfolgsrisiken in F&E-Verträgen, S. 50.

Daneben können noch weitergehende Rechte wie Rücktritt vom Vertrag gem. §§ 634 Nr. 3, 636, 323 und 325 Abs. 5 BGB ausgeübt werden.[156]

Im Dienstvertragsrecht kommt neben der Möglichkeit zur außerordentlichen Kündigung aus wichtigem Grund gem. § 626 BGB die Möglichkeit einer ordentlichen Kündigung in Betracht, sofern die Voraussetzungen in § 620 Abs. 2 BGB erfüllt sind.

Bei FuE-Vorhaben werden oftmals die Voraussetzungen des. § 620 Abs. 2 BGB nicht gegeben sein, da entweder der Zeitraum, in dem die Leistungen zu erbringen sind, festgelegt ist oder die Leistungsbeschreibung einen bestimmten Leistungsumfang vorgibt.

Gerade bei langfristigen FuE-Vorhaben besteht in der Praxis jedoch oft das Bedürfnis seitens des Auftraggebers nach einem „freien" Kündigungsrecht ohne die weitgehende Erstattungsverpflichtung aus § 649 BGB. Dies wird oft mit dem schnellen technischen Fortschritt und der Notwendigkeit der Anpassung langfristiger Entwicklungen begründet.[157] Je nach Vertragsgestaltung bzw. -auslegung trägt der Auftraggeber das Risiko der industriellen Umsetzung der Ergebnisse in einem wirtschaftlich vertretbaren Umfang.[158] Dieses Interesse des Auftraggebers an einer vorzeitigen Vertragsbeendigung steht im Spannungsverhältnis zu den Interessen des Auftragnehmers, der im Hinblick auf die Erfüllung des kompletten Vertragsumfangs entsprechende sachliche und personelle Kapazitäten vorhält, die er nicht sofort anderweitig einsetzen kann. Hier ist mitunter auf eine Abgeltungsregelung zu achten, die beiden Parteiinteressen Rechnung trägt.

C. Nutzungsrechte am Ergebnis

Diese Thematik stellt mitunter einen zentralen Regelungsbereich für FuE-Verträge dar. Um die Notwendigkeit einer vertraglichen Regelung beurteilen zu

---

156 In der Literatur (vgl. Brandi-Dohrn: Das Risiko im Entwicklungsvertrag, CR 1998, S. 645 (649) wird vereinzelt die Meinung vertreten, dass bei risikobehafteten und langfristigen FuE-Vorhaben bei unverschuldetem Ausbleiben des Erfolgs im Wege der ergänzenden Vertragsauslegung nur das außerordentliche Kündigungsrecht anstatt weitergehender Rechte wie dem Rücktrittsrecht Anwendung finden soll. Argument dafür ist, dass ein solches Rücktrittsrecht inadäquat sei und nur den Auftragnehmer unverhältnismäßig belastet. Mit Beaumart (vgl. Beaumart: Werkerfolgsrisiken in F&E-Verträgen, S. 50) wird eine solche ergänzende Vertragsauslegung ohne weitere Anhaltspunkte als zu weitgehend abzulehnen sein.

157 Pietzcker, Jost: Der Staatsauftrag als Instrument des Verwaltungshandelns, Tübingen 1978, S. 275.

158 Möffert: Der Forschungs- und Entwicklungsvertrag, S. 95.

können, liegt es nahe, zunächst die Rechtslage bei einer fehlenden vertraglichen Regelung über die Nutzungsrechtethematik zu betrachten.

I. Rechtslage bei fehlender Regelung zur Inhaberschaft und Nutzungs- und Verwertungsrechten an den Ergebnissen

Einleitend ist grundsätzlich hervorzuheben, dass zwischen dem Eigentum an den FuE-Ergebnissen bzw. der Inhaberschaft an den bestehenden Rechten und den Nutzungs- und Verwertungsrechten an den Ergebnissen unterschieden werden muss.[159] Bei der Verwertung der Ergebnisse spielt es keine Rolle, ob sich das Recht dazu aus der Inhaberschaft oder aus einem umfassenden Nutzungs- und Verwertungsrecht ableiten lässt. Vielmehr kann es sogar vorkommen, dass der Inhaber des Rechts an den Ergebnissen diese nicht mehr nutzen kann, da er dem Vertragspartner ein ausschließliches Nutzungsrecht eingeräumt hat.

1. Inhaberschaft von schutzrechtsfähigen Erfindungen und Schutzrechten

Entsteht im Rahmen eines FuE-Projekts z. B. eine Erfindung, steht sie grundsätzlich derjenigen natürlichen Person zu, die diese Erfindung getätigt hat; sie hat als Erfinder das Recht auf das Patent gem. § 6 PatG. Vergleichbare Regelungen gibt es z. B. auch im Urheberrecht (§ 7 UrhG), im Geschmacksmusterrecht (§ 7 Abs. 1 S. 1 GeschmMG) und im Gebrauchsmusterrecht (§ 13 Abs. 3 GebrMG i.V.m § 7 S.1 GeschmMG).

Handelt es sich bei dem Erfinder um einen Arbeitnehmer, ist dieser gem. § 5 ArbNErfG verpflichtet, seinem Arbeitgeber diese Diensterfindung zu melden. Dieser verfügt dann über die Möglichkeit, diese gem. § 6 Abs. 1 ArbNErfG in Anspruch zu nehmen. Mit Zugang der Inanspruchnahmeerklärung gehen gem. § 7 Abs. 1 ArbNErfG alle Rechte an der Diensterfindung auf den Arbeitgeber über. Gem. § 69b UrhG bzw. § 7 Abs. 2 GeschmMG stehen dem Arbeitgeber bei urheberrechtlich geschützter Software bzw. Geschmacksmustern die Rechte grundsätzlich ohne weitere Anforderungen zu bzw. ergibt sich dies für die Umfänge, die für die betrieblichen Belange des Arbeitgebers erforderlich sind aus § 43 UrhG und § 31 Abs. 5 UrhG[160] bzw. den entsprechenden arbeitsvertraglichen Regelungen.

159 Hasselblatt, Gordian: Münchener Anwaltshandbuch Gewerblicher Rechtsschutz, 4. überarbeitete Auflage, München 2012, S. 2083.

160 Rosenberger: Verträge über Forschung und Entwicklung, S. 457.

Von einer automatischen Übertragung der Erfindung auf den Vertragspartner ist hierbei allerdings im Regelfall nicht auszugehen.[161,162] Oftmals wird eine Auslegung des Vertrags nur eine Verpflichtung zur Einräumung von Nutzungs- und Verwertungsrechten ergeben.[163]

Diese Ausführungen zeigen, dass das Ergebnis einer Vertragsauslegung bei einer fehlenden Regelung in den seltensten Fällen klar vorhersehbar ist, so dass den Parteien zu empfehlen ist, die Inhaberschaft an den entstehenden Schutzrechten vertraglich zu fixieren. Dies gibt den Parteien auch die Gelegenheit, ihre Interessen bereits vor Abschluss des FuE-Vertrags zu definieren und gegenseitig abzustimmen.

---

161 Hasselblatt: Münchener Anwaltshandbuch Gewerblicher Rechtsschutz, S. 2084.

162 Vgl. auch sog. Einsack-Waage-Fall, GRUR 1971, 215, wonach das OLG Düsseldorf entschieden hat, dass der Auftraggeber, der selbst keinen schöpferischen Anteil an der Erfindung hat, keinen Anspruch auf das Patent hat. Übertragen werden können lediglich Nutzungsrechte am Patent, die mangels ausdrücklicher Regelungen durch Auslegung zu ermitteln sind. Der Umfang des Nutzungsrechts leitet sich daraus ab, wofür und für welchen Zweck das Recht einzuräumen war. Anders entschieden hat allerdings der BGH im sog. „Plattenspielerfall“ (BGH vom 24.02.1952, GRUR 1953, 29,30), wonach die Schutzrechte immer dann dem Auftraggeber gebühren, wenn der Vertrag ausdrücklich oder der durch Auslegung ermittelte Pflichtgehalt auf erfindungsgeneigte oder -bedürftige Leistungen gerichtet ist, d.h. eine erfinderische Tätigkeit Gegenstand des Vertragsverhältnisses ist. Bei Fehlen einer ausdrücklichen Abrede hierzu sei zu prüfen, ob eine stillschweigend übernommene Verpflichtung, die Ergebnisse einer erfinderischen Tätigkeit dem Auftraggeber zu überlassen, bejaht werden kann. Dabei kommt es neben dem Auftragnehmer zugewiesenen Aufgaben- und Pflichtenkreis auch auf die Höhe der vereinbarten Vergütung an.
Ullrich (Ullrich: Privatrechtsfragen, S. 106–114.) wiederum unterscheidet zwischen dem Vorliegen eines Werkvertrags und eines Dienstvertrags. Während im Rahmen eines Dienstvertrags dem Auftraggeber das gesamte Vertragsergebnis inklusive aller Vertragserfindungen zustehen soll, unterscheidet Ullrich beim Werkvertrag zwischen der vertragsgemäßen und der weiteren, nicht identischen Ergebnisverwendung. Die vertragsgemäße Verwendung soll demnach allein dem Auftraggeber zustehen, die weitere Verwendung hingegen dem Auftragnehmer.

163 Woraus zumindest konkludent eine Verpflichtung des Auftragnehmer-Arbeitgebers zur Inanspruchnahme der Erfindung von seinem Arbeitnehmer abgeleitet werden kann, da er andernfalls nicht in der Lage wäre, seinem Vertragspartner Nutzungs-und Verwertungsrechte daran einzuräumen.

2. *Inhaberschaft bei Gemeinschaftserfindungen*

Auch bei einem FuE-Auftrag kann es durchaus vorkommen, dass Mitarbeiter des Auftraggebers an den Projektarbeiten mitgewirkt und zusammen mit den Mitarbeitern des Auftragnehmers die Ergebnisse erarbeitet haben bzw. an einer Erfindung beteiligt waren. Bei einer solchen Gemeinschaftserfindung steht gem. § 6 S. 2 PatG das Recht auf das Patent den Erfindern gemeinschaftlich zu. Sofern keine anderweitige Vereinbarung getroffen wurde, führt der Wortlaut von § 6 S. 2 PatG („gemeinschaftlich") zur Annahme einer Bruchteilsgemeinschaft gem. §§ 741 BGB.[164,165] Danach können die jeweiligen Miterfinder gem. § 747 S. 1 BGB über ihren Anteil an der Erfindung frei verfügen, über das Patent als Ganzes kann jedoch nur gemeinschaftlich verfügt werden.[166] Soweit die anderen Miterfinder nicht beeinträchtigt werden, ist jeder Miterfinder darüber hinaus im Rahmen des § 743 Abs. 2 BGB zur Nutzung der Erfindung zu eigenen Zwecken berechtigt, ohne dass den anderen Erfindern Ausgleichsansprüche zustehen.[167,168]

Diese Regelung wird in den meisten Fällen nicht im Interesse der Vertragsparteien sein da sich oftmals in der Praxis sehr schwer feststellen lässt, wer welchen Erfinderanteil hat und die Parteien regelmäßig unterschiedliche Auffassungen davon haben werden. Die genaue Bestimmung des jeweiligen Erfinderanteils ist jedoch unausweichlich, da sich das jeweilige Verfügungsrecht nur auf den jeweiligen Erfinderanteil bezieht und sich auch die Höhe der den jeweiligen Erfindern zustehenden Arbeitnehmererfindervergütung nach dem genauen Anteil des Erfinders an der Erfindung bemisst.[169]

---

164 BGH: GRUR 2005, 663 (664) – Gummielastische Masse II.

165 In Einzelfällen kann die gemeinsame Berechtigung am Patent auch in Form der Gesamthandsgemeinschaft gem. §§ 705 ff BGB bestehen. Das ist vor allem dann der Fall, wenn die Parteien zur Erreichung eines gemeinsamen Zwecks zusammenarbeiten mit dem Ziel, eine ungelöste technische Aufgabe zu lösen und im Falle des Gelingens die Erfindung gemeinsam zu erwerben und zu verwerten. (vgl. Mes, Peter: PatG/GebrMG, 3.Auflage, München 2011, PatG § 6 Rn. 28, Benkard: Patentgesetz: § 6 Rn. 34 c).

166 BGH, GRUR 79, 540 „Biedermanschettenfall", worin der BGH festgestellt hat, dass bei fehlender vertraglicher Abrede der Umfang der schöpferischen Mitarbeit an der Erfindung von Bedeutung ist.

167 Mes,: PatG/GebrMG , § 6 Rn. 26.

168 xxx

169 Hasselblatt: Münchener Anwaltshandbuch Gewerblicher Rechtsschutz, S. 2085.

Gerade im Rahmen eines FuE-Auftrags wird man deswegen bei gemeinschaftlichen Erfindungen die Zuordnung der Ergebnisse auf eine Vertragspartei den Vorzug geben müssen, was allerdings einer vertraglichen Regelung bedarf.

3. *Inhaberschaft am Know-how*[170]

Am Know-how, das im Ergebnis bloßes technisches Wissen enthält, kann keiner der Vertragspartner Rechte im Sinne einer Rechteinhaberschaft oder Eigentum erlangen.[171] Gesetzlicher Schutz besteht nur, wenn es sich um ein Betriebsgeheimnis handelt (vgl. § 17 UWG). Nach Kaiser gelten im Zweifel die Regeln der Bruchteilsgemeinschaft oder der BGB-Gesellschaft gem. §§ 708 ff BGB, so dass sowohl Auftragnehmer als auch Auftraggeber berechtigt sind, die Ergebnisse zu nutzen.[172]

Sofern die Parteien eine andere Zuordnung wünschen, müssen sie dies vertraglich regeln.

4. *Umfang des Nutzungs- und Verwertungsrechts an den Ergebnissen*

Bei der Frage, welche Vertragspartei in welchem Umfang dazu berechtigt ist, die Ergebnisse zu nutzen, d.h. wirtschaftlich zu verwerten, wird bei einer fehlenden vertraglichen Regelung eine Vertragsauslegung stattfinden. Allein die Tatsache, dass der Auftraggeber die Kosten der FuE-Arbeiten trägt, berechtigt jedoch nicht dazu, ihm ein ausschließliches Recht an den Ergebnissen zuzusprechen.

Der Zweck der Vereinbarung muss diesbezüglich genau betrachtet werden – z.B. ob der Auftraggeber die Ergebnisse wirtschaftlich verwerten möchte (z.B. für eine Serienfertigung) oder ob besondere Begleitumstände vorliegen, wie z.B. die Zahlung einer besonders hohen Vergütung, mit welcher die Übertragung von Schutzrechten abgegolten werden soll. Diese Intention kann sich z.B. aus

---

170 „Know-how" ist z.B. in Art. 1 i) der Gruppenfreistellungsverordnung Technologietransfer (EU-VO 772/2004) definiert, was sich weitgehend als juristische Grundlage zur Begriffsbestimmung durchgesetzt hat.
Danach ist „Know-how" eine Gesamtheit nicht patentierter praktischer Kenntnisse, die durch Erfahrung und Versuche gewonnen werden und die i) geheim, d.h. nicht allgemein bekannt und nicht leicht zugänglich sind, ii) wesentlich, d.h. für die Produktion der Vertragsprodukte von Bedeutung und nützlich sind, und iii) identifiziert, d.h. umfassend genug beschrieben sind, so dass überprüft werden kann, ob sie die Merkmale „geheim" und „wesentlich" erfüllen.

171 Hasselblatt: Münchener Anwaltshandbuch Gewerblicher Rechtsschutz, S. 2085.

172 Kaiser, Lorenz/Wurzer, Alexander: Handbuch internationaler Know-how-Schutz, 2. Auflage, Köln 2011, S. 305.

der Präambel ergeben.[173] Üblicherweise wird die Auslegung ergeben, dass der Auftraggeber zumindest ein nichtausschließliches Nutzungs- und Verwertungsrecht an den Ergebnissen erhalten wird. Das hat allerdings zur Folge, dass der Auftragnehmer ebenfalls berechtigt ist, die Ergebnisse ohne Ausgleich an den Auftraggeber für eigene Zwecke zu nutzen.

Zudem muss weiterhin geklärt werden, ob das Nutzungsrecht des Auftraggebers das Recht beinhaltet, dieses weiter zu übertragen oder Unterlizenzen an Dritte daran einzuräumen. Diese Fragen sind umso bedeutender je weniger der Auftraggeber betriebsbedingt selber fertigen kann und er somit bei einer Serienfertigung auf Dritte (bzw. auf den Auftragnehmer) angewiesen ist. Ein nichtausschließliches Nutzungsrecht beinhaltet allerdings nicht ohne weiteres ein Recht zur Vergabe von Unterlizenzen bzw. zur Übertragung, so dass auch hier eine Vertragsauslegung zu einem Ergebnis kommen kann, welches nicht im Interesse des Auftraggebers ist.

Ein weiterer wesentlicher Punkt ist die Behandlung von Altrechten (bzw. sog. Background IP), also allen Informationen und Rechten, die außerhalb des konkreten FuE-Projekts entstanden sind und die vom Auftragnehmer für das Erreichen der Entwicklungsergebnisse verwendet wurden und ohne deren Verwendung die Entwicklungsergebnisse vom Auftraggeber nicht verwertet werden können. Diese Altrechte sind häufig das Resultat aufwendiger Eigenforschungen des Unternehmens und sind sozusagen auf eigenes Risiko durchgeführte „vorweggenommene" FuE-Arbeiten, die in die beauftragten Leistungen eingebracht werden und somit dem Auftraggeber zugutekommen.[174] Auch hier kommt es wieder auf die Umstände des Einzelfalls an, ob die Auslegung ergibt, dass bei einer fehlenden vertraglichen Regelung der Auftraggeber ein kostenloses Nutzungs- und Verwertungsrecht an den vorbestehenden Altrechten erhalten soll. In der Regel wird man ein solches nichtausschließliches Nutzungsrecht bejahen, da andernfalls die Ergebnisse nicht genutzt werden können; eine Übertrag- bzw. Unterlizenzierbarkeit des Nutzungsrechts an Altrechten auf Dritte wird ohne das Vorliegen von besonderen Umständen jedoch zu verneinen sein.

173 Ullrich: Privatrechtsfragen, S. 106 f unterscheidet zwischen dem Vorliegen eines Werkvertrags und eines Dienstvertrags. Während dem Auftraggeber im Rahmen eines Dienstvertrags das gesamte Vertragsergebnis inklusive aller Vertragserfindungen zustehen soll, unterscheidet Ullrich beim Werkvertrag zwischen der vertragsgemäßen und der weiteren, nicht identischen Ergebnisverwendung. Die vertragsgemäße Verwendung soll demnach allein dem Auftraggeber zustehen, die weitere Verwendung hingegen dem Auftragnehmer.

174 Möffert: Der Forschungs- und Entwicklungsvertrag, S. 56.

II. Ergebnis

Da im Rahmen eines FuE-Vertrags mit der öffentlichen Hand in der Regel kein gesonderter Lizenzvertrag im Anschluss an den FuE-Vertrag abgeschlossen wird, der den Umgang mit den Ergebnissen bzw. deren Verwertung regelt, müssen entsprechende Regelungen bereits im Rahmen des FuE-Vertrags enthalten sein.

Wie unter I. dargestellt, existieren kaum gesetzliche Regelungen bzw. Rechtsprechung zu dem Umgang mit den Ergebnissen eines FuE-Projekts.

Vielmehr widersprechen die spärlichen gesetzlichen Regelungen oft den Interessen des Auftraggebers ab bzw. sind die Resultate einer Vertragsauslegung selten vorhersehbar und weisen nicht immer die Ergebnisse auf, die sich die Parteien wünschen bzw. es werden die dem Vertrag zugrunde gelegten Interessen ohne ausdrückliche vertragliche Regelung oftmals divergieren. So ist bei Entwicklungsverträgen mit der öffentlichen Hand im wehrtechnischen Bereich insbesondere das Interesse des Auftraggebers hervorzuheben, die Entwicklungsergebnisse ggf. durch Dritte verwerten zu lassen (z.B. im Rahmen einer Serienfertigung) und im Rahmen einer Ausschreibung, das wirtschaftlichste Angebot dazu zu ermitteln. Dazu benötigt der öffentliche Auftraggeber jedoch das Recht, die Ergebnisse ggf. unterlizenzieren zu können. Weiterhin muss für den Auftraggeber bereits bei Vertragsabschluss absehbar sein, ob bei Leistungserbringung durch den Auftragnehmer grundsätzlich Altrechte verwendet werden und wenn ja, muss sie dieser auch entsprechend für die Verwertung der Ergebnisse (auch durch Dritte) verwenden können; ggf. auch unter Zahlung einer angemessenen Benutzungsgebühr.[175]

Der öffentliche Auftraggeber als monopolistischer Nachfrager wehrtechnischer Produkte in Deutschland ist weniger auf die Erlangung der Inhaberschaft an den entstehenden Rechten (die u. a. mit der zeit- und kostenintensiven Anmeldung, Verteidigung und Aufrechterhaltung von Schutzrechten verbunden wäre) oder der Einräumung ausschließlicher Nutzungs- und Verwertungsrechte am Ergebnis fokussiert.[176]

---

175 Natürlich ist auch aus Auftragnehmersicht die Tatsache essentiell, ob im Rahmen des Vertrags ggf. Altrechte weitergegeben werden müssen und wenn ja, ob und wie dies vergütet wird.

176 Dafür sprechen auch politische Argumente, die Kernkompetenzen der wehrtechnischen Industrie zu erhalten und bei Auslandsgeschäften wettbewerbsfähiger zu machen, insbesondere da die Ausgaben im Verteidigungssektor seit Jahren reduziert werden.
Zudem ist aus Sicht des öffentlichen Auftraggebers die Gefahr der Verwendung der Ergebnisse durch den Auftragnehmer für andere unerwünschte Projekte im Ausland

Vielmehr soll der Auftragnehmer diese auch selbst nutzen und ggf. bei der Nutzung Weiterentwicklungen und Verbesserungen an den Ergebnissen vornehmen können, von denen der Auftraggeber (bei entsprechender vertraglicher Regelung) profitieren kann. Zudem kann bei einer entsprechender Vereinbarung auch vom Auftragnehmer bei Verwertung der Ergebnisse für eigene Zwecke eine Art Lizenzgebühr bzw. Entwicklungskostenrückerstattung verlangt werden, was dem in Kapitel 2 § 3 A. dargestellten Gebot der Wirtschaftlichkeit und Sparsamkeit entspricht.

Daher besteht also ein dringender Handlungsbedarf, entsprechende Regelungen in den Vertrag aufzunehmen.

D. Sonstige Regelungen

I. Mitwirkungsrechte und -pflichten des Auftraggebers

In den gesetzlichen Vorschriften (§§ 611 ff BGB bzw. §§ 634 ff BGB) sind keine konkreten Regelungen zum Informationsaustausch zwischen Auftragnehmer und Auftraggeber im Rahmen der Leistungserbringung enthalten. Allerdings ist z. B. eine Pflicht zur Aufklärung und Beratung zwischen den Vertragsparteien als Nebenpflicht zum Werkvertrag anerkannt.[177]

Eine gegenseitige fortlaufende Informations- bzw. Unterrichtungspflicht, die u.a. zur Problemklärung oder zur Änderung der Leistungspflichten dient, ist jedoch gerade im Rahmen eines FuE-Projekts von tragender Bedeutung, so dass eine expliziten Regelung über den Anlass, Umfang etc. von Informationspflichten zu empfehlen wäre. Dies resultiert vor allem aus der Tatsache, dass insbesondere im Rahmen der Entwicklungsarbeiten, die oft eine recht lange Laufzeit aufweisen, neue Erkenntnisse oder auch nicht voraussehbare technisch-wissenschaftliche Probleme bei der Durchführung auftreten können, die einer Abstimmung mit dem Auftraggeber bedürfen und ggf. eine kurzfristige Entwicklungsanpassung durch die Vertragsparteien vorzunehmen ist.

---

eher gering, da der öffentliche Auftraggeber keine „Konkurrenten" im klassischen Sinn hat und (gerade)im Verteidigungssektor das Erfordernis einer Exportgenehmigung der Bundesanstalt für Wirtschaft und Ausfuhrkontrolle (BAFA) für Rüstungsgüter besteht. Danach ist eine Ausfuhr nur dann genehmigungsfähig, wenn die außen- und sicherheitspolitischen Interessen der Bundesrepublik Deutschland nicht gefährdet werden.

177 MüKo, Busche: § 631 Rn. 74 f, Palandt: § 631, Rn. 14.

Zudem soll der Auftraggeber nicht erst gegen Ende der Leistungserbringung mit einem negativen Ergebnis überrascht werden.[178] Umfassende Informations- und Kontrollrechte sollen somit sicherstellen, dass das entstehende Entwicklungsergebnis den staatlichen[179] Anforderungen gerecht wird und im Rahmen des verfügbaren Geldes und der verfügbaren Zeit realisiert wird.

Entwicklungsprojekte wie z. B. der EURO-HAWK der Bundeswehr stehen oft im Fokus der Öffentlichkeit, so dass der öffentliche Auftraggeber bei Misserfolgen nicht nur umfassend gegenüber dem Bundesrechnungshof sondern auch gegenüber den Medien Rede und Antwort stehen muss. Dementsprechend wird das Bestreben der öffentlichen Hand nach umfassender Information während der Entwicklungsarbeiten recht hoch sein, um ohne aufwendige interne Vorrecherche rasche, belastbare Aussagen zum aktuellen Stand treffen zu können.

Je komplexer und risikobehafteter also das Entwicklungsvorhaben zudem ist, desto mehr besteht das Bedürfnis nach einer engen Zusammenarbeit, welche die beiden Vertragspartner um des beiderseitigen Erfolgswillens zu einer engen Abstimmung zwingt.[180]

Die dargelegten Argumente zeigen, dass die Beziehung in FuE-Vorhaben zwischen öffentlichem Auftraggeber und Auftragnehmer nicht der zwischen Werkbesteller und –unternehmer gleicht und die gesetzlichen Regelungen nicht ausreichend sind, so dass im Vertrag eine konkrete Regelung zum Umfang und den Voraussetzungen des gegenseitigen Informationsaustauschs aufzunehmen ist.

Auch besteht im Rahmen von FuE-Projekten das gesteigerte Bedürfnis nach klar geregelten Mitwirkungspflichten des öffentlichen Auftraggebers, die als Erfüllungsanspruch des Auftragnehmers ausgestaltet sind. So muss dieser z. B. im Rahmen eines Projektes immer wieder Entscheidungen treffen, die bei Ausbleiben zu schweren Nachteilen für den Auftragnehmer, der ebenfalls ein großes Interesse am Erfolg des Projekts hat, führen können.[181]

---

178 Möffert: Der Forschungs- und Entwicklungsvertrag, S. 48.

179 Wolff: Aufträge der öffentlichen Hand über Entwicklungsprojekte in der Raumfahrt, S. 252.

180 Wolff: Aufträge der öffentlichen Hand über Entwicklungsprojekte in der Raumfahrt, S. 252.

181 Nicklisch: JZ 1984, 757 (766), Wolff: Aufträge der öffentlichen Hand über Entwicklungsprojekte in der Raumfahrt, S. 252.

II. Geheimhaltungsverpflichtung

Die Vertragsparteien können im Rahmen Ihrer Zusammenarbeit bestimmte Informationen als geheimhaltungsbedürftig erachten. Gesetzlich geschützt sind hingegen nur Betriebsgeheimnisse durch § 17 UWG. Auch wenn man im Rahmen von allgemeinen Vertragsauslegungsgrundsätzen gem. §§ 133, 157 BGB eine gewisse Verpflichtung zur vertraulichen Behandlung der ausgetauschten Informationen, entstehenden Erfindungen sowie Patentanmeldungen ableiten kann, so empfiehlt sich doch eine explizite Vereinbarung, um die entsprechenden Verpflichtungen auch für beide Parteien ersichtlich vertraglich genau zu fixieren. Denn insbesondere bei FuE-Projekten besteht ein erhöhtes Risiko, dass Ergebnisse und andere erhaltene Informationen weitergegeben werden, wenn z. B. eine Partei die Ergebnisse durch einen Dritten verwertet und dazu auch weitere, von der anderen Partei erhaltene, vertrauliche Informationen weitergibt.

Gerade im wehrtechnischen Bereich besteht ein gesteigertes Interesse, besonders sensitive Daten aus Sicherheitsgründen geheim zu halten (Stichwort „militärische Geheimhaltungsinteressen).[182]

Zudem ist mit Blick auf mögliche Schutzrechtsanmeldungen eine Geheimhaltungsverpflichtung von großer Bedeutung, um neuheitsschädliche Veröffentlichungen zu vermeiden, da ein Patent gem. § 1 Abs. 1 PatG nur dann erteilt wird, wenn die Erfindung neu ist.[183]

Insgesamt ist festzuhalten, dass es im wesentlichen Interesse beider Parteien liegt, den Umfang der Vertraulichkeit hinsichtlich erhaltener oder generierter Informationen detailliert vertraglich zu fixieren.

III. Erteilung von Unteraufträgen

Während das Dienstleistungsrecht in § 613 Satz 1 BGB eine persönliche Dienstleistungsverpflichtung vorsieht, kennt das Werkvertragsrecht keine persönliche Leistungsverpflichtung des Auftragnehmers. Sofern der FuE-Vertrag als

---

182 Abseits vom öffentlichen Auftragswesen, wo es in diesem Sinne keine Wettbewerber des öffentlichen Auftraggebers gibt, wird es oftmals auch im Interesse des Auftraggebers sein, dass die Ergebnisse aus dem Projekt nicht offenbart werden, um den mit dem Vertrag bezweckten Innovationseffekt und zeitlichen Vorsprung nicht zunichte zu machen. Diese Gefahr bestünde vor allem dann, wenn auch andere Wettbewerber zum gleichen Zeitpunkt die Ergebnisse erhalten würden wie der Auftraggeber, der dafür bezahlt hat, vgl. Möffert: Münchner Vertragshandbuch, Muster VI.1, Ziff. 31, S. 251.

183 Möffert: Münchner Vertragshandbuch, Muster VI.1, Ziff. 33, S. 252.

Werkvertrag einzustufen ist, wäre der Auftragnehmer völlig frei, einzelne Leistungsumfänge an einen Unterauftragnehmer zu vergeben, sofern im Vertrag keine anderslautende Regelung enthalten ist.

Ein faktischer Ausschluss der Erteilung eines Unterauftrags liegt nur dann vor, wenn der Auftragnehmer sich zur Geheimhaltung von projektspezifischen Informationen verpflichtet hat und die Weitergabe an Dritte ohne vorherige Zustimmung der offenbarenden Partei nicht zulässig ist.

Gerade im Rahmen eines FuE-Auftrags wird der Auftraggeber regelmäßig ein gesteigertes Interesse daran haben, wer die Arbeiten durchführt, da oft sensible Informationen ausgetauscht werden und eine enge Zusammenarbeit während des Projekts unabdingbar ist. Zudem fürchten Auftraggeber oft um eine Beeinträchtigung ihrer Qualitätsanforderungen,[184] so dass in den FuE-Verträgen regelmäßig eine Klausel enthalten ist, die eine Zustimmungspflicht bei der Vergabe von Unteraufträgen vorsieht. Oftmals gilt diese ab einer bestimmten Wertgrenze des zu vergebenden Unterauftrags oder nur für Unteraufträge, bei denen die Entwicklungsaufgabe oder ein wesentlicher Teil bekannt gegeben werden muss.[185]

§ 2 Die rechtliche und historische Entwicklung der Allgemeinen Bedingungen für Entwicklungsverträge mit Industriefirmen (ABEI)

In § 1 wurde bereits die Notwendigkeit der Vereinbarung spezifischer vertraglicher Regelungen bei FuE-Vorhaben aus Sicht der Parteien hergeleitet. Die öffentliche Hand verwendet dabei die Allgemeinen Bedingungen für Entwicklungsverträge mit Industriefirmen.

A. Die Allgemeinen Bedingungen für Entwicklungsverträge mit Industriefirmen in der Fassung aus dem Jahre 1959

I. Gründe für die Einführung der ABEI im Jahre 1959

In den Jahren vor der Implementierung der ABEI gab es seit 1941 einen Muster-Entwicklungsvertrag, der für alle Entwicklungsaufträge der Wehrmacht Anwendung gefunden hat. Im Anschluss daran hat das Bundesverteidigungsministerium unter Einbindung des Bundesverbandes der Deutschen Industrie (BDI) einen Musterentwicklungsvertrag erstellt, der im Laufe der Jahre diverse Male abgeändert wurde. Da dieser Musterentwicklungsvertrag die Praxis nicht

184 Möffert: Der Forschungs- und Entwicklungsvertrag, S. 117.
185 Vgl. § 1 Abs. 7 ABEI.

befriedigt hat und sich weiterhin die Verhandlungen bis zum Abschluss eines Entwicklungsvertrags deutlich in die Länge zogen, verfügte das Bundesverteidigungsministerium nach diversen Absprachen mit dem BDI in einem Erlass über „Entwicklungsverträge mit Industriefirmen" vom 14.07.1959, dass ab 01.08.1959 „die Allgemeinen Bedingungen für Entwicklungsverträge mit Industriefirmen (ABEI) und das Vertragsmuster für Entwicklungsverträge mit Industriefirmen bei allen Entwicklungsverträgen mit Industriefirmen anzuwenden sind".

Eines der wesentlichen Ziele bei der Einführung der ABEI war die Vereinfachung und die Abkürzung der Vertragsverhandlungen bei FuE-Aufträgen. Danach sollen auch Ergänzungen zu und Abweichungen von den Bedingungen nur dort erlaubt sein, wo in den Allgemeinen Bestimmungen explizit auf die Möglichkeit hingewiesen wird. Das Vertragsmuster selbst beschränkte sich nur auf vier Paragraphen, die im Wesentlichen die essentailia negotii darstellten und sowieso von den Parteien individuell verhandelt werden mussten. Im Erlass wurde auch die Absicht festgeschrieben, die ABEI nochmals zu überarbeiten, sobald ausreichende Erfahrungen über die praktische Verwendbarkeit vorlagen.[186] Paehler kam in seinem Beitrag in der „Bundeswehrverwaltung" im September 1960 zu dem Ergebnis, dass die Bedingungen sich gut bewährt und zur Beschleunigung der Vertragsabschlüsse beigetragen haben. Sie hätten sogar zur Abfassung ähnlicher Standardbedingungen als Muster gedient. (Allgemeine Bedingungen für Forschungsverträge mit der Industrie (ABFI) und Allgemeine Bedingungen für Beschaffungsverträge (ABBV)).[187]

II. Überblick über die wesentlichen Bestimmungen

Die nachfolgenden Ausführungen zur ABEI 1959 mögen auf den ersten Blick zwar etwas ausschweifend erscheinen, dieser Aufbau wurde allerdings von der Verfasserin bewusst so gewählt, da die meisten der nachfolgenden Regelungen vom Wortlaut ausgehend fast unverändert Bestandteil der derzeit gültigen ABEI 2005 sind. Die wesentlichen Änderungen, welche die ABEI im Laufe der Jahre erfahren hat, werden dann unter B. dargestellt.

186 vgl. Erlass des Bundesministers für Verteidigung vom 14.07.1959 über Entwicklungsverträge mit Industriefirmen.

187 Paehler, Hans: Der Entwicklungsvertrag in der Wehrtechnik, Bundeswehrverwaltung 1960, S. 257.

1. § 2 Vergütung[188, 189]

Leistungen, die im Rahmen von FuE-Aufträgen erbracht werden, unterliegen wie alle Leistungen aufgrund öffentlicher Aufträge der Verordnung PR Nr. 30/53 über die Preise bei öffentlichen Aufträgen und den Leitsätzen für die Preisermittlung auf Grund von Selbstkosten.[190]

Danach ist in § 1 Abs. 1 VO PR Nr. 30/53 als Grundsatz der Vorrang von Marktpreisen vor Selbstkostenpreisen geregelt. Die Vereinbarung von Marktpreisen kann allerdings bei Entwicklungsaufträgen kaum umgesetzt werden, da es für Entwicklungsleistungen oftmals keinen Marktpreis gibt.

Die VO PR 30/53 kennt deswegen noch in den §§ 5–8 die Möglichkeit der Vereinbarung von Selbstkostenpreisen, die wiederum zwischen Selbstkostenfest-, Selbstkostenricht- und Selbstkostenerstattungspreisen unterschieden werden. Grundsatz dabei ist, dass Selbstkostenpreise möglichst als Selbstkostenfestpreise zu vereinbaren sind (§ 6 Abs. 1 VO PR Nr. 30/53), „die auf Grund von Kalkulationen zu ermitteln und bei, spätestens aber unmittelbar nach Abschluss des Vertrages festzulegen" sind. Kann ein solcher Selbstkostenfestpreis nicht festgestellt werden, so ist gem. § 6 Abs. 3 VO PR Nr. 30/53 bei Abschluss des Vertrages zunächst ein vorläufiger Selbstkostenpreis (Selbstkostenrichtpreis) zu vereinbaren, der vor Beendigung der Fertigung, sobald die Grundlagen der Kalkulation übersehbar sind, möglichst in einen Selbstkostenfestpreis umzuwandeln ist. Ein Selbstkostenerstattungspreis gem. § 7 VO PR 30/53 darf nur vereinbart werden, wenn keine andere Preisermittlung möglich ist. Hierbei ist zudem die in § 7 Abs 1 S. 2 vorgesehene Möglichkeit einer Höchstbegrenzung der erstattungsfähigen Kosten hervorzuheben.

---

188 In A. II. sind alle Paragraphen ohne Gesetzesangabe solche der ABEI 1959.

189 § 2 Vergütung
(1) Die Vergütung des Auftragnehmers errechnet sich auf Grund der nachgewiesenen angemessenen Selbstkosten. Hierfür gelten die Bestimmungen der Verordnung PR Nr. 30/53 über die Preise bei öffentlichen Aufträgen vom 21. November 1953 (Bundesanzeiger Nr. 244 vom 18. Dezember 1953) mit den Leitsäten für die Preisermittlung auf Grund von Selbstkosten (im folgenden kurz „Leitsätze" genannt) sowie die Verordnung PR 14/54 vom 23. Dezember 1954 (Bundesanzeiger Nr. 250 vom 29. Dezember 1954).
(2)

190 Ebisch, Hellmuth/Gottschalk, Joachim/Hoffjan, Andreas/Müller, Hans-Peter/Waldmann, Betin: Preise und Preisprüfungen bei öffentlichen Aufträgen, 8. Auflage, München 2010, § 1 Rn. 19.

Auch die Vorgabe, feste Preise zu vereinbaren (§1 Abs. 2 VO PR Nr. 30/53), lässt sich in Entwicklungsaufträgen schlecht umsetzen, da insbesondere bei echten Neuentwicklungen mit weitgespannter technischer Zielsetzung vor Leistungsbeginn die entstehenden Kosten oftmals mangels einer konkreten Leistungsbeschreibung nicht absehbar sind und die Parteien dann später keine rechtliche Möglichkeit haben, nach Feststellung der tatsächlich entstandenen Entwicklungskosten einen höheren oder niedrigeren Preis zu fordern. Das kann für beide Vertragsparteien nachteilig sein – entweder der Auftragnehmer legt seinen Berechnungen des Festpreises einen relativ günstigen Ablauf der Entwicklungsarbeiten zugrunde und riskiert dabei, dass die tatsächlichen Kosten den Festpreis überschreiten, ohne die Mehrkosten einfordern zu können oder er nimmt bei der Festpreisberechnung den denkbar kompliziertesten und langwierigsten Verlauf der Arbeiten an (wobei selbst dies mangels Vorhersehbarkeit noch unterschätzt sein kann). Dann muss der Auftraggeber einen überhöhten Preis für die Entwicklungsleistung bezahlen.

Bei Vereinbarung von Selbstkostenerstattungspreisen werden dem Auftragnehmer grundsätzlich die nachgewiesenen Kosten vergütet, die im Rahmen einer Nachkalkulation nach Fertigstellung der Leistung ermittelt werden.[191]

In der ABEI 1959[192] sowie in dem dazugehörigen Muster-Entwicklungsvertrag ist in § 2 Abs. 1 ABEI 1959 eine Vergütung auf Grund „der nachgewiesenen angemessen Selbstkosten" vorgesehen, wobei gem. § 2 Abs. 1 des Muster-Entwicklungsvertrags der im Vertrag vereinbarte Betrag nur nach „Einreichung einer zusätzlichen Kalkulation und mit vorheriger schriftlicher Zustimmung des Auftraggebers überschritten werden" darf.

Somit ist hier ein Selbstkostenerstattungspreis mit einer Höchstbegrenzung vorgesehen, deren Obergrenze unter bestimmten Voraussetzungen überschritten werden darf. Dieser Preistyp ist vor allem bei Entwicklungsverträgen anzuwenden, da in der Regel den in der Leistungsbeschreibung beschriebenen Arbeiten nur eine Zielvorgabe zugrunde liegen wird und diese Leistungsbeschreibung somit zum Zeitpunkt des Vertragsschlusses – insbesondere was den Weg betrifft, um das Ziel zu erreichen – noch nicht im Detail konkretisierbar ist und somit auch der Kostenverlauf noch nicht überschaubar sein wird.[193]

---

191 Ebisch/Gottschalk: Preise und Preisprüfungen bei öffentlichen Aufträgen, § 7 Rn. 3.

192 sofern nichts anderes genannt ist, bezieht sich die Bezeichnung „ABEI" in § 2 A auf die Fassung aus dem Jahre 1959.

193 Hertel, Karl-August/Ludwig, Roland: Schriften zum öffentlichen Auftragswesen, Heft 8, Der öffentliche Auftrag – außer Bauleistungen – unter besonderer Berücksichtigung

Die Begrenzung der Höhe der erstattungsfähigen Kosten ist primär auf haushaltsrechtliche Argumente zurückzuführen, da andernfalls Verträge mit einer nach oben unbegrenzten Zahlungsverpflichtung der öffentlichen Hand abgeschlossen werden würden.

Zudem verfügt der Auftragnehmer bei Vereinbarung von Selbstkostenerstattungspreisen generell über einen recht großen Spielraum, mögliche Kosteneinsparungen zu unterlassen und den Auftrag „kostenmäßig großzügig zu gestalten", was ein weiteres Argument für die Vereinbarung einer Begrenzung darstellt.[194]

Die in § 2 Abs. 1 des Musterentwicklungsvertrags enthaltene Möglichkeit zur Aufstockung der Höchstgrenze soll nach dessen Grundverständnis nur mengenmäßige Änderungen (Ingenieurstunden etc.) der für die ursprüngliche Preisobergrenze maßgeblichen Kalkulation im Hinblick auf den nicht vorhersehbaren Entwicklungsverlauf berücksichtigen, nicht jedoch Änderungen der Wertansätze in der Kalkulation (z. B. Gehaltserhöhungen), da diese nicht typisch entwicklungsbedingt sind.[195]

Sofern ein Antrag des Auftragnehmers auf Aufstockung der Preisobergrenze durch den Auftraggeber abgelehnt wird, ist dieser berechtigt, nach Erreichen der vereinbarten Preisobergrenze seine Entwicklungsarbeiten einzustellen.[196]

2. § 5 Durchführung des Entwicklungsvertrages[197]

Gem. § 5 Abs. 1 ABEI 1959 „wird sich der Auftragnehmer bemühen, unter Ausnutzung des neuesten Standes von Wissenschaft und Technik und unter

---

von Bundeswehraufträgen, Hamburg 1992, S. 90, vgl. auch Ebisch/Gottschalk: Preise und Preisprüfungen bei öffentlichen Aufträgen, § 7, Rn 1.

194 Ebisch/Gottschalk: Preise und Preisprüfungen bei öffentlichen Aufträgen, § 7, Rn. 9.

195 Müller: Preisgestaltung bei Bundeswehraufträgen, S. 212.

196 Müller: Preisgestaltung bei Bundeswehraufträgen, S. 212.

197 § 5 Durchführung des Entwicklungsvertrages
(1) Bei der Durchführung des Entwicklungsvertrages wird sich der Auftragnehmer bemühen, unter Ausnutzung des neuesten Standes von Wissenschaft und Technik und unter Verwertung der eigenen Kenntnisse und Erfahrungen höchste Leistungen zu vollbringen.
(2) Der Auftragnehmer wird die Entwicklung in ständiger Fühlung mit dem Auftraggeber durchführen und ihn laufend unterrichten. Die Unterrichtungspflicht des Auftragnehmers bezieht sich auch auf solche Maßnahmen, die zu keiner Lösung geführt haben und die nicht verwertbar sind. Der Auftraggeber ist berechtigt, innerhalb der Geschäfts- und Betriebsstunden den Fortgang der Entwicklungsarbeiten laufend zu beobachten und alle Zeichnungen und sämtliche Aufschreibungen über Material und Arbeitsaufwand einzusehen.

Verwertung der eigenen Kenntnisse und Erfahrungen höchste Leistungen zu vollbringen." Die Aufnahme einer Bemühensklausel in die ABEI 1959 des öffentlichen Auftraggebers kann daraus abgeleitet werden, dass insbesondere bei der Erteilung von Entwicklungsaufträgen im wehrtechnischen Bereich auf der Basis funktionaler Forderungen des Auftraggebers oftmals sehr hohe technologische Anforderungen an die Industrie gestellt werden und dabei teilweise völlig neue zukunftsorientierte Tätigkeitsfelder betreten werden müssen. Der Erfolg war danach lediglich darin zu sehen, dass die funktionalen Anforderungen und Wünsche des Auftraggebers erreicht werden. Insbesondere bei Neuentwicklungen kann häufig keine eindeutig spezifizierte und detaillierte Leistungsbeschreibung erstellt und somit der für echte Werkverträge klar zu bestimmende Erfolg nicht definiert werden. Zumindest bis in die 80er Jahre war es deswegen auch seitens des öffentlichen Auftraggebers anerkannt, dass ein vom ihm gewünschtes Entwicklungsziel in manchen Fällen nicht erreichbar war.[198]

In der Literatur wird eine derartige Bemühensklausel entsprechend dem Wortlaut so verstanden, dass sich der Auftragnehmer lediglich zu bemühen hat, das Entwicklungsziel zu erreichen, nicht aber verpflichtet ist, dem Auftraggeber ein fertiges Entwicklungsergebnis vorzulegen.[199]

Es besteht für den Auftragnehmer keine Erfolgsverpflichtung in dem Sinne, dass er das Entwicklungsziel erreicht, sondern dahingehend, dass er „eine auf seinen Kenntnissen und Erfahrungen beruhende sorgfältige und zielgerichtete Tätigkeit mit all ihr innewohnenden Unwägbarkeiten vollzieht". Der Auftragnehmer macht sich nicht haftbar, wenn er trotz Verwendung des aktuellen Stands der Technik nur ein unbefriedigendes Resultat erzielt oder gänzlich scheitert – maßgeblich ist allein das redliche Bemühen.[200]

Ullrich vertritt hingegen in einer Mindermeinung die Ansicht, dass es sich bei der sogenannten „Bemühensklausel" nur um eine Bestimmung des Sorgfaltsmaßstabes handeln kann. Eine Festlegung der vertraglich geschuldeten Leistung durch eine Bemühensklausel sei nur dann möglich, wenn diese nicht spezifizierbar ist oder nicht spezifiziert werden soll. Bei einem FuE-Vertrag würde aber eine Leistungsfestlegung vorliegen, so dass es sich bei der Bemühensklausel nur um eine Individualisierung der Sorgfaltsanforderungen handeln kann. Das kann bedeuten, dass es sich u.U. nicht um einen niedrigeren sondern sogar um einen höheren Sorgfaltsmaßstab für ein Unternehmen

---

198 Email von Hr. Walter vom 16.05.2013.

199 Möffert: Der Forschungs- und Entwicklungsvertrag, S. 62 .

200 Hertel/Ludwig: Schriften zum öffentlichen Auftragswesen, S. 89.

handeln kann, welches auf dem Entwicklungsgebiet eine spezialisierte und erfahrene Fachfirma ist.[201] Diese Ansicht von Ullrich wird von der Verfasserin nicht geteilt, da diese insbesondere nicht der Verkehrsauffassung entspricht, nach der in der Regel durch die Aufnahme einer solchen Bemühensklausel eine Erfolgsverpflichtung gerade ausgeschlossen werden soll und zudem auch dem Wortlaut zuwiderläuft.

Andererseits wird die Meinung vertreten, dass im Falle der Vereinbarung einer solchen Bemühensklausel immer auch geprüft werden müsse, worauf sich das Bemühen bezieht. Sofern wie hier ein Bemühen hinsichtlich des Erreichens „bestmöglicher Ergebnisse" geschuldet ist, kann das bedeuten, dass durchaus Ergebnisse mittlerer Art und Güte geschuldet sind.[202] Auch diese Ansicht wird von der Verfasserin abgelehnt, da die vertragsschließenden Parteien bei Aufnahme einer solchen Bemühensklausel üblicherweise davon ausgehen, dass ein konkreter Erfolg eben nicht geschuldet sei und wenn doch, muss dies ausdrücklich im Vertrag festgehalten werden. Zudem wird es in der Praxis kaum möglich sein, im Rahmen eines Entwicklungsvertrags zu ermitteln, was in diesem Fall ein Ergebnis mittlerer Art und Güte sein soll – ein Begriff, der speziell bei unvertretbaren Sachen nicht passt.

Die Bedeutung der Bemühensklausel zur Typologisierung des Vertrags als Werk- oder Dienstvertrag wird unter Kapitel 5 § 2 E III. erläutert.

§ 5 Abs. 2 ABEI 1959 regelt die Verpflichtung des Auftragnehmers, die Entwicklung in ständiger Fühlung mit dem Auftraggeber durchzuführen und ihn laufend zu unterrichten. Der Auftraggeber ist zudem berechtigt, innerhalb der Geschäfts-und Betriebsstunden den Fortgang der Entwicklungsarbeiten laufend zu beobachten und alle Zeichnungen etc. einzusehen. Dadurch hat der Auftraggeber die Möglichkeit, die Durchführung der Arbeiten in einem Maß zu beaufsichtigen und darauf Einfluss zu nehmen, wie das normalerweise nur bei einem Dienstvertrag der Fall ist. Die Argumente für ein derart intensives Mitwirkungsverlangen wurden bereits in Kapitel 4 § 1 D) 1. dargestellt, worauf an dieser Stelle nochmal verwiesen wird.

---

201 Ullrich: Werkerfolgsrisiko beim Forschungs- und Entwicklungsvertrag, S. 323.
202 Koch: Haftungsfreizeichung, S. 56.

3. *§ 6 Schutzrechte*[203]

In § 6 Abs. 1 ABEI ist geregelt, dass sich der Auftragnehmer unter Anwendung branchenüblicher Sorgfalt bemühen wird, entgegenstehende deutsche Schutzrechte zu ermitteln. Unter „entgegenstehenden Schutzrechten" werden gem. § 6 Abs. 1 im Entwicklungsergebnis benutzte Schutzrechte Dritter verstanden – ferner solche Schutzrechte des Auftragnehmers, an denen dieser dem Auftraggeber

---

203 § 6 Schutzrechte
(1) Bei der Durchführung des Entwicklungsvertrags wird sich der Auftragnehmer unter Anwendung branchenüblicher Sorgfalt bemühen, entgegenstehende deutsche Schutzrechte, nämlich Patente, Patentanmeldungen und Gebrauchsmuster zu ermitteln. Unter entgegenstehenden Schutzrechten werden im Entwicklungsergebnis benutzte Schutzrechte Dritter verstanden, ferner solche Schutzrechte des Auftragnehmers, an denen dieser dem Auftraggeber die in § 9 vorgesehenen Rechte nicht oder nur unter Beschränkungen oder nur unter Belastungen zugunsten Dritter einräumt.
(2) Sobald ein Auftragnehmer erkennt, dass die Entwicklungsarbeiten zu einem Ergebnis führen, bei dem ein entgegenstehendes deutsches Schutzrecht benutzt wird, hat er den Auftraggeber darüber zu unterrichten und ihm zugleich mitzuteilen, ob und unter welchen Bedingungen der Auftragnehmer und der Auftraggeber zur Benutzung berechtigt sind. Ist dem Auftragnehmer ein entgegenstehendes Schutzrecht bekannt, so wird der Auftragnehmer dem Auftraggeber auch dieses mitteilen.
(3) Der Auftragnehmer darf ein deutsches oder ein ihm bekanntes ausländisches Schutzrecht nur dann in Anspruch nehmen, wenn ihm die vorherige schriftliche Zustimmung des Auftraggebers vorliegt.
(4) Spätestens bei Vertragsunterzeichnung hat der Auftragnehmer anzugeben, ober er vertragliche Abmachungen und Bindungen für neu entstehende Schutzrechte für die Zukunft ganz oder teilweise eingegangen ist. Dies kann unterbleiben, wenn durch die vertraglichen Abmachungen und Bindungen des Aufragnehmers das in § 9 dem Auftraggeber eingeräumte Benutzungsrecht nicht beeinträchtigt wird.
(5) Dem Auftragnehmer obliegt es, sich mit dem Dritten wegen der Benutzung entgegenstehender Schutzrechte ins Benehmen zu setzen. Der Auftraggeber wird ihn hierbei unterstützen. Der Auftragnehmer wird Bindungen gegenüber dem Dritten über die Verwertung solcher Schutzrechte im Entwicklungsergebnis nur mit vorheriger schriftlicher Zustimmung des Auftraggebers eingehen. Der Auftraggeber behält sich in jedem Fall vor, selbst mit dem Dritten zu verhandeln.
(8) Der Auftragnehmer haftet für alle Aufwendungen und Schäden, die dem Auftraggeber dadurch entstehen, dass dem vom Auftragnehmer gefundenen Entwicklungsergebnis deutsche Schutzrechte entgegenstehen, für deren Benutzung Abgaben zu leisten sind. Die Haftung entfällt, wenn der Auftragnehmer die Bestimmungen dieses Paragraphen beachtet hat, im Übrigen beschränkt sie sich auf Vorsatz und grobe Fahrlässigkeit.

die in § 9 vorgesehenen Rechte nicht oder nur unter Beschränkungen oder nur unter Belastungen zugunsten Dritter einräumt.

Durch die Regelungen in § 6 soll dem Risiko beider Vertragspartner, fremde Schutzrechte bei Durchführung bzw. Nutzung der Entwicklung zu verletzen, begegnet werden. Abs. 1 stellt hierbei im Vergleich zu den gesetzlichen Regelungen im Werkvertragsrecht eine Verbesserung für den Auftragnehmer dar, da von diesem keine allumfassende und kostspielige Patentrecherche verlangt wird, die zu einer erheblichen Verzögerung der Entwicklungsarbeiten führen würde. Zschucke, der am 12.11.1958 ein Referat vor dem Patentausschuss des Bundesverbandes der deutschen Luftfahrtindustrie gehalten hat, führt dazu aus, dass diese Bestimmungen den Auftragnehmer veranlassen sollen, sich eingehend mit dem Stand der Technik –also mit der Schutzrechtslage –zu befassen, ehe er mit den Arbeiten beginne, um so Schutzrechtsverletzungen weitgehend ausschließen zu können. Bei dem Bemühen um die Ermittlung entgegenstehender Schutzrechte sei darunter zu verstehen, dass in jedem Fall ein Sachverständiger auf dem Gebiet des gewerblichen Rechtsschutzes mit diesen Ermittlungen zu beauftragen sei, auch dann, wenn das betreffende Unternehmen über keine eigene Patentabteilung oder Patentfachleute verfüge.[204]

Gem. § 6 Abs. 3 ABEI darf der Auftragnehmer ein deutsches oder ein ihm bekanntes ausländisches Schutzrecht nur dann in Anspruch nehmen, wenn ihm die vorherige schriftliche Zustimmung des Auftraggebers vorliegt. Damit soll der Auftraggeber davor geschützt werden, das Entwicklungsergebnis überhaupt nicht bzw. nur unter Zahlung von weiteren Kosten nutzen zu können, die bei Nutzung des fremden Schutzrechtes anfallen können. Hinsichtlich entgegenstehender ausländischer Schutzrechte wird eine Einschränkung auf die „bekannten" gemacht; daraus kann gefolgert werden, dass der Auftragnehmer keine besonderen Ermittlungen anstellen muss, um auch entgegenstehende ausländische Schutzrechte zu ermitteln.[205] Diese räumliche Begrenzung ist aus Gründen der Überschaubarkeit und finanziellen Kalkulierbarkeit für den Auftragnehmer nachvollziehbar.[206]

---

204 Zschucke, Heinrich: Das Geheimpatent sowie die Behandlung der Schutzrechte im staatlichen Entwicklungs- und Forschungsauftrag. (Referat gehalten vor dem Patentausschuss des Bundesverbandes der Deutschen Luftfahrtindustrie am 12. November 1958) Unveröffentlichtes Manuskript. zit. in: Schneider, Gert: Betriebswirtschaftliche Probleme in Verträgen über die Entwicklung von Rüstungsgütern, S. 64.

205 Schneider, Gert: Betriebswirtschaftliche Probleme in Verträgen über die Entwicklung von Rüstungsgütern, S. 64.

206 Möffert: Der Forschungs- und Entwicklungsvertrag, S. 92.

Da allerdings die vom öffentlichen Auftraggeber auf Grund der Entwicklungsergebnisse hergestellten wehrtechnischen Geräte und Fahrzeuge vornehmlich im Ausland eingesetzt werden, besteht aus Sicht des Auftraggebers das Risiko, dass auch der nur vorübergehende Einsatz in anderen Ländern eine Patentverletzung darstellen könnte.

Gem. § 6 Abs. 5 ABEI obliegt es dem Auftragnehmer, sich mit dem Dritten wegen der Benutzung entgegenstehender Schutzrechte ins Benehmen zu setzen, wobei dem Auftraggeber das Recht vorbehalten bleibt, selbst mit dem Dritten zu verhandeln. Dies kann dann sinnvoll sein, wenn es sich bei dem Schutzrechtsinhaber um ein Konkurrenzunternehmen des Auftragnehmers handelt, welches in Anbetracht des Wettbewerbsverhältnisses keine Einräumung gestattet und eine direkte Verhandlung des öffentlichen Auftraggebers erfolgversprechender scheint.

Zu erwähnen ist hierbei ergänzend § 6 Abs. 8 ABEI, wonach der Auftragnehmer bei Nichtbeachtung der Bestimmungen des § 6 nur für die Schäden haftet, die durch entgegenstehende deutsche Schutzrechte verursacht werden, für deren Benutzung Abgaben zu leisten sind. Es besteht danach keine Haftung für die Verletzung von ausländischen Schutzrechten. Zudem beschränkt sich die Haftung des Auftragnehmers auf Vorsatz und grobe Fahrlässigkeit.

Diese Formulierung wurzelt in einem Kompromiss zwischen dem Bundesverteidigungsministerium und der Industrie, die seinerzeit eine Haftung für die Schäden, die durch die Schutzrechtsverletzung Dritter entstehen, auf einen bestimmten Prozentsatz vom Auftragswert beschränken wollte. Begründet wurde dies damit, dass eine solche Schutzrechtsverletzung zu erheblichen Schadensersatzleistungen und Lizenzzahlungen führen kann.[207]

4. § 7 Arbeitnehmererfindungen

Gem. § 7 Abs. 1 ABEI erhält derjenige Vertragspartner das Eigentum an den im Rahmen der Entwicklungsarbeiten entstehenden Schutzrechten, dessen Mitarbeiter ausschließlich die Erfindung etc. getätigt haben, was somit eine paritätische Regelung darstellt.

Sofern es sich um Gemeinschaftserfindungen handelt, kann gem. § 7 Abs. 2 ABEI der Auftragnehmer unter Gewährung einer angemessenen Gegenleistung verlangen, dass der Auftraggeber den Erfindungsanteil gem. § 6 Abs. 1 ABEI des Gesetzes über die Arbeitnehmererfindungen unbeschränkt in Anspruch nimmt und überträgt.

207 Schneider: Betriebswirtschaftliche Probleme, S. 65.

Für die Schutzrechte, die ausschließlich auf Angehörigen des Auftraggebers beruhen und die von diesem unbeschränkt oder beschränkt in Anspruch genommen wurden, erklärt sich der Auftraggeber gem. § 7 Abs. 4 ABEI dazu bereit, mit dem Auftragnehmer auf Antrag Vereinbarungen über die Verwertung dieser Schutzrechte für eigene Zwecke des Auftragnehmers zu treffen.

Für diese scheinbar gegenüber dem Auftragnehmer großzügigen Regelungen sind mehrere Gründe anzuführen: Das Hauptinteresse des Auftraggebers wird in der Regel auf der Einräumung eines umfangreichen Benutzungsrechts liegen, welches in § 9 ABEI geregelt wird. Das Eigentum an den entsprechenden Schutzrechten bedeutet für diesen in erster Linie einen hohen organisatorischen und finanziellen Aufwand hinsichtlich einer eigenen Schutzrechtsverwaltung. Dies steht in keinem angemessenen Verhältnis zu einem weitgehenden Benutzungsrecht am Entwicklungsergebnis, welches ohne eine umfangreiche Patentverwaltung ebenfalls die Nachbauinteressen der öffentlichen Hand sichert.

Auf der anderen Seite gilt es das Interesse von Auftragnehmern, die nicht nur von reinen Entwicklungsfirmen sondern auch von Herstellerfirmen gestellt werden, aufrechtzuerhalten. Diese sind zur Erhaltung ihrer Kapazitäten auch auf Lieferaufträge angewiesen und sollen deswegen auch das Entwicklungsergebnis für ihre eigenen Zwecke, ggf. auch im zivilen Bereich, verwerten können.[208] Dem Auftraggeber kommt dies wiederum zugute, indem er selbst durch eine Entwicklungskostenrückzahlung (vgl. § 13 ABEI) am wirtschaftlichen Erfolg partizipiert.

5. *§ 9 Benutzungsrecht*[209] */ § 12 Benutzungsentgelt / § 15 Benutzung des Entwicklungsergebnisses durch Dritte / §16 Fertigungstechnische Hilfe / § 17 Übertragung des Benutzungsrechts auf einen ausländischen Staat*

Gem. § 9 Abs. 1 ABEI erhält der Auftraggeber vom Auftragnehmer an allen im Entwicklungsergebnis verwerteten Schutzrechten, Schutzrechtsanmeldungen,

208 Ullrich: Privatrechtsfragen, S. 320.

209 § 9 Benutzungsrecht
(1) Der Auftragnehmer erteilt dem Auftraggeber, sofern im Vertrag nichts anderes vereinbart ist und soweit der Auftragnehmer verfügungsberechtigt ist, für Zwecke der Verteidigung ein nichtausschließliches, übertragbares Benutzungsrecht oder, falls im Vertrag vereinbart, ein ausschließliches Benutzungsrecht an allen seinen in- und ausländischen Schutzrechten, Schutzrechtsanmeldungen, Konstruktionen, Verfahren und Unterlagen (§10), die im Entwicklungsergebnis (§8) verwertet sind. Der Auftraggeber kann das Benutzungsrecht auch für Zwecke des Schutzes der Zivilbevölkerung sowie für Zwecke des Bundesgrenzschutzes und der Bereitschaftspolizeien der Länder ausüben.

Konstruktionen, Verfahren und Unterlagen ein nichtausschließliches und übertragbares Benutzungsrecht für Zwecke der Verteidigung bzw. für die in S.2 aufgeführten Zwecke. Wie unter Kapitel 4, § 1 A) II. dargestellt, genügt dem öffentlichen Auftraggeber in der Regel ein Benutzungsrecht, das er auch durch Dritte im Auftrag ausüben kann,[210] um eine spätere Beschaffung des Entwicklungsgegenstandes im Wettbewerb sicherzustellen. Der öffentliche Auftraggeber möchte die mit Steuergeldern erarbeiteten Entwicklungsergebnisse in einem großen Umfang nutzbar machen und die Herstellung einer von ihm finanzierten Monopolstellung des Auftragnehmers vermeiden.

Zudem bleibt ihm durch den grundsätzlichen Verbleib des Eigentums an den Schutzrechten beim Auftragnehmer die Verwaltung eines enormen Patentvermögens erspart.

Das Benutzungsrecht bezieht sich nach dem Wortlaut nur auf Schutzrechte etc. des Auftragnehmers („an allen seinen"), so dass danach die Regelung nicht für die im Ergebnis verwerteten Schutzrechte Dritter gilt.[211]

Das Benutzungsrecht erstreckt sich auf alle Neu- sowie die im Entwicklungsergebnis verwerteten Altrechte.

Das Benutzungsrecht ist grundsätzlich als ein nichtausschließliches ausgestaltet, d.h. der Auftragnehmer hat/verfügt über die Möglichkeit, das Entwicklungsergebnis auch für andere Zwecke zu nutzen. Dies dürfte gerade für Herstellungsfirmen ein großer Anreiz sein, die nicht nur auf Auftragsentwicklungen spezialisiert haben, sondern vor allem auf Warenumsatz angewiesen sind.

---

(2) Will ein Vertragspartner für Zwecke der Verteidigung Nachbauchrechte auf das Entwicklungsergebnis ins Ausland vergeben oder den Gegenstand der Entwicklung in das Ausland liefern oder liefern lassen, so hat er sich vorher mit dem anderen Vertragspartner ins Benehmen zu setzen. Aus Gründen der Verteidigung kann der Auftraggeber die Ausfuhr ins Ausland verweigern.
Schließt der Auftragnehmer mit einem Dritten, ohne dass der Fall des § 15 Abs. 1 Buchst. B vorliegt, einen Nachbauvertrag über das Entwicklungsergebnis, so hat er dem Dritten im Nachbauvertrag die vorstehenden Verpflichtungen aufzuerlegen.

210 Da dieses Recht bei einem Dritten ausschließlich zur Lieferung an sich selbst fertigen zu lassen ausdrücklich geregelt wurde, kann dahingestellt bleiben, ob der Auftragnehmer für diesen Zweck der verlängerten Werkbank überhaupt eine Unterlizenz benötigt oder ob nicht das Recht zur verlängerten Werkbankfertigung in dem Eigenfertigungsrecht enthalten ist. Letzteres wird von der h.M. in Deutschland vertreten (vgl. Winzer: Forschungs- und Entwicklungsverträge, Teil 1 Rn. 101).

211 Hinsichtlich der Schutzrechte Dritter sei hiermit nochmal auf § 6 ABEI, insbes. Abs. 3, verwiesen.

Ein ausschließliches Benutzungsrecht für den Auftraggeber soll hiernach die Ausnahme bleiben, z.B. wenn die Belange der Landesverteidigung und das damit verbundene Geheimhaltungsinteresse dies erfordern.[212]

Das nichtausschließliche Benutzungsrecht ist zudem auf einen bestimmten Zweck begrenzt, nämlich auf „Zwecke der Verteidigung" bzw. die auf S. 2 genannten Zwecke[213]. Der BDI hatte seinerzeit bei den Vertragsverhandlungen gefordert, den Nutzungszweck enger zu gestalten und auf den von den Parteien vorgesehenen Vertragszweck zu beschränken, z.B. auf den Einbau in ein bestimmtes Kettenfahrzeug. Später erkannte, zusätzliche Verwendungszwecke wie z.B. der Einbau in anderes Fahrzeug oder die Verwendung für eine andere Funktion seien anderweitige Verwendungen, die grundsätzlich den Abschluss eines besonderen Lizenzvertrags bedürften.[214]

Damit konnte sich der BDI allerdings nicht durchsetzen, da sich manche Verwendungsmöglichkeiten erst nach Abschluss der Entwicklungsarbeiten ergeben können und der Bund in diesen Fällen nicht gezwungen sein sollte, entweder entgeltliche Lizenzverträge abschließen zu müssen oder weitere kostspielige Entwicklungen zu beauftragen.

Gem. Abs. 2 muss sich jeder Vertragspartner, der für Zwecke der Verteidigung Nachbaurechte ins Ausland vergeben will oder den Entwicklungsgegenstand ins Ausland liefern oder liefern lassen möchte, mit dem anderen Vertragspartner ins Benehmen setzen, wobei der Auftraggeber aus Gründen der Verteidigung die Ausfuhr ins Ausland verweigern kann. „Ins Benehmen setzen" ist hiernach als ein Bemühen um die Herstellung eines Einvernehmens zu verstehen, allerdings ist ein Einvernehmen kein Erfordernis. Da der Auftragnehmer vor einem Export ins Ausland – sofern es sich um militärische Güter handelt – in der Regel sowieso eine Exportlizenz einholen muss, ist die Regelung eigentlich überflüssig, da auch der andere Punkt, nämlich die Benutzung der Ergebnisse durch den Auftraggeber, bereits in §§ 14, 15 ABEI geregelt ist.

Sofern das Entwicklungsergebnis auf Veranlassung des Auftraggebers von Dritten genutzt wird, erhält der Auftragnehmer gem. § 12 Abs. 1 ABEI eine angemessene Vergütung in Form einer Nachbaugebühr oder ausnahmsweise in Form einer Fertigungszusage[215]. Wesentliche Kriterien für die Bemessung der

---

212 Schneider: Betriebswirtschaftliche Probleme, S. 72.

213 Vgl. Wortlaut in Fußnote 209.

214 Schneider: Betriebswirtschaftliche Probleme, S. 72.

215 vgl. Schneider: Betriebswirtschaftliche Probleme, S. 76: Umstritten war dabei ob der Auftragnehmer, soweit es sich um ein Produktionsunternehmen handelt, immer auch einen Anspruch auf eine Fertigungszusage haben soll und ob dem Auftragnehmer

Vergütungshöhe sind in Abs. 2 aufgezählt (u. a. auch der Wert der eingebrachten Altrechte in d)) Eine Begrenzung der Nachbaugebühr nach unten oder oben sowie eine Regelung über den Zeitraum, in dem eine Nachbaugebühr entrichtet werden soll, sind weder in der ABEI noch in dem Muster-Entwicklungsvertrag enthalten.. Die Nachbaugebühr stellt selbstverständlich einen zusätzlichen Anreiz für die Unternehmen dar, Entwicklungsaufträge mit dem öffentlichen Auftraggeber abzuschließen, da aus Sicht der Industrie die Erstattung der reinen Selbstkosten bei einem Entwicklungsvertrag insbesondere betriebswirtschaftlich keine ausreichende Abgeltung für die erbrachte schöpferische und geistige Leistung darstellt.[216]

Drittfirma und Auftragnehmer sind gem. § 15 Abs. 2 ABEI verpflichtet, einen Nachbauvertrag abzuschließen, wonach die Nachbaugebühr grundsätzlich direkt von der Drittfirma an den Auftragnehmer zu entrichten ist. Die Höhe der Nachbaugebühr kann also nicht zwischen Drittfirma und Auftragnehmer frei vereinbart werden, sondern bedarf der Genehmigung des Auftraggebers, der diese wiederum dem Drittunternehmen erstatten muss. Der Auftraggeber wird bei der Erteilung der Genehmigung die in § 12 Abs. 2 ABEI aufgestellten Kriterien anwenden.

Es wäre interessant zu erfahren, wie diese Regelung praktisch funktioniert hat, da die Nachbaugebühr vernünftigerweise zwischen Auftragnehmer und Auftraggeber direkt hätte verhandelt werden müssen, da das Drittunternehmen quasi nur ein „durchreichender Posten" war.

Eine weitere bemerkenswerte Regelung ist in § 16 ABEI enthalten, wonach der Auftragnehmer auf Verlangen des Auftraggebers verpflichtet ist, fertigungstechnische Hilfe zu leisten. Die Kosten dafür zahlt gem. § 16 Abs. 2 ABEI der nachbauende Dritte. Oftmals kann es sein, dass die für die Fertigung erforderlichen

---

auch beides zugleich gewährt werden soll – begründet wurde ersteres vom Bundesverband der deutschen Luftfahrtindustrie (BDLI) damit, dass dies auch für den Auftraggeber von großem Vorteil sei, da die Fertigungen durch die während der Entwicklungsarbeit gesammelten Erfahrungen und die enge Zusammenarbeit zwischen Entwicklungsabteilung und Produktion schneller und billiger vonstattengehen können. Dies muss allerdings nicht immer zutreffen, da sich der Preis oftmals nicht nur aus den angefallenen Kosten bestimmt sondern auch Ergebnis der Kalkulations- und Preispolitik eines Unternehmens ist. Demnach scheint die in der ABEI in § 14 verankerte Lösung, wonach der Auftragnehmer bei der Vergabe von Fertigungsaufträgen zur Abgabe eines Angebots aufgefordert wird, interessengerechter, denn so wird der Auftraggeber dem wirtschaftlichsten Angebot den Fertigungsauftrag erteilen.

216 Schneider, Gert: Betriebswirtschaftliche Probleme, S.37.

technische Kenntnisse und Erfahrungen nicht alle schriftlich fixiert sind. In Hinblick auf Neuentwicklungen kann dies bedeuten, dass Dritte faktisch nicht in der Lage wären, den Entwicklungsgegenstand nachzubauen, so dass das Ansinnen des Auftraggebers hinter dieser Regelung durchaus nachvollziehbar ist. Für den Auftragnehmer kann dies hingegen oft problematisch sein, da es sich in der Regel um ein Konkurrenzunternehmen handeln wird und die Gefahr immanent ist, dass dieses fertigungstechnische Wissen nicht nur für den konkreten Fertigungsauftrag genutzt wird. Zudem wird der durch die Entwicklungsarbeiten aufgebaute technische Vorsprung durch die Verpflichtung zur Weitergabe wieder eliminiert. Um dem Auftragnehmer einen gewissen Schutz vor etwaigen Nachteilen zu gewähren, wurde ihm in § 15 Abs. 1 a ABEI ein Mitspracherecht bei der Auswahl des Drittunternehmens eingeräumt, wobei er eine Entscheidung des Auftraggebers letztlich nicht verhindern kann.

§ 17 regelt, dass der Bund berechtigt ist, sein ihm gem. § 9 Abs.1 zustehendes Benutzungsrecht auf einen ausländischen Staat – gemeint sind vor allem NATO-Länder – zu übertragen. Dadurch verfügt der öffentliche Auftraggeber über die Möglichkeit, eine zunächst auf seine Kosten durchgeführte Entwicklung auch anderen Ländern zur Einführung zu empfehlen. Vorbereitet wird dies durch technische Ausschüsse, die zu einer Koordinierung militärischer und technischer Länderanforderungen beitragen sollen. Durch Erhöhung der Produktionszahlen und einer Produktionsaufteilung auf diverse Länder, können Lieferfristen abgekürzt und Serienpreise gesenkt werden.[217] In § 17 werden noch einige Anforderungen an den jeweiligen ausländischen Staat angeführt, so darf z.B. der Entwicklungsgegenstand nur für den eigenen Verteidigungsbedarf nachgebaut werden.

6. § 11 Neuerungen und Verbesserungen

Gem. § 11 Abs. 1 ABEI ist der Auftragnehmer verpflichtet, dem Auftraggeber alle Neuerungen und Verbesserungen mitzuteilen, die sich nach Erfüllung des Entwicklungsvertrages bei einer späteren Fertigung durch den Auftragnehmer ergeben oder von denen der Auftragnehmer erfährt. Diese Verpflichtung besteht ab Datum der Schlussniederschrift für 8 Jahre.

Hintergrund dafür ist, dass insbesondere bei einer Neuentwicklung der Entwicklungsgegenstand nicht immer bereits mit Abschluss der Entwicklungsarbeiten technisch voll ausgereift sein dürfte, sondern sich diverse Verbesserungen

217 Paehler: Der Entwicklungsvertrag in der Wehrtechnik, Bundeswehrverwaltung 1960, S. 257 (259).

etc. erst im Laufe der Fertigung ergeben. Die ABEI räumt dem Auftraggeber bereits im Entwicklungsvertrag das Recht ein, von diesen Verbesserungen und Neuerungen in dem o. g. Zeitraum zu erfahren und gem. Abs. 3 mit dem Auftragnehmer über die Verwertung dieser Neuerungen und Verbesserungen Vereinbarungen zu treffen. Dies kann allerdings im Einzelfall nur ein „stumpfes Schwert" sein -denn wenn der Auftragnehmer kein Interesse an der Einräumung dieser Rechte hat, kann er den Abschluss der Vereinbarung auch beliebig hinauszögern.

7. § 13 Verwertung des Entwicklungsergebnisses durch den Auftragnehmer

Grundsätzlich ist festzuhalten, dass eine anderweitige Verwertung des Entwicklungsergebnisses durch den Auftragnehmer auch aus Auftraggebersicht wünschenswert ist. So wird die Vergabe eines Entwicklungsauftrags grundsätzlich auch für diejenigen Unternehmen interessanter, die in erster Linie eher Liefer- als Entwicklungsinteressen verfolgen. Zudem kann davon ausgegangen werden, dass bei einer steigenden Produktion des Entwicklungsgegenstandes auch die Herstellungskosten für den seriengefertigten Entwicklungsgegenstand sinken, wovon der Auftraggeber selbst bei der Vergabe von Serienaufträgen profitiert. Je mehr Entwicklungsgegenstände gefertigt und verkauft werden, desto stärker wächst der Erfahrungsschatz des Auftragnehmers in Bezug auf mögliche Mängel bzw. deren Behebungsmöglichkeiten.[218] Der Auftragnehmer hat bei Entwicklungsgegenständen, die in hoher Stückzahl gefertigt werden, ein gesteigertes Interesse, diese weiterzuentwickeln und zu optimieren, was wiederum dem Auftraggeber im Rahmen des § 11 ABEI zugute kommt. Zu diesen aufgeführten Vorteilen kommt die in § 13 ABEI verankerte Verpflichtung hinzu, wonach der Auftragnehmer bei anderweitiger Verwertung des Entwicklungsergebnisses an Dritte zur Rückzahlung der vom Auftraggeber getragenen Entwicklungskosten verpflichtet ist.

Die Meinungen der Industrie und des Bundesverteidigungsministeriums gingen bei Verhandlung dieser Regelung allerdings verhältnismäßig weit auseinander.[219] In § 13 bemüht sich der Auftraggeber durch einige Öffnungsklauseln, eine

218 vgl. auch Schneider: Betriebswirtschaftliche Probleme, S. 88.

219 Der BDI ging seinerzeit in den Verhandlungen davon aus, dass ein entsprechende Verpflichtung zur Entwicklungskostenrückzahlung nicht angebracht sei, da mit der Durchführung des Entwicklungsvertrags durch den Auftragnehmer und der Bezahlung durch den Auftraggeber Leistung und Gegenleistung erbracht wurden und für weitere Ansprüche des Auftraggebers kein Raum bliebe. Die Erlöse aus den Verkäufen an Dritte seien Entgelt für jene Leistungen und Nachteile des Auftragnehmers, die in der üblichen Entwicklungskostenerstattung nicht berücksichtigt sind. Zudem

bewegliche Regelung zu schaffen, die den Umständen des Einzelfalls angepasst werden kann.[220]

Die Rückzahlung beträgt (neben eines einmaligen Aufgeldes von 6,5%) 5% vom Stückveräußerungspreis und bei Nachbau durch andere Firmen für andere Auftraggeber 50% der Netto Lizenzgebühren. Die Rückzahlungspflicht entfällt nach 8 Jahren und ist auf die Höhe der vom Auftraggeber gezahlten Entwicklungsvergütung beschränkt. Hervorzuheben ist zudem, dass gem. Abs. 1 Abwandlungen des Entwicklungsergebnisses den Rückzahlungsanspruch des Auftraggebers nicht beeinträchtigen. Dies kann dann unangemessen sein, wenn der Auftragnehmer den Entwicklungsgegenstand in einem erheblichen Maß auf eigene Kosten abgewandelt hat. Es wäre in diesem Fall sachgerechter, als Berechnungsgrundlage nur den Wert der Teile heranzuziehen, die aus dem ursprünglichen Entwicklungsergebnis hervorgehen.

8. § 18 Vorstellung des Entwicklungsergebnisses, Prüfungen, Gewährleistung

Bei der Vorstellung des Entwicklungsergebnisses sind gem. § 18 Abs. 1 ABEI die Güteprüfbefunde und die Werkerprobungsergebnisse von beiden Parteien schriftlich niederzulegen. Mit Abschluss der Prüfung hat eine gemeinsame Schlussniederschrift zu erfolgen. Durch die Schlussniederschrift erfolgt u.a. eine Entlastung des Auftragnehmers für erkennbare Sachmängel. Zudem wird darin festgehalten, welche fremden oder bestehenden eigenen Schutzrechte im Entwicklungsergebnis benutzt oder verwertet werden.

Gem. § 18 Abs. 2 ABEI übernimmt der Auftragnehmer für die entwickelten Muster für die Dauer von 6 Monaten ab Datum der Schlussniederschrift die Gewähr für die Einhaltung der anerkannten Regeln der Technik, die Güte des Materials, die fachmännische und gute Ausführung der Arbeit sowie die Einhaltung der zugesicherten Eigenschaften, soweit sie in Anlage A als Mindestforderung

---

würde eine anderweitige Verwertung auf zusätzlichen Verkaufsanstrengungen des Auftragnehmers beruhen.

Das Bundesverteidigungsministerium vertrat hingegen die Ansicht, dass zum einen die Erteilung eines Entwicklungsauftrags zu einer Erhöhung des Unternehmens-Know-hows führt, zum anderen der Auftraggeber einen Großteil des Risikos sowie die Kosten der Entwicklungen getragen hat, so dass nach seiner Ansicht eine gewisse Beteiligung am Erfolg gerechtfertigt ist.

220 Vgl. z. B. § 13 (1) ABEI „Sollte der Auftragnehmer bei dieser oder bei der vereinbarten Regelung nachweislich nicht wettbewerbsfähig sein, ist der Auftraggeber bereit, die Sätze zu ermäßigen“ oder „Die Rückzahlungsverpflichtung entfällt nach 8 Jahren. Im Vertrag kann eine kürzere oder längere Frist vereinbart werden.“

besonders gekennzeichnet sind. Die Gewährleistungsansprüche sind gem. Abs. 3 auf die Nachbesserung oder Ersatzlieferung beschränkt; weitergehende Ansprüche sind dem Wortlaut nach durch die abschließende Aufzählung ausgeschlossen.

Auf den ersten Blick überrascht, dass überhaupt eine Gewährleistungsregelung enthalten ist, da aus § 5 Abs. 1 ABEI bzw. § 1 Abs. 4 sowie § 2 Abs. 1 des Vertragsmusters gefolgert werden kann, dass dem Auftragnehmer keine Nachteile daraus erwachsen sollen, sofern die Entwicklungsarbeiten nicht zu einem bestimmten Erfolg führen. Zu berücksichtigen ist jedoch, dass sich die Gewährleistungsregelung nur auf das entwickelte Muster bezieht. Dies wird in der Regel ein Prototyp sein und die ABEI geht davon aus, dass wenn die Arbeiten bereits so weit vorangeschritten sind, dass ein Prototyp dem Auftraggeber vorgeführt und einer Güteprüfung unterzogen worden ist, der Auftragnehmer auch die Gewähr für das Vorhandensein der als zugesicherte Eigenschaften gekennzeichneten Mindestforderungen übernehmen kann.[221] Diese verhältnismäßig eingeschränkte Gewährleistungsregelung stellt eine weitreichende Abweichung vom Werkvertragsrecht dar und kann neben den o.g. Ausführungen zur Erfüllungsverpflichtung auch damit begründet werden, dass der Auftragnehmer ein weitergehendes Risiko nicht im Preis durch Zuschläge abdecken soll. Zudem macht eine Begrenzung der Ansprüche auf Nachbesserung auch deswegen Sinn, weil in der Regel bei komplexeren Entwicklungsvorhaben nur der Auftragnehmer aufgrund seines Wissens um die Details die Nachbesserung wirtschaftlich durchführen kann bzw. als einziger dazu in der Lage ist.[222]

Im Übrigen ist in Abs. 4 die Haftung für die durch die unrichtigen bzw. unbrauchbaren pausfähigen Zeichnungssätze entstehenden Schäden auf Vorsatz und grobe Fahrlässigkeit beschränkt. Interessant ist hierbei, dass die Haftung für Richtigkeit ebenfalls beschränkt ist, obwohl die Gewährleistung für eine Übereinstimmung mit dem Entwicklungsergebnis möglich sein müsste.[223]

221 Im Unterschied dazu haftet der Auftragnehmer im Werkvertragsrecht gem. § 633 Abs. 2 BGB grundsätzlich für jede negative Abweichung des Leistungsgegenstandes von der Leistungsbeschreibung.

222 Wolff: Aufträge der öffentlichen Hand über Entwicklungsprojekte in der Raumfahrt, S.254, vgl. auch Ullrich: Privatsrechtsfragen, S. 194.

223 Vgl. hierzu auch Ullrich: Privatsrechtsfragen, S. 210.

9. § 19 Kündigung, Restabgeltung[224]

Der Auftraggeber verfügt gem. § 19 Abs. 1 ABEI über das Recht, den Vertrag jederzeit ohne Grund mit sofortiger Wirkung ganz oder teilweise zu kündigen, sofern er während der Durchführung aus irgendeinem Grund zu der Feststellung gelangen sollte, dass eine Fortsetzung des Projekts nicht länger als sinnvoll zu erachten ist. In einem solchen Fall erhält der Auftragnehmer gem. Abs. 3 eine Restabgeltung, sofern diese vereinbart wurde. Im Musterentwicklungsvertrag ist eine solche Restabgeltungsklausel nicht enthalten, so dass die Parteien eine solche in jedem Einzelfall neu verhandeln müssten.

III. Resümee

Der oben dargestellte Überblick zeigt, dass mit der ABEI 1959 und dem dazugehörigen Muster-Entwicklungsvertrag ein Regelwerk entstanden ist, das versucht, einen angemessenen Ausgleich zwischen den Interessen des öffentlichen Auftraggebers und der Industrie zu finden. So erfolgt unter Berücksichtigung der Komplexität und der Unsicherheit einer Erfolgserreichung im Rahmen eines Entwicklungsvorhabens grundsätzlich eine Risikoverlagerung für die Erreichbarkeit des Entwicklungsziels auf den Auftraggeber insbesondere durch die Aufnahme einer sogenannten Bemühensklausel in § 5 Abs. 1 und der Vereinbarung von Selbstkostenerstattungspreisen (die zwar höchstbegrenzt sind, aber unter bestimmten Voraussetzungen die Obergrenze wieder aufgehoben werden kann). Im Gegenzug dazu besteht für den öffentlichen Auftraggeber die Möglichkeit, sich jederzeit vom Vertrag lösen zu können (vgl. § 19 ABEI). Bei dem zentralen Thema „Nutzungsrechte" wurde eine Regelung gefunden, die sowohl die Ziele des Auftraggebers (freie Entscheidung über seine Beschaffungsquellen/Möglichkeit der Ausschreibung von separaten Fertigungsaufträgen), als auch die Ziele des Auftragnehmers (Zuweisung der Ergebnisse an den Auftragnehmer mit einer grundsätzlich freien Verwendungsmöglichkeit auch für andere Projekte) berücksichtigt. Das Regelwerk selbst ist keinem gesetzlichen Vertragstypus mehr

---

224 § 19 Kündigung
(1) Der Auftraggeber ist berechtigt, den Vertrag jederzeit ohne Angabe von Gründen mit sofortiger Wirkung ganz oder teilweise zu kündigen. Der Auftragnehmer ist verpflichtet, seine Unterlieferer auf diese Vereinbarung hinzuweisen, soweit es sich um Unterliefererverträge handelt, die für diesen Auftrag im Verhältnis zur Auftragssumme von erheblicher finanzieller Bedeutung sind. [...].
(3) Im Falle der Kündigung aus Gründen, die der Auftragnehmer nicht zu vertreten hat, erhält der Auftragnehmer eine Restabgeltung, sofern eine solche vereinbart ist.

zuzuordnen, vielmehr weist es grundsätzliche Züge aus dem Werkvertragsrecht (§ 18 Vorstellung des Ergebnisses, Gewährleistung) als auch aus dem Dienstvertragsrecht („Bemühensklausel", § 5 Abs. 2 Unterrichtungspflichten des Auftragnehmers) auf, um der speziellen Thematik Rechnung zu tragen. Die Parteien sind bereits aufgrund des beidseitigen Erfolgswillens auf eine enge und vertrauensvolle Zusammenarbeit angewiesen, so dass eine eindeutige Benachteiligung einer Partei kontraproduktiv für das ganze Vorhaben wäre.

Nichtsdestotrotz besteht an diversen Stellen noch Verbesserungsbedarf (z.B. unklare Restabgeltungsregelung bei der Kündigung, umständliches Prozedere bei der Verhandlung des Benutzungsentgelts gem. § 15, fehlende Geheimhaltungsregelung etc.).

B. Die Reformen der ABEI bis zur Version ABEI 2005

I. Reformen bis zur ABEI 1971

Leider gibt es kaum veröffentlichtes Material, das die Änderungen (bzw. deren zugrundeliegenden Motive) der ABEI bis zur Reform 2005 darstellt. Auch diesbezügliche Anfragen beim Bundesverteidigungsministerium, BDI und VDA blieben erfolglos; die beiden letztgenannten begründeten dies damit, dass aufgrund der langen Zeit, die dazwischen liegt (bis zu 46 Jahre zwischen 1959 und 2005), auch nichts mehr in den Archiven zu finden sei. Vom Bundesverteidigungsministerium kam bedauerlicherweise keine Rückmeldung.

Es konnte jedoch im Internet ein veröffentlichter Jahresbericht des Verbands der Automobilindustrie (VDA) der Jahre 1966/1967 ermittelt werden.[225] Danach wurde insbesondere auf Verhandlungen über das Thema Nutzungsrechte Bezug genommen. Während das Bundesverteidigungsministerium forderte, dass sämtliche im Entwicklungsergebnis verwerteten Schutzrechte generell – also nicht wie bisher nur für Verteidigungszwecke – zur Verfügung gestellt werden, konnten die Verbände erreichen, dass zumindest zwischen „Neurechten" und „Altrechten" unterschieden wird. Dabei bleiben Altrechte (geistiges Eigentum, das nicht bei Durchführung des Entwicklungsvertrags entstanden ist, aber im Entwicklungsergebnis verwertet wird) auf die Verwertung für Zwecke der Verteidigung beschränkt. Eine genaue Bewertung dieser Änderung folgt später im Text im Rahmen der Untersuchung der ABEI 2005.

225 S. 24 f., abrufbar unter: https://www.vda.de/de/publikationen/jahresberichte/.

In der ABEI 1971 ist zudem auch in § 5 Abs. 1 geregelt, dass durch die vereinbarte Vergütung – soweit im Vertrag oder in den Allgemeinen Bedingungen nichts anderes bestimmt ist – die gesamten vom Auftragnehmer zu erbringenden Leistungen abgegolten sind. Damit erfolgte eine Änderung zur Ursprungsfassung von 1959 dahingehend, dass die ABEI nicht mehr von Selbstkostenerstattungspreisen ausgeht, sondern diesbezüglich offen ist. Sofern Selbstkostenerstattungspreise vereinbart werden, gilt allerdings gem. § 5 Abs. 5, dass eine Erhöhung der Obergrenze unter bestimmten Voraussetzungen möglich ist.

Die Fassung von 1971 enthält zudem in § 17 eine Geheimhaltungsklausel und im Falle einer außerordentlichen Kündigung muss sich der Auftraggeber dieses Recht explizit im Vertrag vorbehalten haben. Der Umfang des Restabgeltungsanspruchs ist nunmehr in der ABEI umfassend geregelt.

Eine Verbesserung zugunsten des Auftragnehmers in § 9 ABEI – Rückzahlung der Entwicklungskosten gegenüber der ABEI 1959 ist dergestalt enthalten, als das die Rückzahlungsverpflichtung des Auftragnehmers bei Nutzung des Entwicklungsergebnisses bereits nach 5 Jahren (anstatt nach 8 Jahren, vgl. § 13 ABEI 1959) entfällt.

II. Reform der ABEI 1971 zur ABEI 2005

1. Hintergrund für die Reformierung der ABEI im Jahre 2005

Hintergrund für die Reformierung der ABEI 1971 im Jahre 2005 war die Umsetzung der Durchführungsvereinbarung über die Behandlung technischer Informationen bei Entwicklungs-, Herstellungs- und In-Service-Support-Verträgen in deutsches Recht. Diese wiederum beruht auf dem Rahmenübereinkommen zwischen den LoI-Staaten Deutschland, Italien, Spanien, Schweden und dem Vereinigten Königreich über Maßnahmen zur Erleichterung der Umstrukturierung und der Tätigkeit der europäischen Rüstungsindustrie vom 27.07.2000 (LoI Framework Agreement). Intention des Abkommens war die Schaffung des erforderlichen politischen und rechtlichen Rahmens, um die Umstrukturierung der Industrie zur Förderung einer wettbewerbsfähigeren und stabileren europäischen rüstungstechnologischen und -industriellen Basis im Weltmarkt für Rüstungsgüter zur erleichtern und damit zum Aufbau einer gemeinsamen europäischen Sicherheits- und Verteidigungspolitik beizutragen.[226] Der Bereich „Behandlung technischer Informationen" wurde dabei als ein behandlungsbedürftiger Bereich

226 vgl. Präambel des Rahmenübereinkommens zwischen den LoI-Staaten vom 27.07.2000.

identifiziert[227], auf welchen sich auch die o.g. Durchführungsvereinbarung bezieht.

Unklar war seitens der Industrie vor allem, ob die in der ABEI 2005 umgesetzten Änderungen nur bei Verträgen, die zwischen den LoI-Nationen geschlossen werden oder auch bei rein nationalen Regelungen bzw. bei Verträgen mit Drittstaaten gelten sollen. Für erstere Auffassung spricht, dass die Durchführungsvereinbarung nur zwischen den LoI-Staaten geschlossen wurde und sich somit aus Gründen der Deckungsgleichheit der Anwendungsbereiche der ABEI 2005 nur auf die LoI-Staaten beschränken kann. Der vom BMVg angeführte Passus in Abschnitt 1 (1) der Durchführungsvereinbarung kann keine Grundlage für die generelle Anwendung der ABEI sein.[228] Hätte man eine über die LoI-Staaten hinausgehende allgemeine Anwendung beabsichtigt, hätte man dies ausdrücklicher formulieren müssen.

Das BMVg hingegen argumentiert mit dem Vertragszweck des LoI's, nämlich der Harmonisierung der länderspezifischen amtsseitigen Regelungen als eine Maßnahme zur Erleichterung der Umstrukturierung der Europäischen Rüstungsindustrie. Dem ist auch im Ergebnis zuzustimmen, da andernfalls zwei verschiedene Fassungen der ABEI kursieren würden, was uneinheitlich wäre und auch zulasten der Rechtssicherheit ginge. Zum anderen ergibt sich dieses Ergebnis auch mit Blick auf den verfolgten Vertragszweck: Ziel ist u.a. die Stärkung der europäischen Verteidigungsindustrie durch eine verstärkte Zusammenarbeit und u.a. durch die Gründung von übernationalen Unternehmen. Dies kann durch eine vereinfachte Weitergabe von technischen Informationen und umfassende Rechteeinräumung erleichtert werden und beschränkt sich nicht darauf, ob diese Ergebnisse durch Entwicklungsverträge mit Unternehmen aus LoI-Staaten oder anderen Drittstaaten erlangt wurden. § 14 ABEI 1971 greift diesen Gedanken ebenfalls auf, wonach das im Rahmen des Entwicklungsvertrags eingeräumte Benutzungsrecht auf alle Mitgliedstaaten der NATO übertragen werden darf. Denn ein Ziel der Zusammenarbeit in der NATO ist die Implementierung einer einheitlichen Ausrüstung für die gemeinsamen Streitkräfte, so dass

227 weitere behandlungsbedürftige Bereiche waren u. a. Versorgungssicherheit, Weitergabe und Exportverfahren, Harmonisierung des militärischen Bedarfs.

228 „Der Geltungsbereich dieser Durchführungsvereinbarung erstreckt sich auf technische Informationen und auf geistiges Eigentum, die aus nationalen Rüstungsverträgen für einzelne oder kombinierte Phasen der Entwicklung […] herrühren."

dem Nachbau von in Deutschland entwickelten Rüstungsgütern eine erhöhte Bedeutung zukommt.[229]

2. *Überblick über die wesentlichen Änderungen*

Die in der ABEI vorgenommenen Änderungen betreffen im Wesentlichen die Vorschriften „Benutzungsrechte und Kennzeichnung" (§ 12), „Ausübung des Benutzungsrechts unter Heranziehung Dritter" (§13), „Übertragung des Benutzungsrecht auf ausländische Staaten" (§14) sowie „Benutzungsentgelt" (§15) und werden nachfolgend kurz dargestellt.

Eine grundlegende Änderung erfolgte in § 12 ABEI – das Nutzungsrecht an den sog. „Altrechten" erstreckt sich nunmehr auch auf sonstige staatliche Zwecke und ist nicht auf die Nutzung für Verteidigungszwecke beschränkt (vgl. § 12 Abs. 2).

Nutzungsrechtseinschränkungen an Altrechten können sich nur ergeben, wenn der Auftragnehmer nachweisen kann, dass bei Weitergabe/Veröffentlichung geheimhaltungsbedürftiger technischer Informationen erheblicher wirtschaftlicher Schaden droht. In diesem Fall werden sich die Parteien über notwendige vertragliche Nutzungseinschränkungen verständigen (vgl. § 12 Abs. 4, S. 2 ABEI).

Zudem fällt die Zahlung eines Benutzungsentgelts bei Ausübung des Nutzungsrechts an Altrechten durch Dritte nur dann an, wenn diese vor dem Vertragsschluss vom Auftragnehmer benannt wurden; eine Ausnahme davon gilt nur dann, wenn der Auftragnehmer darlegen und ggf. nachweisen kann, das die Notwendigkeit der Verwendung vor Vertragsschluss nicht absehbar war (vgl. § 12 Abs. 3 ABEI). In der ABEI 1971 fiel gem. § 15 ABEI immer ein Benutzungsentgelt an, wenn der Auftraggeber von dem in § 12 ABEI vereinbarten Nutzungsrecht (für Neu- und Altrechte) Gebrauch gemacht hat. Nunmehr erfolgt eine Beschränkung auf nur vor Vertragsschluss mitgeteilte Altrechte.

In § 12 Abs. 5 ABEI wird ein weiteres Mal klargestellt, dass das Nutzungsrecht nicht für im Vertragsergebnis enthaltene handelsübliche Produkte gilt. Damit sind in der Regel sogenannte „commercial-off-the-shelf"-Produkte gemeint, die der Auftragnehmer selbst zukauft und im Ergebnis verwendet, aber selbst keine weitergehenden Rechte, wie z.B. zum Nachbau erwirbt. Die vom Auftraggeber verfolgten Zwecke werden dadurch nicht eingeschränkt, denn es ist ihm ohne

229 Klemm, Egon: Schutzrechte, „Entwicklungsergebnis" und Benutzungsrechte des öffentlichen Auftraggebers bei sog. Entwicklungsaufträgen, DB 1968, S. 2260.

weiteres möglich, diese Produkte selbst am Markt zu erwerben und z.B. zum Einbau zu verwenden.

Weiterhin wurden für den Auftragnehmer in Abs. 7 weitgehende benutzungsrechtliche Kennzeichnungspflichten generiert.[230]

§ 13 ABEI wurde umformuliert und es wurde hervorgehoben, dass der Auftraggeber seine Rechte auch durch Dritte im Auftrag ausüben lassen kann; Aussagen zur Benutzungsgebühr wurden gestrichen und sind in § 15 ABEI neu geregelt.

In § 14 ABEI wurde das Benutzungsrecht an technischen Informationen gem. § 12 Abs. 1 ABEI über die NATO-Staaten hinaus auf alle Staaten der europäischen Union erweitert. Zudem wird der Auftragnehmer verpflichtet, diesen auf Verlangen des Auftraggebers auch selbst die Rechte nach Satz 1 zu gleichen Bedingungen einzuräumen.

§ 15 ABEI, der das Benutzungsentgelt regelt, wurde neu gefasst. Zu bemerken ist insbesondere, dass die Zahlung der Benutzungsgebühr in einem gesonderten Vertrag zwischen Auftragnehmer und Auftraggeber (und nicht mehr zwischen Auftragnehmer und dem nachbauenden Unternehmen vorbehaltlich der Genehmigung des Auftraggebers) festgelegt wird – in dringenden Fällen darf die Nutzung durch den Auftraggeber bereits vor Einigung über das Benutzungsentgelt erfolgen. In diesen Fällen wird allerdings die Verhandlungsposition des Auftragnehmers geschwächt, wenn der Auftraggeber die Rechte schon vor Einigung über das Benutzungsentgelt nutzen kann. In Abs. 3 ist geregelt, dass die Einräumung von Benutzungsrechten an allen zur Durchführung eines Folgevertrages erforderlichen Altrechten unentgeltlich zu erfolgen hat, wenn der Auftragnehmer entweder kein Angebot zum Abschluss eines Folgevertrags abgibt, oder den Abschluss eines Folgevertrags zu angemessenen Bedingungen ablehnt, ohne nachzuweisen, dass er zur Durchführung des angebotenen Vertrags außerstande ist.

3. *Weitere wesentliche Regelungen der ABEI 2005*

Hinsichtlich der weiteren wesentlichen Regelungen der ABEI 2005 wird auf den Überblick in A. II. verwiesen. Im Hinblick auf viele der darin dargestellten Regelungen hat sich ABEI in ihrer Ursprungsfassung von 1959 gegenüber der

230 Die Regelung zur Kennzeichnung bei der Einräumung von ausschließlichen Nutzungsrechten macht dabei wenig Sinn, da in der ABEI nur die Einräumung von nichtausschließlichen Rechten vorgesehen ist. Sofern die Parteien im Vertrag ausnahmsweise die Einräumung von ausschließlichen Nutzungsrechten vereinbaren sollten, kann dies auch dementsprechend im Einzelvertrag ergänzt werden. Eine Regelung in den allgemeinen Bedingungen wäre nicht angebracht gewesen.

ABEI 2005 kaum verändert. Dies gilt vor allem für A. II. 2. – § 5 Durchführung der Entwicklungsvertrags (jetzt in § 1 ABEI 2005), A. II. 3. – § 6 Schutzrechte (jetzt in § 10 ABEI 2005), A. II. 4. – § 7 Arbeitnehmererfindungen (jetzt in § 11 ABEI 2005), der unter A. II. 5. dargestellte § 16 ABEI 1959 (fertigungstechnische Hilfe) entspricht § 14a ABEI 2005, A. II. 6. – § 11 Neuerungen und Verbesserungen (§ 4a ABEI 2005), A. II. 8 – § 18 Vorstellung des Entwicklungsergebnisses, Prüfungen, Gewährleistungen (§ 3 ABEI 2005).

4. *Resümee*

Der Überblick über die Entwicklung der ABEI seit 1959 zeigt, dass im Vergleich zur ABEI 1959 im Laufe der Jahre einige Präzisierungen vorgenommen wurden; so wird z.B. der Umfang des Restabgeltungsanspruchs in § 19 ABEI 2005 im Falle einer außerordentlichen Kündigung klar geregelt. Auch wurde in §17 ABEI 2005 eine Regelung eingefügt, die versucht, den Interessen beider Parteien bzgl. des Umgangs mit geheimhaltungsbedürftigen Informationen Rechnung zu tragen. Man erkennt aber durchaus eine Tendenz, dass einige Regelungen zu Lasten des Auftragnehmers sukzessive geändert wurden. So wurde insbesondere der Nutzungszweck bei Neu- und Altrechten auf eine weltweite Nutzung für sonstige staatliche Zwecke erweitert. Eine Benutzungsgebühr fällt nur noch für die Nutzung von Altrechten durch den Auftraggeber unter Heranziehung Dritter an. Dies gilt jedoch nur für diejenigen Altrechte, die grundsätzlich vor Beginn der Entwicklungsarbeiten im Vertrag benannt worden sind, was aus Auftragnehmersicht gerade bei echten Entwicklungsvorhaben eine gewisse Herausforderung darstellt, da in der Regel nur die Ziele festgelegt werden, der Weg dahin aber bei Vertragsabschluss oftmals noch nicht bekannt ist.

Etliche Regelungen sehen nur eine relativ vage Verpflichtung vor, weitere Verträge zu schließen, wie z.B. über die Nutzung von Neuentwicklungen. Dies ist sicherlich der Tatsache geschuldet, dass quasi alle Themen, die im Vorfeld und im Nachgang der Entwicklung relevant werden, vorab in einem Vertrag geregelt werden sollen und auf weitere Verträge wie z.B. einen anschließenden Lizenzvertrag über die Verwertung der Entwicklungsergebnisse verzichtet wird.

5. Kapitel: Die Wirksamkeit wesentlicher Regelungen der ABEI 2005 als Allgemeine Geschäftsbedingungen im Sinne von §§ 305 ff BGB

§ 1 Voraussetzung für die Einbeziehung der ABEI als Allgemeine Geschäftsbedingungen in den Vertrag

A. Vorliegen von Allgemeinen Geschäftsbedingungen gem. § 305 Abs. 1 BGB

I. Für eine von Vielzahl von Verträgen vorformulierte Vertragsbedingungen

Bei den ABEI 2005 sind die Merkmale „für eine Vielzahl von Verträgen vorformulierte Vertragsbedingungen" zweifelsfrei erfüllt, da diese – wie unter Kapitel 3 § 1 dargestellt – gerade mit der Intention aufgestellt wurden, als Grundlage für FuE-Verträge mit verschiedenen Auftragnehmern zu dienen und – in verschiedenen Fassungen – seit über 50 Jahren verwendet werden.

II. Vom Verwender gestellte Vertragsbedingungen

Die Intention des Merkmals „gestellt werden" ist es, die Rolle des Verwenders derjenigen Vertragspartei zuzuordnen, auf deren Veranlassung die Einbeziehung der vorformulierten Bedingungen zurückgeht. Schutzzweck des AGB-Rechts ist der Schutz des Vertragspartners vor den Rechtsfolgen der einseitigen Inanspruchnahme der Vertragsgestaltungsfreiheit durch den Verwender.[231]

Die ABEI 2005 werden vom öffentlichen Auftraggeber als sogenannte „Ergänzende Vertragsbedingungen" im Sinne von § 9 Abs. 1 S. 3 VOL/A bzw. § 11 Abs. 1 S. 3 VOL/A EG im Rahmen von Entwicklungsaufträgen verwendet. Auch besteht nach § 55 Abs. 2 BHO (bzw. Ziffer 2 zu den VV-BHO) eine Verpflichtung für den öffentlichen Auftraggeber, beim Abschluss von Verträgen nach einheitlichen Vorgaben zu verfahren. Das bedeutet, dass der Auftraggeber für gleichartige Verträge grundsätzlich auch dieselben Bedingungen verwenden muss. Auch wenn der potentielle Auftragnehmer bereits in seinem Angebot die ABEI als Angebotsbestandteil aufnimmt, ändert dies nichts an der Verwendereigenschaft des

---

231 Ulmer /Brandner/Hensen: AGB-Recht, § 305, Rn. 27.

öffentlichen Auftraggebers, da dieser regelmäßig in der Angebotsaufforderung bzw. Ausschreibung die ABEI als anzuwendende Vorschrift vorgibt.[232] Mit Sinn und Zweck des AGB-Rechts wäre es nicht vereinbar, den Auftragnehmer aufgrund einer formalen Betrachtungsweise zum Verwender zu machen und den tatsächlichen Verwender vor seinen eigenen AGB zu schützen.[233,234]

III. Nicht individuell ausgehandelte Bedingungen gem. § 305 Abs. 1 S. 3 BGB

Soweit die Vertragsbedingungen im Einzelnen ausgehandelt sind und dahingehend eine Individualvereinbarung vorliegt, sind die §§ 305 ff BGB nicht anwendbar. § 305 Abs. 1 Satz 3 BGB wird von der höchstrichterlichen Rechtsprechung als Einschränkung der AGB-Definition verstanden[235] und ist nur dann anwendbar, wenn es zu einem wirklichen Aushandeln gekommen ist. Aushandeln bedeutet damit mehr als bloßes Verhandeln. Ausgehandelt ist der Vertragsinhalt deshalb erst dann, wenn der Verwender einen gesetzesfremden Kerngehalt seiner Vertragsmuster inhaltlich ernsthaft zur Disposition stellt und dem Vertragspartner Gestaltungsfreiheit zur Wahrung eigener Interessen einräumt. In der Regel wird sich das Aushandeln in einer Änderung der AGB niederschlagen.[236]

Da bei der Erstellung bzw. Modifikation der ABEI seinerzeit verschiedene Verbände wie z.B. der BDI oder der VDA miteinbezogen wurden, stellt sich die

---

232 Jank/Zdzieblo: Schriften zum öffentlichen Auftragswesen, S. 64.

233 Ulmer/Brandner/Hensen: AGB-Recht, § 305, Rn. 27.

234 Eine interessante Auffassung vertritt der BGH in seiner Entscheidung vom 04.03.1997 (NJW 1997, 2043, 2044) zu den Besonderen Vertragsbedingungen für die Beschaffung von DV-Anlagen und -Geräten (BVB). Danach sei es maßgeblich, dass die BVB als Vertragswerke der öffentlichen Hand für deren Zwecke erstellt worden sind. Somit kommt es für die Anwendbarkeit der §§ 305 ff BGB nicht unbedingt darauf an, wer die Anwendung der BVB verlange, vielmehr sei es entscheidend, ob sich der Auftragnehmer in der Erwartung, dass anders ein Vertragsabschluss nicht zu erreichen sei, einer Übung in der Praxis angeschlossen hat und diese von vornherein in das Angebot aufnimmt. Die Aufnahme der AGB sei somit nicht Ausdruck der freien Entscheidung des Auftragnehmers sondern Folge von dessen Übung, Verträge nur unter Einbeziehung seiner AGB abzuschließen. Ihre Aufnahme sei daher Ausdruck der vom Verwender ausgehenden Marktmacht, so dass sie ihm allein anzurechnen ist. Als Verwender sei deswegen immer die öffentliche Hand zu sehen. Dabei sei es unerheblich, ob dieser im konkreten Fall die Einbeziehung als Vertragsgrundlage verlangt hat.

235 Ulmer/Brandner/Hensen: AGB-Recht, § 305 Rn 41.

236 Palandt: BGB, § 305 Rn 20.

Frage, ob nicht in diesem Fall die Voraussetzungen des Abs. 1 Satz 3 erfüllt sein könnten und einzelne Bedingungen Individualabreden darstellen. Hier wird eine Repräsentantenstellung des BDI abzulehnen sein, da dieser nicht Repräsentant der Unternehmen ist. Der BDI ist ein Zusammenschluss deutscher Wirtschaftsverbände. Einzelne Unternehmen können nicht Mitglied beim BDI sein. Im Übrigen sind nicht alle Unternehmen Mitglied in einem Wirtschaftsverband. Selbst wenn man ein Aushandeln der Vertragsbedingungen in kollektiver Art und Weise unter Einbeziehung der Repräsentanten beider Seiten bejahen würde[237], erfüllt dies nicht die Voraussetzungen des § 305 Abs. 1 S. 3 BGB, da die Bedingungen nicht unmittelbar sondern erst durch Einbeziehung Vertragsinhalt werden. Da der Gesetzgeber des AGBG bewusst davon abgesehen hat, Ausnahmen zugunsten bestimmter Arten von Muster-AGB's aufzunehmen[238], sind Kollektivvereinbarungen grundsätzlich genauso zu behandeln wie einseitig vom Verwender gestellte, vorformulierte Klauselwerke. Die Voraussetzungen des Aushandelns müssen somit bei den jeweiligen Vertragsparteien des Einzelvertrags vorliegen.

Die Beteiligung der Gegenseite ist allerdings ggf. bei der Inhaltskontrolle solcher kollektiv ausgehandelter AGB's zu berücksichtigen.[239]

IV. Vertragsbedingungen der öffentlichen Hand

Auch wenn die öffentliche Hand hier als Verwender agiert, sind die ABEI 2005 als Vertragsbedingungen der öffentlichen Hand einer AGB-rechtlichen Prüfung zugänglich, da das zugrundeliegende Vertragsverhältnis – im Gegensatz zur Zuwendung – privatrechtlich ausgestaltet ist.[240] Wenn die öffentliche Hand wie ein privater Verwender Verträge schließt, muss sie auch an den gleichen Maßstäben gemessen werden.

---

237 ein „Aushandeln" liegt nicht vor, wenn die Interessenvertreter der Auftraggeber- und Auftragnehmerseite die Bedingungen zuvor lediglich erörtert haben, vgl. Jank/Zdzieblo: Schriften zum öffentlichen Auftragswesen, S. 65, Pietzcker, Jost: Der Staatsauftrag als Instrument des Verwaltungshandelns, S. 271.

238 Ulmer/Brandner/Hensen: AGB-Recht, Einleitung Rn 25.

239 Wolf/Lindacher/Pfeiffer: AGB-Recht, § 305 Rn. 44, Ulmer/Brandner/Hensen: AGB-Recht § 305 Rn. 59.

240 Ulmer/Brandner/Hensen: AGB-Recht, § 305 Rn. 77, vgl. auch die Ausführungen in Kapitel 2, § 1 dieser Arbeit.

B. Einbeziehung in den Vertrag

Gem. § 310 Abs. 1 Satz 1 BGB finden die § 305 Abs. 2 und 3 BGB keine Anwendung auf AGB, die gegenüber einem Unternehmer verwendet werden. Hinsichtlich des Unternehmerbegriffs gilt die Definition des § 14 BGB.[241] Der Unternehmer-Begriff ist danach weit gefasst, es muss sich nicht um Kaufleute im Sinne des HGB handeln; es kann bereits auch eine nebenberufliche unternehmerische Tätigkeit ausreichen.[242] Da es sich bei den Auftragnehmern regelmäßig um Unternehmer im Sinne des § 14 BGB handeln wird (vergleiche auch den Adressaten „Industrieunternehmen" in der Überschrift der ABEI), müssen die in § 305 Abs. 2 und 3 BGB geforderten Einbeziehungsvoraussetzungen nicht erfüllt sein. Somit kommt es bei der Frage, ob die fragliche Klausel Vertragsbestandteil geworden ist, auf die Regeln der §§ 145ff BGB an. Es genügt jede – auch stillschweigend erklärte – Willensübereinstimmung.[243] Bei FuE-Aufträgen der Bundeswehr ist dies in der Regel unproblematisch erfüllt, da die ABEI im Vertrag selbst ausdrücklich als mitgeltender Vertragsbestandteil enthalten ist bzw. bei kleineren Aufträgen eine schriftliche Beauftragung des Bundes mit allen Vertragsbestandteilen ausdrücklich schriftlich vom Auftragnehmer zu bestätigen ist.

§ 2 Inhaltskontrolle wesentlicher Vorschriften der ABEI 2005

A. Möglicher Entfall der Inhaltskontrolle, wenn die ABEI Regelungen insgesamt und ohne inhaltliche Abweichung übernommen wurden analog der VOB/B gem. § 310 Abs. 1 S. 3 BGB

I. Hintergrund für die Bereichsausnahme bei vollständiger Übernahme der VOB/B

Gem. § 310 Abs. 1 S. 3 BGB ist bei Verwendung der VOB/B gegenüber den in § 310 Abs. 1 S. 1 BGB genannten Gruppen bei einer Einbeziehung als Ganzes einer Inhaltskontrolle gem. § 307 BGB entzogen. Diese seit 01.01.2009 in Kraft getretene Regelung knüpft an die von der Rechtsprechung in den 1980er Jahren entwickelten Grundsätze zum Prüfungsumfang der AGB-Kontrolle bei Einbeziehung der VOB/B als Ganzes an. Nach Ansicht des BGH kann eine isolierte Inhaltskontrolle einzelner Bestimmungen nach § 307 BGB nämlich nicht erfolgen, da die VOB/B als kollektiv ausgehandelte Regelung im Ganzen ausgewogen

---

241 Palandt: § 310, Rn. 2.
242 Palandt: § 14, Rn. 2.
243 Palandt: § 310, Rn. 4.

sei. Das Regelwerk unterscheide sich von sonstigen AGB dadurch, dass es nicht einseitig den Vorteil des Verwenders berücksichtige und die vom gesetzlichen Leitbild abweichenden nachteiligen Regelungen durch günstige im Rahmen des Gesamtregelwerks kompensiert. Durch eine isolierte Inhaltskontrolle einzelner Vorschriften würde diese Interdependenz gestört.[244] Nach der Schuldrechtsmodernisierung gab der BGH seine Rechtsprechung bei Verwendung der VOB/B gegenüber Verbrauchern auf und unterzog jede Klausel der Inhaltskontrolle auch wenn die VOB/ B als Ganzes vereinbart wurde.[245] Mit dem seit 01.09.2009 eingefügten Satz 3 bestätigt der BGH seine Rechtsprechung, begrenzt sie allerdings ausdrücklich auf Verbraucherverträge.[246]

II. *Anwendung der für die VOB/B geltenden Grundsätze einer Gesamtwürdigung auf die ABEI*

Da es sich bei der ABEI ebenfalls um Einkaufsbedingungen der öffentlichen Hand handelt, die mit den einschlägigen Verbänden abgestimmt worden sind, könnte man die Ansicht vertreten, dass es sich bei der ABEI ebenfalls um ein Regelwerk mit ausgewogenen Vertragsbedingungen handelt und diese somit – wie die VOB/B – einer isolierten Inhaltskontrolle entzogen wird, sofern sie als Ganzes vereinbart wird.

Dies wird allerdings abzulehnen sein. Die VOB/B ist unter Mitwirkung der beteiligten Verkehrskreise entstanden und ist seit Jahrzehnten bei allen beteiligten Verkehrskreisen anerkannt. Es handle sich lt. BGH hierbei um eine „allgemein geregelte Vertragsordnung".[247] Bei der ABEI hingegen wird eine jahrzehntelange Anerkennung bei allen beteiligten Verkehrskreisen zu verneinen sein. Wie bereits die unter Kapitel 4 § 2 dargestellte historische und rechtliche Entwicklung zeigt, wurde diese seit 1959 immer wieder modifiziert. Gerade die Rechteregelung hat im Laufe der Jahre erhebliche Änderungen zugunsten des öffentlichen Auftraggebers erfahren, mit denen die Verbände im Großen und Ganzen nicht einverstanden waren und nur geringfügige Verbesserungen im Rahmen der Verhandlungen erreichen konnten. Auch sollte mit der ABEI kein allgemeines und ausgewogenes Regelwerk für die Durchführung von FuE-Arbeiten geschaffen werden, sondern es sollte in erster Linie den Belangen des öffentlichen Auftraggebers Rechnung getragen werden. Dies wird vor allem durch die Tatsache

244 BGHZ: 86, 135 (142).
245 BGHZ: 178, 1 (9).
246 Ulmer/Brandner/Hensen: AGB-Recht, § 310, Rn. 35a.
247 BGH: NJW 1987, 2818 (2819).

deutlich, dass die ABEI – anders als die VOB/B, die vor allem in der Bauwirtschaft oft Vertragsbestandteil sind – außerhalb der staatlichen Beschaffungstätigkeit im Bereich der privaten Industrie nicht verwendet wird.[248]

Zusammengefasst bedeutet dies, dass die ABEI 2005 keine vergleichbare allgemein anerkannte und verbreitete Vertragsordnung wie die VOB/B darstellt und somit die einzelnen Klauseln jeweils für sich an § 307 BGB zu messen sind und nicht das gesamte Regelwerk lediglich im Gesamtzusammenhang zu beurteilen ist.

B. Maßstäbe der Inhaltskontrolle

I. Allgemeines

Im Verkehr mit der öffentlichen Hand als Verwender und dem Unternehmen als Vertragspartner ist nicht auf die Schutzbedürftigkeit im Einzelfall sondern auf eine überindividuell-generalisierende Betrachtung abzustellen,[249] d.h. die betreffende Klausel ist unwirksam, wenn sie bei der entsprechenden Art von Rechtsgeschäften regelmäßig und typischerweise bestehende Interessen des betroffenen Kundenkreises nicht berücksichtigt.[250] Zu berücksichtigen ist in jedem Fall, dass Unternehmen nicht in gleichem Maß schutzbedürftig sind wie ein Verbraucher, da diese insbesondere Geschäfte dieser Art häufiger abschließen[251] und auch mit den Risiken besser vertraut sind. Im vorliegenden Fall wird es sich bei den Adressaten der ABEI 2005 regelmäßig um Unternehmen handeln. Die Entwicklungsaufträge der öffentlichen Hand werden oftmals an größere Unternehmen mit eigenen Entwicklungsabteilungen vergeben, wobei auch kleinere Unternehmen, die sich nur auf die Erbringung von Entwicklungsleistungen spezialisiert haben, zum Zuge kommen können.

II. Berücksichtigung der §§ 308–309 BGB gegenüber Unternehmern

Gemäß § 310 Abs. 1 S. 1 BGB finden u.a. die §§ 308, 309 BGB keine Anwendung auf AGB, die gegenüber einem Unternehmer verwendet werden. In Bezug

248 Eine ähnliche Argumentation vertritt der BGH im Urteil vom 27.11.1990 (NJW 1991, S. 976) als es um die Frage ging, ob die „Besonderen Vertragsbedingungen für die Überlassung von DV-Programmen“ (BVB-Überlassung) lediglich im Gesamtzusammenhang zu würdigen oder jeweils für sich an den Bestimmungen des AGB-Gesetzes zu messen sind.

249 Palandt: § 307, Rn. 39.

250 Staudinger: Kommentar zum BGB, § 307, Rn. 109.

251 Palandt: § 307, Rn. 39.

auf den ersten Halbsatz des § 310 Abs. 1, S. 2 BGB besteht die vorherrschenden Meinung, dass bei der Inhaltskontrolle im unternehmerischen Geschäftsverkehr die Wertungen, die in den §§ 308, 309 BGB zum Ausdruck kommen, berücksichtigt werden können bzw. sollen, sofern diese übertragbar sind.[252] Die Klauselverbote des § 308 BGB sollen danach grundsätzlich auch im unternehmerischen Geschäftsverkehr anwendbar sein, weil die kaufmännischen Besonderheiten im Rahmen der bestehenden Wertungsmöglichkeiten ausreichend berücksichtigt werden können.[253] Bei den Klauselverboten ohne Wertungsmöglichkeit des § 309 BGB ist dies hingegen nicht möglich. Allerdings sollen nach herrschender Auffassung diese Klauselverbote Indizien für die Unwirksamkeit der Klausel sein, wenn sie Konkretisierungen des § 307 Abs. 2 Nr. 1 und 2 BGB sind.[254] Diese Interpretation ist nicht unproblematisch, denn der Wortlaut des § 310 Abs. 1 S. 2 HS 1 BGB, der nur die Anwendbarkeit der Generalklausel auf die in den Klauselverboten behandelten Sachverhalte klarstellt, gibt eine solch weitreichende Indizienwirkung nicht her.[255] § 310 Abs. 1 S. 1 BGB bezweckt eine selbständige Bewertung nach § 307 BGB und man läuft beim Hantieren mit Indizwirkungen oftmals Gefahr, dass eine selbständige Bewertung aus Gründen der Entscheidungsvereinfachung nicht mehr stattfindet.[256]

§ 308 BGB und § 309 BGB sind grundsätzlich auf die Bedürfnisse der Verbraucher ausgerichtet; die Interessen eines Unternehmers unterscheiden sich in der Regel allerdings zu denen eines Verbrauchers. So legt ein Unternehmer z.B. auf eine rasche und reibungslose Abwicklung großen Wert. Auch die Schutzbedürftigkeit ist wie oben dargestellt nicht in dem gleichen Maße ausgeprägt wie die eines Verbrauchers. Die Ablehnung einer weitgehenden Indiz- oder Vermutungswirkung[257] soll aber nicht bedeuten, dass die für Verbrauchergeschäfte unwirksamen Klauseln der § 308, 309 BGB bei Unternehmensgeschäften stets wirksam wären.[258] Vielmehr sollen die Wertungen der Klauseln in §§ 308, 309 BGB als Orientierungshilfe bei der Inhaltskontrolle im Rahmen des § 307 BGB dienen, wobei die Besonderheiten des unternehmerischen Geschäftsverkehrs zu berücksichtigen sind.[259] Dabei ist im Rahmen einer Übertragbarkeit

252 Ulmer/Brandner/Hensen: AGB-Recht, § 307 Rn. 381, BGHZ 90, 273.
253 Palandt: § 307, Rn. 40.
254 BGHZ 90: 273, 278, Palandt, § 307 Rn. 40.
255 Ulmer/Brandner/Hensen: AGB-Recht, § 307, Rn 382.
256 Wolf/Lindacher/Pfeiffer: AGB Recht, vor 308, 309, Rn. 25.
257 Ulmer/Brandner/Hensen: AGB-Recht, § 307, Rn 382.
258 MüKo, Basedow § 310, Rn. 7.
259 Ulmer/Brandner/Hensen: AGB-Recht, § 307, Rn 382.

insbesondere zu prüfen, ob die fragliche Klausel den Besonderheiten des unternehmerischen Geschäftsverkehrs angemessen Rechnung trägt.

Da die §§ 308, 309 BGB aus der Perspektive eines Klauselverwenders verfasst sind, welcher die charakteristische Hauptleistung erbringen soll, passen die Verbotstatbestände aus Sicht des Kunden – wie hier dem öffentlichen Auftraggeber als Verwender – oftmals inhaltlich nicht, so dass als Kontrollmaßstab häufig nur § 307 BGB zur Anwendung kommt. In diesem Fall bietet sich eine spiegelbildlich-analoge Anwendung von Vorschriften aus den Verbotskatalogen an.[260]

III. Marktbeherrschende Stellung der öffentlichen Hand als Abwägungskritierium

In der Rechtsprechung[261] wurde vereinzelt ausnahmsweise auch die Nachfragemacht des Verwenders bei der Inhaltkontrolle berücksichtigt. Den jeweiligen Unternehmen bliebe aufgrund der marktbeherrschenden Stellung keine andere Wahl, als die Ausschreibungsbedingungen zu akzeptieren, wenn sie an der Ausschreibung teilnehmen wollen. Der Umstand, dass ein öffentlicher Auftraggeber dabei mit der Verwendung seine AGB die Vertragsfreiheit einseitig für sich in Anspruch nimmt und diese Regelungen gegenüber den Bietern bzw. potentiellen Vertragspartnern durchsetzt, verpflichte diesen in besonderem Maße, auf die Interessen der Bieter bzw. potentiellen Vertragspartner „Rücksicht zu nehmen und die eigenen Belange maßvoll zu verfolgen". Die Literatur[262] hingegen sieht in dem Vorliegen einer marktbeherrschenden Stellung grundsätzlich keine Rechtfertigung für eine schärfere Inhaltskontrolle. § 307 BGB knüpfe bereits mit der Verwendung von AGB an das Vorliegen von überlegener Verhandlungsmacht an und stützt darauf die Inhaltskontrolle, so dass der Maßstab des § 307 BGB unabhängig von der Marktmacht des jeweiligen Verwenders sei. Dennoch kann es Fälle geben, in denen eine Klausel, deren Belastungswirkung unter normalen Wettbewerbsverhältnissen noch hinnehmbar ist, bei Anwendung durch einen marktbeherrschenden Verwender eine unangemessene Benachteiligung darstellen kann.[263]

---

260 Staudinger: Kommentar zum BGB, § 307, Rn. 13.

261 OLG Frankfurt, ZIP 1986, S. 374 (377).

262 Wolf/Lindacher/Pfeiffer: AGB-Recht, § 307, Rn. 229.

263 Ulmer/Brandner/Hensen: AGB-Recht, § 307 Rn. 170, der als Beispiel die Umstellung der Deutschen Telekom von Münz- auf Kartenbetrieb anführt, da auch alle potentiellen Kunden die nur selten einen öffentlichen Fernsprecher nutzen auf den Erwerb einer Telefonkarte angewiesen sind.

C. Kontrollfähigkeit der Klauseln gem. § 307 Abs. 3 S. 1 BGB

I. Allgemeines

Die Inhaltskontrolle beschränkt sich nach § 307 Abs. 3 S. 1 BGB auf solche Bestimmungen der Allgemeinen Geschäftsbedingungen, durch die von Rechtsvorschriften abweichende oder diese ergänzende Regelungen vereinbart werden. Dadurch soll der Vorrang spezialgesetzlicher Regelungen anerkannt werden bzw. zum Ausdruck bringen, dass die AGB-Regelungen nicht dazu dienen sollen, gesetzliche Regelungen zu überprüfen.[264] „Rechtsvorschriften" beinhalten in diesem Kontext nicht nur materielle Rechtsnormen sondern auch ungeschriebene und richterrechtliche Rechtsgrundsätze.[265] Zum anderen soll nach Begründung des Regierungsentwurfs die Inhaltskontrolle der §§ 307 ff. BGB weder Kontrolle von Preisen oder Leistungsangebote ermöglichen, noch sollen dadurch Vorschriften anderer Gesetze modifiziert werden.[266] Ganz allgemein lässt sich also konstatieren, dass Leistungsbeschreibungen, die Art, Güte und Umfang der Hauptleistung unmittelbar festlegen, der Inhaltskontrolle ebenso wie Preisvereinbarungen entzogen sind, soweit sie Art und Umfang der Vergütung unmittelbar regeln.[267] Leistungsbeschreibungen sind alle Vertragsbestandteile, die notwendig von den Parteien festgelegt werden müssen, um eine Vertragsbeziehung nicht mangels Bestimmtheit oder Bestimmbarkeit aufgrund fehlender Rechtsvorschriften undurchführbar werden zu lassen. Darunter fällt vor allem die unmittelbare Bestimmung des Leistungsgegenstandes, der Leistungsumfang und die vereinbarte Güte. Auch gehören als weitere essentialia negotii die Bestimmung der Vertragsparteien und des Preises in den engen Kreis der Vereinbarungen, ohne die grundsätzlich ein wirksamer Vertragsschluss nicht angenommen werden kann.[268]

Kontrollfähig bleiben allerdings darüber hinausgehende Modifikationen des Leistungsgegenstandes[269] sowie formularmäßig abgegebene, zugesicherte Eigenschaften oder Bestimmungen über die Lieferzeiten und -termine.[270]

---

264 Wolf/Lindacher/Pfeiffer: AGB-Recht, § 307, Rn. 275.

265 Palandt: § 307, Rn. 51.

266 BT-Drucks. 7/3919, S. 22 (zu § 6 des Entwurfs).

267 Palandt: § 307, Rn. 44.

268 Wolf/Lindacher/Pfeiffer: AGB-Recht, § 307, Rn 293.

269 Ulmer/Brandner/Hensen: AGB-Recht, § 307, Rn 38.

270 Wolf/Lindacher/Pfeiffer: AGB-Recht, § 307, Rn. 300.

Auch deklaratorische Klauseln, die lediglich den Inhalt gesetzlicher oder sonstiger normativer Regelungen wiedergeben, unterliegen nicht der Inhaltskontrolle der §§ 307ff.[271]

II. Kontrollfreie Bestimmungen eines der ABEI 2005 zugrundeliegenden Entwicklungsvertrages

In Anwendung der oben ausgeführten Grundsätze sind die essentialia negotii des Entwicklungsvertrages kontrollfrei. Sie können weder durch gesetzliche Regelungen noch durch zu entwickelnde verallgemeinerungsfähige Grundsätze bestimmt werden. Dazu gehört in erster Linie die Bestimmung des Forschungs- bzw. Entwicklungsgebietes, ebenso der Dienste bzw. Werke, die geschuldet sind, sowie auch das Entwicklungsziel. Die Höhe der Vergütung stellt ebenfalls ein kontrollfreies Element dar. Gleiches gilt hinsichtlich der Beschaffenheit des Leistungsgegenstandes. Da es sich bei den Leistungen im Rahmen eines Forschungs- und/oder Entwicklungsprojektes nicht um Gattungsschulden handeln kann, ist die Regelung des § 243 Abs. 1 BGB, wonach im Zweifel eine Sache von mittlerer Art und Güte zu leisten ist, unanwendbar. Das heißt, dass durch Beschaffenheitsregelungen nicht von einer gesetzlichen Regelung abgewichen werden kann, da im Falle des Fehlens einer solchen Beschaffenheitsregelung die Leistung nicht mehr bestimmbar ist.[272]

D. Die Inhaltskontrolle wesentlicher Klauseln der ABEI 2005 gem. § 307 Abs. 1 und 2 BGB

I. Vorbemerkung

§ 307 Abs. 1 S. 1 BGB ist die Generalklausel und Auffangvorschrift für die Inhaltskontrolle und hat nur dort eigenständige Bedeutung, wo eine unangemessene Benachteiligung nicht schon durch die konkretisierenden Regelbeispiele des Abs. 2 erfasst wird.[273]

Nach der Regelung des § 307 Abs. 2 Nr. 1 BGB ist eine unangemessene Benachteiligung anzunehmen, wenn eine Bestimmung mit den wesentlichen Grundgedanken des Gesetzes nicht zu vereinbaren ist. Unter gesetzliche Regelungen fallen alle Gesetze im materiellen Sinn, Gewohnheitsrecht, Verordnungen, aber

271 Ulmer/Brandner/Hensen: AGB-Recht, § 307 Rn. 14.
272 Koch: Haftungsfreizeichung, S. 169.
273 Ulmer/Brandner/Hensen: AGB-Recht, § 307 Rn 2,3.

auch die von Rechtsprechung und Lehre durch Analogie und Rechtsfortbildung herausgebildeten Rechtsgrundsätze und die Regelungen des EU-Rechts.[274]

Wie bereits unter Kapitel 1 § 3 B) III. und C) dargestellt, enthält ein der ABEI 2005 zugrundeliegender Entwicklungsvertrag je nach Vertragsgegenstand verschiedene Elemente gesetzlicher Vertragstypen. So kann z.B. die Auslegung ergeben, dass ein Dienstvertrag mit werkvertraglichen Elementen (in Form eines Abschlussberichtes) vorliegt oder ein Werkvertrag. Lizenzvertragliche Elemente sind durch die Einräumung des Nutzungsrechts gem. § 12 ABEI ebenfalls enthalten.

Sofern Elemente des der ABEI 2005 zugrundeliegenden FuE-Vertrags keinem gesetzlich normierten Vertragstypus zugeordnet werden können, stellen diese AGB-Bestimmungen „ergänzende Regelungen" im Sinne des § 307 Abs. 3 BGB dar, die insbesondere an § 307 Abs. 2 Nr. 2 BGB zu messen sind. Mangels eines gesetzlichen Leitbilds ist danach als Maßstab für die Inhaltskontrolle das „Leitbild" einer angemessenen Regelung aus den geschäftstypischen Gerechtigkeitserwartungen des Rechtsverkehrs unter Berücksichtigung von Zweck und Natur des Vertrages zu ermitteln.[275]

In diesem Fall ist – zumindest bis sich ein neues, ungeschriebenes Leitbild normativ verfestigt hat – § 307 Abs. 2 Nr. 2 BGB anzuwenden.[276] Als Beispiel für solche Regelungen sind Vereinbarungen über Mitwirkungs- und Informationspflichten oder auch Geheimhaltungsvereinbarungen zu nennen.

II. Besonderheiten bei kollektiv ausgehandelten Vertragswerken

Sofern es sich bei der ABEI 2005 um ein kollektiv ausgehandeltes Vertragswerk handelt, würde nach der Rechtsprechung ein großzügigerer Maßstab angelegt werden: hierbei würde nämlich auf die Gesamtbilanz der beiderseitigen Interessenlagen abgestellt werden mit der Folge, dass die Nachteile einzelner Bestimmungen durch die Vorteile anderer wiederum kompensiert werden können.[277] Voraussetzung dafür ist zum einen, dass die Klauselwerke als Ganzes ohne Änderungen vertraglich einbezogen werden. Erst dann können einzelne Klauseln nicht mehr isoliert angegriffen werden.[278] Selbst wenn man hier davon ausgeht, so scheitert die Annahme dieser Besonderheit bei der Angemessenheitsprüfung

274 Palandt: § 307, Rn. 29.

275 Ulmer/Brandner/Hensen: AGB-Recht, § 307, Rn. 20.

276 Ulmer/Brandner/Hensen: AGB-Recht, § 307, Rn. 220.

277 Staudinger: Kommentar zum BGB, § 307, Rn. 128.

278 Palandt: § 307, Rn. 15.

an der zweiten Voraussetzung, nämlich daran, dass die AGB kollektiv ausgehandelt wurden und in den beteiligten Verkehrskreisen als ausgewogene Gesamtregelung anerkannt sind. Nach herrschender Rechtsprechung reicht eine bloße Beteiligung der Marktgegenseite nicht aus.[279] Soweit die Verfasserin die Verhandlungsprotokolle zwischen den Vertretern des öffentlichen Auftraggebers und den Industrieverbänden zur Modifikation der ABEI im Jahre 2005 einsehen konnte, konnte die Industrie lediglich marginale Änderungen durchsetzen, da sich der öffentliche Auftraggeber ohnehin im Rahmen des LoI-Abkommens[280] zur Umsetzung der Vorgaben verpflichtet hat. Ein Aushandeln in dem Sinne, dass der gesetzesfremde Kerngehalt der AGB zur Disposition gestellt wurde und die Verbände die reale Möglichkeit hatten, den Inhalt zu beeinflussen, kann somit nicht angenommen werden. Auch eine Anerkennung von den beteiligten Kreisen als ausgewogenes Klauselwerk wie z. B. die VOB/B oder die ADSP kann insbesondere seit den letzten Modifikationen im Jahre 2005 nicht bejaht werden. Die Voraussetzungen für einen großzügigeren Prüfungsmaßstab, bei dem auf eine Gesamtbilanz und Abwägen aller Vor- und Nachteile einzelner Bestimmungen abgestellt wird, liegen hier also nicht vor.

III. Typologische Einordnung der FuE-Leistung sowie der Rechteregelung

Wie unter Kapitel 1 § 3 B. II. dargestellt, ist eine Zuordnung der FuE-Leistung zum Werk- oder Dienstvertragsrecht schon deswegen unabdingbar, weil die jeweiligen gesetzlichen Regelungen gem. § 307 Abs. 2 Nr. 1 BGB im Rahmen einer AGB-Prüfung Leitbildcharakter aufweisen und somit für die Beurteilung der Wirksamkeit einer Klausel essentiell sind.

Die ABEI 2005 greifen alle wesentlichen Regelungen eines FuE-Vertrages auf, so dass an dieser Stelle der Einfachheit halber davon ausgegangen wird, dass im jeweils abzuschließenden Vertrag nur noch Vertragsgegenstand, Liefertermin und Preis vereinbart werden bzw. die grundlegenden Bestimmungen nicht mehr in ihrem Wesensgehalt verändert werden.

Nachfolgend wird der Versuch unternommen, eine Klassifizierung der FuE-Leistung zum Dienst- oder Werkvertragsrecht anhand der in Kapitel 1 § 3 B. III. dargestellten Kriterien vorzunehmen.

Bei der Beantwortung der Frage, ob ein Werk-oder Dienstvertrag vorliegt, stellt der BGH[281] in erster Linie auf den im Vertrag zum Ausdruck kommenden

---

279 Palandt: § 307, Rn. 15, Ulmer/Brandner/Hensen: AGB-Recht, § 307 Rn. 154.
280 vgl. hierzu die Ausführungen unter Kapitel 4, § 2 B) II.
281 BGH vom 16.07.2002, NJW 2002, 3323 (3324).

Geschäftswillen der Vertragspartner ab. Dieser kann sich neben den von den Parteien gewählten Formulierungen im Vertrag auch durch die gewählten Rechtsfolgen und durch den Grad der jeweiligen Risikoübernahme bzw. durch die Wahrscheinlichkeit des Erfolgseintritts manifestieren.

Kein Indiz stellt die Verwendung der ABEI durch den öffentlichen Auftraggeber dar. Zwar beinhaltet diese im Titel schon den Begriff „Entwicklungsverträge" in Abgrenzung zu den parallel existierenden „Allgemeine Bedingungen für Forschungsverträge mit Industriefirmen" (ABFI), so dass man hier den Schluss ziehen könnte, dass die Entwicklungsleistung im Sinne einer werkvertraglichen Leistung im Vordergrund steht, wohingegen die ABFI für Forschungs- und somit Dienstleistungsverträge Anwendung finden sollen. Die Praxis[282] zeigt allerdings, dass der öffentliche Auftraggeber die ABFI in der Realität nicht mehr verwendet und stattdessen nur noch die ABEI für alle zu vergebenden Forschungs- und Entwicklungsleistungen heranzieht. Zudem wurde gezeigt[283], dass Entwicklungsverträge nicht zwangsläufig werkvertragliche Leistungen enthalten bzw. Forschungsverträge dienstvertragliche Leistungen und die Grenzen zwischen Forschung und Entwicklung oft fließend sind.

Möglicherweise könnte die Art der Vergütung als Anhaltspunkt zur Vertragstypologisierung dienen; so können Festpreisvereinbarungen wie ein Selbstkostenfestpreis für einen werkvertraglichen und Vergütungen nach Aufwand wie der Selbstkostenerstattungspreis für einen dienstvertraglichen Charakter sprechen.[284] Zu beachten ist hierbei aber zum einen, dass auch werkvertragliche Leistungen, wie z. B. die Erstellung eines Gutachtens nach Aufwand abgerechnet werden können und der öffentliche Auftraggeber zudem immer mehr dazu übergeht, eine möglichst große Anzahl von Verträgen Festpreisen zu unterwerfen.

Zum anderen bedeutet die Wahl des Preistyps nicht – wie dies oftmals seitens der Industrie vertreten wird – automatisch die Festlegung auf eine bestimmte Vertragsart, d.h. die Form der Entgeltberechnung entscheidet allgemein nicht über die Natur des Forschungs- und Entwicklungsvertrags. Die Selbstkostenerstattung bei öffentlichen Aufträgen ist vielmehr das Ergebnis der Unmöglichkeit, die Vergütung im Vergleich mit dem Marktpreis zu ermitteln und die Möglichkeit, dies nach objektiven und verallgemeinerungsfähigen Merkmalen zu bestimmen. Sie sagt somit nichts über die Wahl einer bestimmten Vertragsart aus,

282 vgl. hierzu die in Kapitel 6 § 1 durchgeführte Umfrage unter Industrieunternehmen.

283 vgl. Kapitel 1 § 3 B) III.

284 Möffert: Der Forschungs- und Entwicklungsvertrag, S. 43, Plander/Schliek: Forschung als Gegenstand von Werkverträgen, RdA 1990, S. 219 (227).

sondern gilt für jede Vertragsart, wenn sich das Entgelt nicht anders ermitteln lässt.[285]

Allerdings können im Einzelfall die Modalitäten der Vergütung – insbesondere dann, wenn sie zeitaufwandsabhängig in Form von Raten oder regelmäßigen Abschlagszahlungen zu leisten ist – ein wesentlicher Hinweis dafür sein, dass der Auftragnehmer das Risiko eines Scheiterns des Forschungs- oder Entwicklungsvorhabens wirtschaftlich vernünftigerweise nicht übernehmen kann, was wiederum ein Indiz dafür sein kann, dass eine solche Risikoübernahme von den Vertragsparteien nicht gewollt ist.[286]

Fraglich ist, ob man die in § 1 Abs. 1 ABEI enthaltene „Bemühensklausel“[287] als Indiz für eine dienstvertragliche Auslegung heranziehen kann. Danach wäre der Parteiwille darauf gerichtet, einen Dienstvertrag zu schließen, in dessen Rahmen nur ein Bemühen um die Herbeiführung des Erfolges geschuldet ist und keine verschuldensunabhängige Haftung für das Eintreten eines bestimmten Erfolgs.[288]

Problematisch hierbei ist, dass die Bemühensklausel Teil der Allgemeinen Geschäftsbedingungen ist und Allgemeine Geschäftsbedingungen nicht zu einer Änderung des nach den Erklärungen der Parteien anzunehmenden Vertragstypus führen können. Nicht der AGB-Inhalt bestimmt die Vertragsart, sondern von dieser hängen die Zulässigkeit und Wirksamkeit der vom Verwender einseitig aufgestellten Vertragsbedingungen ab. Diese können somit nur die beiderseitigen Verpflichtungen, die sich aus dem nach den Erklärungen der Beteiligten geschlossenen Vertragstyp ergeben, präzisieren und weiterbilden.[289] So ist z.B. eine Festlegung in AGB, ob im Einzelfall eine Erfolgspflicht besteht oder nicht, ebenfalls am Maßstab der § 305 ff BGB zu prüfen. Insbesondere wird auch

---

285 Ullrich: Privatsrechtsfragen, S. 208.

286 BGH: Urteil vom 16.07.2002, NJW 2002, 3323 (3324).

287 „Der Auftragnehmer kommt seinen Verpflichtungen zur Durchführung der Entwicklungsarbeiten nach, wenn er sich nach besten Kräften bemüht, unter Ausnutzung des neuesten Standes von Wissenschaft und Technik und unter Verwertung der eigenen Kenntnisse und Erfahrungen das bestmögliche Ergebnis zu erzielen.“

288 Zur Auslegung der Bemühensklausel vgl. auch Ausführungen in Kapitel 4 § 2 A II. 2.

289 BGH, NJW, 1997, 2043 (2045), vgl. auch Westphalen, Friedrich Graf von: Der Software Entwicklungsvertrag – Vertragstyp – Risikobegrenzung in Büllesbach, Heymann: Informationsrecht 2000 – Perspektiven für das nächste Jahrzehnt, Köln 2001, S. 85 der ebenfalls die Ansicht vertritt, dass sich die für die Risikoverteilung maßgebende Rechtsfolgenseite ausschließlich nach dem individualvertraglich vereinbarten Pflichtenprogramm beurteilt und nicht aufgrund der jeweiligen AGB-Klauseln, soweit diese zu den individualvertraglich begründeten Pflichten nicht in Harmonie stehen.

hierbei die in § 307 BGB geregelte Angemessenheitsprüfung durchgeführt. Denn andernfalls könnte hier der Verwender einseitig den Prüfungsmaßstab für den jeweiligen Vertrag festlegen.[290]

Nach Ansicht der Verfasserin kann das allerdings nicht zur Folge haben, dass die in der ABEI enthaltene Bemühensklausel für die Vertragsauslegung gänzlich unbeachtlich ist. Zum einen stellt die Bemühensklausel aus Sicht des Auftragsnehmer in der Regel eine vorteilhafte Regelung dar, da dadurch für ihn grundsätzlich keine Erfolgshaftung besteht, so dass sich der Auftraggeber als Verwender auch an der von ihm eingefügten Klausel festhalten lassen muss. Zum anderen ist Dreh- und Angelpunkt für die Vertragsauslegung wie bereits festgestellt der im Vertrag zum Ausdruck kommende Geschäftswille der Vertragspartner. Gerade im Verteidigungsbereich nimmt das Vorhandensein bzw. das Fehlen der Bemühensklausel für die Parteien insbesondere für den Auftragnehmer eine herausragende Stellung zur Typologisierung des Vertragswerks ein. In den meisten der wenigen Literaturquellen, die auf die ABEI Bezug nehmen[291], sowie auch im Bericht der Ad-hoc Arbeitsgruppe EURO-HAWK vom 05.06.2013 wird ebenfalls davon ausgegangen, dass durch Vereinbarung der Bemühensklausel in § 1 Abs. 1 ABEI die zu erbringende Leistung eine Dienstleistung darstellt, bei der ein Erfolg nicht geschuldet ist.

Oftmals wird also die Vereinbarung der Bemühensklausel gem. § 1 Abs. 1 ABEI (i.V.m. der Vereinbarung eines Selbstkostenerstattungspreises bzw. der Vereinbarung von § 5 Abs. 5 im Falle eines höchstbegrenzten Selbstkostenerstattungspreises) auf das Vorliegen eines Dienstvertrags hindeuten.

Dennoch muss stets geprüft werden, ob noch weitere Indizien vorliegen, anhand derer sich der im Vertrag zum Ausdruck kommende Wille der Parteien bestimmen lässt.

So kann im Einzelfall auch trotz Vorhandensein der Bemühensklausel eine werkvertragliche Leistung geschuldet sein, z.B. wenn in der Leistungsbeschreibung eine klare Risikoverteilung bzw. Übernahme für das Eintreten eines bestimmten Erfolges geregelt ist. Denn diese geht bei Widersprüchen gem. § 1 Abs. 2 a) VOL/B, die über § 20 Abs. 1 ABEI Anwendung findet, den Reglungen in § 1 Abs. 1 ABEI vor.

Die Ermittlung der jeweiligen Wahrscheinlichkeit der Erfolgsherbeiführung, d.h. inwieweit im jeweiligen Einzelfall technisches Neuland betreten wird, dient

290 Schmeißer/Zirkel: Forschungs- und Entwicklungsverträge, MDR 2003, 849 (853).
291 Feuchtmeyer, E./Wiegand, K.: Vergabepraxis der Bundeswehr – Aus Sicht der Ausrüstungsindustrie, Wehrtechnik 1979, Heft 1, S. 24.

als weiteres Indiz zur Vertragstypologisierung. Dies kann vor allem durch den Stand der Technik konkretisiert werden.

Zudem kann sich auch aus der individuellen vereinbarten Leistungsbeschreibung ergeben, inwieweit der Auftragnehmer für das Erreichen bestimmter Erfolge einstehen muss. Die Parteien sind hierbei in der Vertragsgestaltung frei, was die Risikoverteilung hinsichtlich der Übernahme von Entwicklungsrisiken angeht – die Parteien können somit bewusst Entwicklungsrisiken übernehmen, vom Werkvertragsrecht abweichend zuordnen oder auch teilen. Falls durch die Leistungsbeschreibung keine Zuordnung der Entwicklungsrisiken erfolgt, muss die Einstandspflicht durch Auslegung des restlichen Vertragswerkes erfolgen.[292]

Im Ergebnis bedeutet dies, dass bei der unendlichen Vielfalt von Forschungs- und Entwicklungsleistungen immer nur anhand der konkreten Umstände des Einzelfalls entschieden werden kann, welcher Vertragstyp mit welchem Vertragscharakter letztendlich vorliegt.[293] Neben dem Vorhandensein der Bemühensklausel gem. § 1 Abs. 1 ABEI (in Verbindung mit der Vereinbarung eines Selbstkostenerstattungspreises[294]) sind weitere wesentliche Kriterien zur Vertragstypologisierung die Wahrscheinlichkeit der Erfolgsherbeiführung sowie die in der Leistungsbeschreibung getroffene Risikozuweisung für das Erreichen des beschriebenen Ziels.

Obwohl das Ergebnis der Auslegung in den meisten Fällen das Vorliegen eines Dienstvertrags sein wird, kann dennoch an dieser Stelle keine allgemeingültige Aussage getroffen werden, ob die Verträge, die auf Basis der ABEI 2005 geschlossen werden, Dienst- oder Werkverträge darstellen. Deswegen werden im Rahmen der nachfolgenden Inhaltskontrolle die Zulässigkeit der Regelungen im Rahmen von Werk- und Dienstverträgen geprüft.

Was die Einräumung von Benutzungsrechten gem. § 12 ff ABEI betrifft, so wird deren Wirksamkeit grundsätzlich am Maßstab des Lizenzvertragsrechts gemessen.

---

292 Wolff: Aufträge der öffentlichen Hand über Entwicklungsprojekte in der Raumfahrt, S. 248.

293 Möffert in: Schütze, Rolf/Weipert, Lutz/Cychowski, Christian: Münchener Vertragshandbuch, Band 3: Wirtschaftsrecht II, 6. Auflage, München 2009, S. 235.

294 bzw. bei einem höchstbegrenzten Selbstkostenerstattungspreises mit der Vereinbarung von § 5 Abs. 5 ABEI.

IV. Inhaltskontrolle von § 3 Abs. 2 ABEI

§ 3 Abs. 2 ABEI regelt im Wesentlichen den Umfang der Gewährleistung für die Entwicklungsmuster. Der Begriff „Entwicklungsmuster" ist in der ABEI nicht definiert, sondern lediglich der Begriff „Entwicklungsergebnis" in § 2 ABEI. Auch wenn der Begriff somit nicht scharf abgegrenzt werden kann, so legt die Verwendung des Wortlautes „-muster" nahe, dass es sich um den Hardwareteil des Entwicklungsergebnisses handeln muss, namentlich um Modelle, Prototypen etc. Dafür spricht auch die Aufzählung in Abs. 2 b) „Güte des Materials". Die Gewährleistung beschränkt sich auf die in Abs. 2 a-d) aufgezählten Punkte und auf die Beseitigung des Mangels innerhalb von 6 Monaten nach Datum der Schlussniederschrift. Die Schlussniederschrift entspricht einer Abnahmeerklärung, in der u.a. eventuelle Mängel festgehalten werden, die bei Vorstellung des Ergebnisses erkannt wurden.

1. Bewertung bei Einordung der FuE-Leistung als werkvertragliche Leistung

Sofern die Auslegung ergibt, dass es sich bei der FuE-Leistung um eine werkvertragliche Leistung handelt, stellt die Regelung eine Verbesserung zu den gesetzlichen Vorschriften der §§ 633 ff dar, da sich die Gewährleistung nur auf das Vorliegen der aufgelisteten Punkte wie z.B. Einhaltung der anerkannten Regeln der Technik bezieht und nicht etwa auf das vollumfängliche Einhalten der vereinbarten oder der nach dem Vertrag vorausgesetzte Beschaffenheit gem. § 633 Abs. 2 BGB.

Auch kann anhand der abschließenden Formulierung „Gewährleistungsansprüche richten sich auf Beseitigung des Mangels" interpretiert werden, dass die Gewährleistungsansprüche auch darauf beschränkt sein sollen und weitergehende Ansprüche, wie z.B. Minderung, Selbstvornahme oder Schadensersatz, ausgeschlossen sein sollen.

Auch die Dauer der Gewährleistung von 6 Monaten ist wesentlich geringer als nach den gesetzlichen Maßstäben gem. § 634a Abs. 1 Nr. 1 BGB von 2 Jahren.

Hintergrund dafür ist, dass der Auftragnehmer – selbst wenn er sich zur Erreichung eines bestimmten Erfolges verpflichtet hat – im FuE-Bereich nicht in demselben Umfang haften soll wie ein gewöhnlicher Werkunternehmer. Das erhöhte Risiko, das der Auftragnehmer durch die Verpflichtung zur Erbringung einer Entwicklungsleistung mit dem Betreten technischen Neulandes eingeht, soll durch eine eingeschränkte Gewährleistungsverpflichtung abgemildert werden. Zudem beruht diese eingeschränkte Gewährleistungsverpflichtung auch darauf, dass der Auftragnehmer ein weitergehendes Risiko nicht in der Vergütung durch Zuschläge abdecken soll. Der Begrenzung der Gewährleistungsansprüche auf die Nachbesserung liegt u.a. die Erkenntnis zugrunde, dass nur der Auftragnehmer wegen seines vertieften Wissens über das Entwicklungsprojekt die Mängelbeseitigung durchführen kann.[295]

AGB-rechtlich ist diese Klausel nicht zu beanstanden, da es sich hierbei um eine für den Auftragnehmer als Vertragspartei des Verwenders gegenüber den gesetzlichen Regelungen begünstigende Klausel handelt. Der Verwender selbst hingegen kann nicht die Unwirksamkeit der Klausel aus § 307 herleiten. Zwar macht das Gesetz selbst keine Einschränkung, so dass die Rechtswidrigkeit an sich objektiv festzustellen wäre und der Verwender nur über § 242 BGB am Berufen auf die Rechtswidrigkeit gehindert sein könnte.[296] Die Rechtsprechung vertritt allerdings die Ansicht, dass der Verwender selbst die Unwirksamkeit nicht aus § 307 BGB herleiten kann.[297] Begründet wird dies mit dem Schutzzweck der AGB-Regelungen; diese sollen nur den Vertragspartner schützen, der wegen der Beeinträchtigung seiner Selbstbestimmung eines verstärkten Schutzes bedürfe.[298]

Bei einer werkvertraglichen Leistung ist § 3 Abs.2 somit AGB-rechtlich nicht zu beanstanden.

2. Bewertung bei Einordung der FuE-Leistung als dienstvertragliche Leistung

Sofern es sich um eine dienstvertragliche Leistung handelt, stellt die Gewährleistungsregelung eine Benachteiligung des Auftragnehmers in Form einer zusätzlichen Verpflichtung dar, denn Gewährleistungsverpflichtungen sind dem Dienstvertragsrecht fremd. Bei einer verschuldeten Pflichtverletzung kann nach dem Gesetz nur Schadensersatz gem. § 280 ff BGB verlangt werden. Fraglich ist, ob diese Regelung mit dem wesentlichen Grundgedanken der gesetzlichen Regelung zu vereinbaren ist. Unvereinbar wäre eine Abweichung, wenn dadurch in die rechtlich geschützten Interessen des Auftragnehmers in einem nicht unerheblichen Maß eingegriffen wird.[299]

Da im Dienstvertragsrecht nur ein Tätigwerden und kein Erfolg im Sinne eines bestimmten Ergebnisses geschuldet wird, widerspricht eine Gewährleistungsregelung auf den ersten Blick dieser Vorgabe, da der Auftragnehmer durch

---

295 Wolff: Aufträge der öffentlichen Hand über Entwicklungsprojekte in der Raumfahrt, S. 254.

296 von Bernuth, Wolf: Die Bindung des AGB-Verwenders an unwirksame Klauseln – Grund und Grenzen, BB 1999, S. 1284 (1287).

297 BGH NJW 1987, 837, 838.

298 BT-Drs. 7/3919 S. 23, Wolf/Lindacher/Pfeiffer: AGB-Recht, § 307, Rn. 1.

299 Palandt: § 307, Rn. 31.

eine Gewährleistungsregelung für eine bestimmte Beschaffenheit der Leistung bzw. für ein bestimmtes Ergebnis verschuldensunabhängig einstehen muss. Dadurch würde die Verpflichtung zu bloßen Tätigkeiten quasi durch die Hintertür doch zu einer Erfolgsverpflichtung erhoben werden. Wesentlicher Punkt hierbei ist die Übernahme der Gewähr für die Einhaltung der zugesicherten Eigenschaften, soweit diese im Vertrag als Mindestforderung besonders gekennzeichnet sind. Dies widerspricht auch auf den ersten Blick auch der in § 1 Abs. 1 ABEI enthaltenen Bemühensklausel, aus der hervorgeht, dass der Auftraggeber auch mit der Möglichkeit rechnet, dass die Entwicklung auch nicht zum gewünschten Erfolg führen kann. In diesem Fall gelten jedoch einige Besonderheiten: Die Gewährleistung ist im Vergleich zum Werkvertragsrecht stark eingeschränkt und beschränkt sich in Abs. 2 nur auf Entwicklungsmuster. Sofern die Entwicklungsarbeiten soweit fortgeschritten sind, dass ein Entwicklungsmuster (in der Regel ein Prototyp) gem. § 3 Abs. 1 dem Auftragnehmer vorgestellt und einer Güteprüfung unterzogen wird, soll der Auftragnehmer auch für die im Vertrag zugesicherten Eigenschaften die Gewähr übernehmen.[300]

Der Begriff der „ zugesicherten Eigenschaften" wird seit der Schuldrechtsreform nicht mehr im BGB verwendet. Dieser Begriff ist in der Garantie aufgegangen, die u.a. in §§ 276, 443 oder § 639 BGB Erwähnung findet.[301] Eine Garantie ist eine Vereinbarung, in welcher der Auftragnehmer verschuldensunabhängig die Gewähr dafür übernimmt, dass die Sache zur Zeit des Gefahrübergangs eine bestimmte Beschaffenheit aufweist (bzw. für eine bestimmte Dauer behält).[302] Offen bleibt an dieser Stelle, ob damit tatsächlich eine Garantie im rechtlichen Sinn beabsichtigt ist, oder ob es sich vielmehr um eine etwas ungeschickte Formulierung handelt, die lediglich festlegt, dass eine Gewährleistung für die in der Leistungsbeschreibung besonders gekennzeichneten Mindestforderungen übernommen werden soll.

Gem. § 3 Abs. 2 S. 2 ABEI richten sich die Gewährleistungsansprüche nur auf Nachbesserung richten[303] , so dass nach dem Wortlaut eine Schadensersatzpflicht in diesem Fall nicht besteht und so nicht entschieden werden muss, ob der Auftragnehmer verschuldensunabhängig für alle Schäden, die aus dem Fehlen der zugesicherten Eigenschaft resultieren, aufkommen muss oder nicht.

Entscheidend für die AGB-rechtliche Konformität ist die Tatsache, dass die Parteien individualvertraglich (in der Regel in der Leistungsbeschreibung) eine

300 vgl. auch Schneider: Betriebswirtschaftliche Probleme S. 31.
301 Palandt: § 634, Rn. 23.
302 Palandt: § 443 Rn. 3, § 639, Rn. 5.
303 vgl. Ullrich: Privatsrechtsfragen S. 210.

Zusicherung einzelner bestimmter Eigenschaften vereinbart haben. Der Auftragnehmer hat sich somit bewusst für eine Abweichung des bloßen dienstvertraglichen Tätigwerdens entschieden. Die anderen Gewährleistungsinhalte sind unproblematisch. So sind die Einhaltung der anerkannten Regeln der Technik sowie eine fachmännische und gute Ausführung der Arbeit Anforderungen, die auch im Rahmen eines Dienstvertrags gestellt werden. Da man § 3 Abs. 2 S.2 ABEI so interpretieren kann, dass Schadensersatzansprüche ausgeschlossen werden, kann diese Regelung in manchen Fällen sogar eine Verbesserung für den Auftragnehmer gegenüber dem gesetzlichen Dienstvertragsrecht darstellen.

Die Angemessenheitsprüfung ergibt also in diesem Fall, dass eine Gewährübernahme durchaus noch mit dem wesentlichen Grundgedanken des Dienstvertragsrechts vereinbar ist.

V. Inhaltskontrolle von § 12 Abs. 1, 2 ABEI

Wie bereits festgestellt[304], handelt es sich bei der Einräumung von Nutzungsrechten um eine lizenzvertragliche Regelung. Sie umfasst die Einräumung von Nutzungsrechten an sogenannten Neu- und Altrechten.

Hierbei kann diskutiert werden, inwiefern solche Rechteeinräumungen in AGB i.S.d. § 307 Abs. 3 Satz 1 BGB kontrollfrei sei mögen.

1. Argumente für eine Kontrollfreiheit gem. § 307 Abs. 3 S. 1 BGB

§ 307 Abs. 3 S. 1 BGB beschränkt die Inhaltskontrolle auf Klauseln, die von Rechtsvorschriften abweichen oder diese ergänzen. Durch die AGB-rechtliche Inhaltskontrolle „soll weder eine Kontrolle der Preise oder Leistungsangebote ermöglicht, noch sollen Vorschriften anderer Gesetze modifiziert werden".[305] Leistungsbeschreibungen, d.h. Vertragsbedingungen, die Art, Inhalt und Umfang der zu erbringenden Leistung oder Gegenleistung festlegen,[306] sind damit nicht Gegenstand der Inhaltskontrolle.[307] Somit würden im Lizenzvertragsrecht die Vereinbarungen über die zur Nutzung überlassenen Schutzrechte und das Know-how des Lizenzgebers sowie über die vom Lizenznehmer zu zahlende Lizenzgebühr zu den nach § 307 Abs. 3 BGB kontrollfreien Regelungen zählen.

304 Kapitel 1 § 3 C) II.

305 Begr. RegE BT-Drucks 7/3919 S. 22 (zu § 6 des Entwurfs).

306 Ulmer/BrandnerHensen: AGB-Recht , § 307, Rn. 14.

307 Wolf/Lindacher/Pfeifer: AGB-Recht, § 307, Rn. 292.

Da es im Lizenzvertragsrecht weder einen gesetzlich[308] noch vertragstypologisch vorgegebenen Mindestumfang für Lizenzgegenstände gibt, sind Regelungen, die den näheren Umfang der Lizenzeinräumung festlegen, ebenfalls kontrollfrei. Hierzu gehören insbesondere Regelungen über eine ausschließliche oder nicht-ausschließliche Lizenzeinräumung, über den Umfang der Benutzungshandlungen und Verwendungsarten.[309]

Sofern man annimmt, dass es sich bei den Regelungen zur Rechteverteilung in einem FuE-Vertrag um Hauptpflichten handelt, da ohne das entsprechende Know-how und die relevanten Rechte das ultimative Vertragsziel der Nutzung von FuE-Ergebnissen nicht erreicht werden kann,[310] könnte man ebenfalls zu dem Ergebnis einer kontrollfreien Abrede gem. § 307 Abs. 3 BGB kommen.[311]

Für mögliche Korrekturen verbleibt dann immer noch die Annahme einer überraschenden Klausel gem. § 305 c BGB oder einer intransparenten Klausel gem. § 307 Abs. 1 S. 2 BGB, wofür im konkreten Fall keine Anhaltspunkte bestehen.

2. *Argumente gegen eine Kontrollfreiheit gem. § 307 Abs. 3 S. 1. BGB*

Ein wichtiger Umstand, welcher bei der Bewertung nicht außer Acht gelassen werden darf ist, dass es sich hier nicht um einen üblichen Lizenzvertrag handelt, in dessen Rahmen die Einräumung von Rechten gegen Vergütung zur Verfügung gestellt wird, sondern dass die Rechteeinräumung im Rahmen eines FuE-Vertrags erfolgt und deshalb nicht völlig isoliert betrachtet werden kann. Wie unter Kapitel 1 § 3 A. gezeigt, handelt es sich bei einem FuE-Vertrag um einen atypischen Vertrag. Wesentlich für die Annahme der Kontrollfähigkeit ist dabei vor allem, ob man die Rechteeinräumung im Rahmen eines FuE-Vertrags überhaupt als Hauptpflicht einordnen kann. Dagegen könnte man argumentieren, dass bei

---

308 Weder im Urheberrechtsgesetz noch im Patentgesetz finden sich Bestimmungen, die eine Nutzungsrechteübertragung über einen bestimmten Umfang hinaus für unzulässig erklären. Zwar sollen nach Konzeption des Urheber- und Patentrechts (vgl. z.B. § 9 PatG oder § 31 Abs. 1 UrhG) die Rechte an den Ergebnissen möglichst beim Urheber/Patentinhaber verbleiben. Dies lässt aber nur die Folgerung zu, dass die Rechte jeweils ausdrücklich übertragen werden müssen. So sieht gerade § 15 Abs. 2 PatG vor, dass die Rechte nach Abs. 1 Gegenstand von ausschließlichen bzw. nichtausschließlichen Rechten sein können, vgl. Benkard: Patentgesetz, § 15 Rn. 26.

309 Ulmer/BrandnerHensen: AGB-Recht, S. 1437 Bes. Vertragstypen Rn. 4, Wolf/Lindacher/Pfeifer: AGB-Recht, Klauseln Lizenzverträge, S. 1635, L 223, §307 Rn. 295.

310 Lempe: Kartografierung, S. 96.

311 Ulmer/Brandner./Hensen: AGB-Recht, § 305 Rn. 7.

FuE-Verträgen die Hauptleistung in der Erbringung der vereinbarten FuE-Leistungen liegt und die Rechteeinräumung nur eine Möglichkeit der Ergebnisverschaffung darstellt. Dies zeigt sich u.a. darin, dass die Lizenzeinräumung nicht gesondert vergütet wird, sondern mit Zahlung der Vergütung für die Erbringung der FuE-Leistung in der Regel die gesamten vom Auftragnehmer zu erbringenden Leistungen abgegolten sind.

Da in diesem Fall die Rechteinräumungsklauseln keinem gesetzlich normierten Vertragstypus eindeutig zugeordnet werden können, stellen diese AGB-Bestimmungen „Rechtsvorschriften… ergänzende Regelungen" im Sinne des § 307 Abs. 3 BGB dar, welche insbesondere an § 307 Abs. 2 BGB zu messen sind.

Als mögliches gesetzliches Leitbild gem. § 307 Abs. 2 Nr. 1 BGB könnte dabei die in § 31 Abs. 5 UrhG verankerte Zweckübertragungslehre in Betracht gezogen werden. Dieser im Immaterialgüterrecht geltende Zweckübertragungsgrundsatz besagt, dass im Zweifel nur insoweit eine Verfügung durch den Rechtinhaber vorliegt, als dies zur Erreichung des schuldrechtlich festgelegten Zwecks unbedingt erforderlich ist[312]. Der Umfang des Nutzungsrechts wird durch den mit der Einräumung verfolgten Zweck bestimmt, wenn bei der Einräumung des Nutzungsrechtes die Nutzungsarten, auf die sich das Recht erstrecken soll, nicht einzeln bezeichnet sind.

In der bisherigen Rechtsprechung und in Teilen der Literatur wird davon ausgegangen, dass der Zweckübertragungsgrundsatz nur eine Auslegungsregel darstellt und dass diesem keine Leitbildfunktion zukommt.[313] Dagegen wird in einem Großteil der Literatur die Ansicht vertreten, dass der Gedanke des § 31 Abs. 5 UrhG im Rahmen der Inhaltskontrolle als gesetzliches Leitbild zu berücksichtigen ist.[314] Auch die neuere unterinstanzliche Rechtsprechung schließt sich mittlerweile dieser Auffassung an.[315] Eine tiefere Auseinandersetzung mit dem Thema unterbleibt allerdings an der Stelle, da sich die gesichteten Entscheidungen bzw. Literatur zu der Frage ob § 31 Abs. UrhG als gesetzliches Leitbild i.S.v. 307 Abs. 2 Nr. 1 BGB dienen kann, nur auf rein urheberrechtliche Kreativverträge zwischen Urhebern und Verwertungsgesellschaften Verlagen, Filmherstellen,

312 Benkard: Patentgesetz, § 15, Rn. 26.

313 Solmecke, Christian: Wirksamkeit der Nutzungsbedingungen in sozialen Netzen, MMR 2012, 71 (72), BGH GRUR 1984, 45.

314 Solmecke: Wirksamkeit der Nutzungsbedingungen in sozialen Netzen, 71 (72), Nordemann in: Loewenheim, Ulrich: Handbuch des Urheberrechts, 2. Auflage 2010., § 60 Rn. 18b, Grunert in: Wandtke, Artur-Axel: Praxiskommentar zum Urheberrecht, 4. neu bearbeitete Auflage, München 2014, § 31 Rn. 40.

315 OLG Hamburg, GRUR-RR 2011, 294.

Bildagenturen etc beziehen und die Verfasserin es vorzieht, für den Vertragstyp des Forschungs- und Entwicklungsvertrags ein eigenes „Leitbild" i.S.d. § 307 Abs. 2 Nr. 2 BGB zu entwickeln.

Bei sehr weitgehenden Rechteeinräumungsklauseln könnte bei FuE-Verträgen eine unangemessene Benachteiligung des Auftragnehmers gem. § 307 Abs. 2 Nr. 2 BGB vorliegen, wenn wesentliche Rechte und Pflichten, die sich aus der Natur des Vertrags ergeben, so eingeschränkt werden, dass die Erreichung des Vertragszwecks gefährdet ist.

Dass es sich bei der Regelung über eine Nutzungsrechteeinräumung um sog. „wesentliche Rechte und Pflichten" i.S.v. § 307 Abs. 2 Nr. 2 BGB handelt, ist dabei kaum von der Hand zu weisen. Zu den wesentlichen Rechten und Pflichten gehören neben den Hauptleistungspflichten auch vertragliche Neben- und Schutzpflichten, sofern sie von grundlegender Bedeutung für den Kunden sind. Dies ist dann der Fall, wenn sie einen engen Bezug zur Hauptleistung haben – etwa als notwendige Voraussetzung oder Ergänzung.[316] Ohne sich darauf festzulegen, welche der Alternativen nun einschlägig ist, kann dies bei einer Nutzungsrechteregelung im Rahmen eines FuE-Vertrags, die den Umfang der Ergebnisnutzung für den Auftraggeber festlegt, in jedem Fall bejaht werden.

In diesen Fällen ist als Maßstab für die Inhaltskontrolle das „Leitbild" einer angemessenen Regelung aus den geschäftstypischen Gerechtigkeitserwartungen des Rechtsverkehrs unter Berücksichtigung von Zweck und Natur des Vertrages zu ermitteln.[317] Im Rahmen eines FuE-Vertrags kann man erwarten, dass ein Auftraggeber, der die FuE-Leistungen in der Regel voll vergütet, die Ergebnisse der FuE-Arbeiten nutzen kann. Das bedeutet, dass dieser zumindest ein nichtausschließliches Nutzungsrecht an den Ergebnissen erhalten muss. Sofern in den Ergebnissen Altrechte enthalten sind, muss der Auftraggeber in der Regel auch ein nichtausschließliches Recht daran erhalten, da er andernfalls die Entwicklungsergebnisse nicht nutzen kann. Da es sich um einen öffentlichen Auftraggeber handelt, der grundsätzlich nicht selbst fertigt, kann dieser auch über die Möglichkeit verfügen, Dritten die Nutzung der Ergebnisse für seine Zwecke einzuräumen.

Diesen Maßstäben entsprechen auch die Regelungen des § 12 ABEI, so dass diese den Auftragnehmer nicht unangemessen benachteiligen würden.

---

316 Ulmer/BrandnerHensen: AGB-Recht, § 307 Rn 248/249, Staudinger: Kommentar zum BGB, § 307, Rn. 273, Palandt: § 307 Rn. 35.

317 Ulmer/Brandner/Hensen: AGB-Recht, § 307, Rn. 20.

3. *Stellungnahme*

Obwohl, wie unter 1. gezeigt, sehr schlüssige Gründe gegen eine Kontrollfähigkeit der Klausel sprechen, bevorzugt die Verfasserin die Annahme einer Kontrollfähigkeit der Nutzungsrechteklauseln gem. Ziffer 2. Neben den darin bereits genannten Argumenten spricht vor allem dafür, dass es sich bei den Regelungen zur Rechteverteilung nicht um essentialia negotii eines FuE-Vertrags handelt. Die essentialia negotii sind der Leistungskern, der ohne die Vereinbarung der Parteien nicht bestimmt werden kann und für den auch im Wege der Rechtsfortbildung keine verallgemeinerungsfähigen Rechtsregeln gefunden werden, um ihn bestimmen zu können. Kontrollfrei wären damit die Regelungen, die den Vertrag überhaupt erst konstituieren. Kontrollfähig sind dahingegen die aus diesem Vertragskern resultierenden Pflichten, die dem Vertrag immanent sind und auch ohne Parteivereinbarung bestimmt werden können, z. B. durch Gesetz, Rechtsprechung oder Heranziehung der Verkehrserwartung oder der typischen Besonderheiten des konkreten Vertrags.[318] Wie bereits unter Kapitel 4 § 1 C. I. dargestellt, wird im Rahmen eines FuE-Vertrags bei einer fehlenden Regelung über den Umfang der Rechtseinräumung eine Vertragsauslegung durchgeführt, die dabei insbesondere auf den Zweck der Vereinbarung abstellt. Bei einem FuE-Vertrag handelt es sich somit bei den Regelungen zur Rechteverteilung nicht um essentialia negotii und dieser ist gem. § 307 Abs. 3 BGB nicht kontrollfrei.

Selbst wenn man davon ausgehen würde, dass es sich bei der Regelung zur Rechteverteilung um Hauptleistungspflichten handelt, führt dies zu keinem anderen Ergebnis. Eine pauschale Annahme der Kontrollfreiheit von Hauptleistungspflichten erscheint nämlich im Hinblick darauf problematisch, dass sich auch für Hauptleistungspflichten gesetzliche Regelungen finden, die im Falle einer fehlenden Vertragsbestimmung greifen würden, z. B. die Instandhaltungspflicht des Vermieters gem. § 535 Abs. 1 S. 2 BGB[319]. Bei Modifikationen hiervon sind daher die Voraussetzungen einer Inhaltskontrolle gegeben, weil hier von Rechtsvorschriften abweichende bzw. diese ergänzende Regelungen im Sinne des § 307 Abs. 3 BGB vorliegen. Die Kontrollfreiheit kann somit nur für solche Hauptleistungspflichten gelten, die das gesamte Rechtsverhältnis erst begründen und die ohne vertragliche Regelung von niemandem spezifiziert werden können.[320] Unter Kapitel 4 § 1 C. I. wurde gezeigt, dass dies bei Regelungen zur

318 Koch: Haftungsfreizeichung, S. 167.

319 Palandt: § 535, Rn. 30.

320 Koch: Haftungsfreizeichung, S. 167.

Rechteverteilung nicht der Fall ist, so dass diese selbst bei Annahme einer Hauptleistungspflicht kontrollfähig i.S.v. § 307 BGB sind.

VI. Inhaltskontrolle von § 19 ABEI

§ 19 Abs. 1 ABEI sieht die Möglichkeit der Vereinbarung eines außerordentlichen Kündigungsrechts für den Auftraggeber vor, welches keines Grundes bedarf. In Abs. 2–8 sind die Kündigungsfolgen, insbesondere der Umfang der Restabgeltung, geregelt.

Sofern man davon ausgeht, dass die der ABEI zugrundeliegende FuE-Leistung entweder eine werk- oder dienstvertragliche Leistung darstellt, beurteilt sich die AGB-rechtliche Zulässigkeit nach § 307 Abs. 2 Nr. 1 BGB, da für beide Vertragsarten ein gesetzliches Leitbild existiert.

Als Orientierungshilfe könnte die Wertung der Klausel § 308 Nr. 3 BGB dienen, wonach die Vereinbarung eines Rechtes des Verwenders, sich ohne sachlich gerechtfertigten und im Vertrag angegebenen Grund von seiner Leistungspflicht zu lösen, in Allgemeinen Geschäftsbedingungen unwirksam ist. Der Wortlaut dieses Klauselverbot ist jedoch aus zwei Gründen nicht einschlägig: § 19 I ABEI selbst stellt klar, dass es den Parteien im Einzelvertrag obliegt, ein solches Kündigungsrecht zu vereinbaren oder nicht und legt in Abs. 2–8 nur die Rechtsfolgen bei Vereinbarung eines solchen Kündigungsrechts fest. Zum anderen spricht § 308 Nr. 3 BGB zwar von einem Lösungsrecht, worunter auch das Recht zur Kündigung fallen kann[321], allerdings soll nur dann von diesem ausgegangen werden, wenn die Klausel die Möglichkeit eröffnet, dass die Hauptleistungspflicht des Verwenders zumindest für die Zukunft gänzlich und ersatzlos entfällt.[322] Bei dem in § 19 ABEI geregelten Kündigungsrecht ist das ja gerade nicht der Fall – hier wird die noch zu leistende Zahlung seitens des Auftraggebers in Abs. 2–8 bestimmt.

Auch die Wertung des Klauselverbots des § 308 Nr. 7 BGB kann hier nicht als Orientierungshilfe dienen. Gem. § 308 Nr. 7 BGB ist eine Bestimmung, nach welcher der Verwender für den Fall, dass eine Vertragspartei den Vertrag kündigt, eine unangemessen hohe Vergütung für die Nutzung oder für erbrachte Leistungen oder einen unangemessen hohen Ersatz von Aufwendungen verlangen kann, unwirksam. Hier geht es jedoch nicht um eine Vergütung oder einen Aufwendungsersatz für den öffentlichen Auftraggeber als Verwender, sondern um eine Abgeltungsregelung für den Auftragnehmer. Die Vorschrift findet vor allem dann Anwendung, wenn die AGB's typischerweise vom Auftragnehmer gestellt werden.

---

321 Palandt: § 308, Rn. 16.

322 Wolf/Lindacher/Pfeiffer: AGB-Recht, § 308, Rn. 14.

Die AGB-rechtliche Wirksamkeit ist somit ohne die Wertungen der §§ 308 und 309 BGB als Orientierungshilfe an § 307 II Nr. 1 BGB zu messen.

Hierbei ist zuerst zwischen werk- und dienstvertraglicher Leistung zu unterscheiden, da auch die jeweiligen gesetzlichen Regelungen als Leitbilder unterschiedlich ausgestaltet sind.

1. Bewertung bei Einordnung der FuE-Leistung als werkvertragliche Leistung

§ 649 BGB gewährt dem Besteller ein jederzeitiges Kündigungsrecht und dem Auftragnehmer in diesem Fall einen Anspruch auf die vereinbarte Vergütung, auf die der Unternehmer sich Ersparnisse und anderweitige Erwerbsmöglichkeiten anrechnen lassen muss. Diese Vorschrift stellt einen der Inhaltskontrolle zugrunde zu legenden Maßstab für die Feststellung der angemessenen Höhe der Vergütung im Kündigungsfall dar.

§ 19 Abs. 1 ABEI eröffnet ebenfalls die Möglichkeit einer Vereinbarung eines jederzeitigen, außerordentlichen Kündigungsrechts ohne wichtigen Grund zugunsten des Auftraggebers. Die entsprechende zentrale Regelung in § 19 Abs. 4 ABEI spricht dem Auftragnehmer die Erstattung aller durch den Auftrag bedingten unvermeidbaren Kosten zuzüglich des auf die zu erstattenden Kosten entfallenden anteiligen Gewinns zu; der zu erstattende Betrag ist auf die Höhe der ursprünglich vereinbarten Vergütung begrenzt. Ein wesentlicher Unterschied ist allerdings die Verteilung der Darlegungs- und Beweislast im Rahmen der unterschiedlichen Ansätze: im Rahmen der gesetzlichen Regelung trägt der Auftraggeber die Darlegungs- und Beweislast für die Abzüge gem. S. 2 Hs2, bei Anwendung von § 19 ABEI trägt der Auftragnehmer gem. Abs. 5 die Beweislast für die Tatsachen, welche die geltend gemachten Forderungen begründen.[323] Sofern die gesetzliche Regelung greift, hat der Auftragnehmer grundsätzlich den vollen Anspruch auf die vereinbarte Vergütung, sofern der Auftraggeber keine Abzüge gem. S.2 Hs2 nachweisen kann; im Rahmen des § 19 ABEI erhält der Auftragnehmer nur die Kosten (zzgl. Gewinnanteil) erstattet, die er auch nachweisen kann. Bei Anwendung der gesetzlichen Regelung wird der Auftragnehmer normalerweise eine höhere Abgeltung – bestenfalls die vollständige vereinbarte Vergütung – erhalten als bei § 19 ABEI.

Zu bedenken ist hierbei auch, dass für die Ausübung des Kündigungsrechts kein Verschulden des Auftragnehmers erforderlich ist und hier neben dem zusätzlichen, nicht unbeträchtlichen Aufwand der Geltendmachung der unvermeidlichen Kosten auch das Risiko trägt, dass ihm die Nachweisführung nicht immer gelingt.

---

323 Palandt: § 649, Rn. 11.

Allerdings ist die Situation im Rahmen eines FuE-Vertrags auch für den Auftraggeber eine andere als bei einem gewöhnlichen Werkvertrag: so ist die Erreichbarkeit des Erfolges zu Beginn eines FuE-Vorhabens oftmals ungewiss, so dass der Auftraggeber der zunehmenden Erkennbarkeit des Nichterfolgs mit einer außerordentlichen Kündigung begegnen will. Dies wird oftmals auch für die Auftragnehmer die günstigere Alternative sein, da er üblicherweise im Rahmen eines Werkvertrags für die Erreichung des Erfolges haftet und der Auftraggeber wahlweise auch anderweitige Gewährleistungsrechte geltend machen könnte.

Zudem ist das außerordentliche Kündigungsrecht mit seiner in Abs. 4 geregelten Restabgeltung kein fester Bestandteil eines der ABEI zugrundeliegenden Vertrags sondern steht gem. Abs. 1 unter dem Vorbehalt einer individualvertraglichen Vereinbarung.

Eine Interessenabwägung kommt damit zu dem Ergebnis, dass § 19 Abs. 4 ABEI gegenüber der werkvertraglichen Regelung eine Verschlechterung für den Auftragnehmer bedeutet, aber noch mit den wesentlichen Grundgedanken von § 649 BGB vereinbar ist, da ein nicht unerheblicher Eingriff in die rechtlich geschützten Interessen des Auftragnehmers zu verneinen ist. Insbesondere besteht nach wie vor die Möglichkeit – wenn auch erschwert – alle im Zusammenhang mit der Auftragsausführung entstehenden unvermeidlichen Kosten zuzüglich Gewinn geltend zu machen.

Die Regelungen in Abs. 8, worin die Erfordernisse von Kündigungsvereinbarungen mit den Unterauftragnehmern geregelt sind, sind grundsätzlich nicht zu beanstanden. Insbesondere bei größeren Entwicklungsvorhaben kann das Risiko der Abgeltung unvermeidlicher Kosten dadurch minimiert werden, dass dem Auftragnehmer auferlegt wird, entsprechende Kündigungsvereinbarungen mit den Unterauftragnehmern herbeizuführen. Im vorliegenden Fall wird insbesondere nur eine Hinweispflicht generiert bzw. ein Bemühen gefordert und auf die wesentlichen Unterauftragnehmer bzw. die im Vertrag benannten Unterauftragnehmer beschränkt, so dass auch von einer sachgerechten Lösung ausgegangen werden kann.

Unverständlich ist allerdings die Regelung in Abs. 2 S. 1, wonach der Auftraggeber die auf Grund des Vertrages abgeschlossenen Unterverträge unverzüglich zu beenden hat. Ohne besondere Umstände wie z.B. einer wesentlichen Pflichtverletzung, werden diese nur bei Vereinbarung eines entsprechenden Kündigungsrechts beendet werden können. Wie aber in Abs. 8 festgestellt, besteht gerade in diesem Fall keine dahingehende Verpflichtung, alle Unterverträge mit einem entsprechenden Kündigungsrecht abzuschließen. Eine „unverzügliche" Beendigung wird somit also in den seltensten Fällen möglich sein.

Auch wenn man „unverzüglich" i.S.v. § 121 BGB als „ohne schuldhaftes Zögern" versteht und auf die subjektive Zumutbarkeit abstellt, wird § 19 Abs. 2 S. 1 ABEI als unklare Regelung gegen das in § 307 Abs. 1 S. 2 BGB niedergelegte Transparenzgebot verstoßen. Danach kann sich eine unangemessene Benachteiligung auch aus der Unklarheit oder Undurchschaubarkeit der AGB ergeben. Ein aufmerksamer und sorgfältiger Teilnehmer am Wirtschaftsverkehr[324] wird nach Durchsicht der Klausel nicht wissen, ob daraus die Pflicht zur Vereinbarung eines entsprechenden außerordentlichen Kündigungsrechts mit allen Unterauftragnehmern abzuleiten ist. Denn während in Abs. 2 S.2 zumindest das Wort „anstreben" verwendet wird, ist S.1 als Pflicht ausgestaltet („hat [...] zu beenden").

Somit benachteiligt § 19 Abs. 2 S.1 ABEI den Auftragnehmer unangemessen und ist unwirksam. Die Rechtsfolgen richten sich nach § 306 BGB. Da es sich bei Abs. 2 S. 1 und S. 2 um teilbare Klauseln handelt, die sprachlich bzw. inhaltlich abgetrennt werden können, bleibt S. 2 wirksam. Der Inhalt des Vertrages richtet sich gem. § 306 Abs. 2 BGB nach den gesetzlichen Vorschriften. Da die gesetzlichen Vorschriften keine Regelungen für Unteraufträge im Fall der vorzeitigen Beendigung des Hauptvertrags vorsehen, fällt die Regelung ersatzlos weg.[325] Dies ist auch interessengerecht, da in Abs. 8 bereits Grundsätze für die Vereinbarungen mit Unterauftragnehmern in dem Fall aufgestellt wurden.

Im Ergebnis ist somit festzuhalten, dass § 19 ABEI – mit Ausnahme von Abs. 2 S. 1, welcher gegen das in § 307 Abs. 1, S. 2 BGB niedergelegte Transparenzgebot verstößt – bei werkvertraglichen Leistungen AGB-konform ist.

2. Bewertung bei Einordnung der FuE-Leistung als dienstvertragliche Leistung

Eine mit § 649 BGB vergleichbare Regelung gibt es im Dienstvertragsrecht nicht. Hier gilt grundsätzlich § 620 BGB, wonach das Dienstverhältnis mit dem Ablauf der Zeit, für die es eingegangen wurde, endet. Sofern weder die Dauer des Dienstverhältnisses bestimmt ist, noch aus der Beschaffenheit der Dienste entnommen werden kann, kann nach §§ 621–623 BGB gekündigt werden. Bei FuE-Verträgen wird in der Regel ein bestimmter Leistungsumfang in einem bestimmten Zeitrahmen geschuldet und sind diese auch erst nach Abarbeitung des Leistungsumfanges beendet. Eine ordentliche Kündigung ist hierbei gesetzlich nicht vorgesehen.

324 Palandt: § 307, Rn. 23.

325 Palandt: § 307, Rn. 12.

Eine außerordentliche Kündigung aus wichtigem Grund kann nur nach den Maßgaben der §§ 626, 627 BGB erfolgen.

Zwar ist im Dienstvertragsrecht – im Gegensatz zu den werkvertraglichen Vorschriften – kein außerordentliches Kündigungsrecht ohne wichtigen Grund vorgesehen. Die Interessenabwägung ergibt jedoch, dass der Auftraggeber bei längerfristigen FuE-Vorhaben durchaus ein Interesse haben kann, den Vertrag vorzeitig zu beenden, da sich z.B. durch die schnelle technische Entwicklung die beauftragte Entwicklung überholt haben kann, der Entwicklungsgegenstand zwischenzeitlich durch Dritte entwickelt und entsprechend geschützt worden ist oder wenn der Auftraggeber erkennt, dass das Vertragsziel nicht mehr erreichbar ist. Der Auftraggeber hat aber durch die Regelung auch das Recht zu kündigen, wenn aus seiner Sicht das wirtschaftliche Risiko nicht mehr vertretbar erscheint. Im letzteren Fall wälzt dieser sein eigenes Planungsrisiko auf den Auftragnehmer ab, während der Auftraggeber in den erstgenannten Fällen nur die Gleichstellung seines Ausfallrisikos mit dem anstrebt, welches der Auftragnehmer auch bei eigener Forschung und Entwicklung zu tragen hätte.[326]

Auf der anderen Seite wird in der Praxis die Kündigungsentscheidung selbst in der Regel erst bei fortgeschrittenem Vertragsvollzug in Erwägung gezogen. Dann sind oftmals bereits wesentliche, mit Gewinnanteilen belegte Vertragsleistungen erbracht worden und das Risiko des Auftragnehmers wurde entsprechend vermindert.[327] Sofern es sich um Selbstkostenerstattungsverträge handelt kann das Kündigungsrecht zudem als Mittel der erforderlichen Risikobegrenzung betrachtet werden, da deren Lasten andernfalls ins Uferlose gehen können.[328]

Da vor allem § 19 Abs. 1 ABEI die Anwendung der § 19 Abs. 2- 9 ABEI von der einzelvertraglichen Vereinbarung eines solchen Kündigungsrechts abhängig macht und so gesehen nur die Rechtsfolgen im Falle einer Kündigung regelt, stellt die Möglichkeit der Einräumung eines solchen Kündigungsrechts noch keine unangemessene Benachteiligung des Auftragnehmers i.S.v. § 307 Abs. 2 Nr. 1 BGB dar. Zum Umfang der Restabgeltung sei auf die Ausführungen bei werkvertraglichen Leistungen verwiesen.

Resümierend lässt sich festhalten, dass § 19 ABEI mit Ausnahme von Abs. 2 S.1 den Auftragnehmer bei werk- oder dienstvertraglichen FuE-Leistungen nicht unangemessen benachteiligt.

---

326 Ullrich: Privatrechtsfragen, S. 213.

327 Ullrich: Privatrechtsfragen, S. 196.

328 Meierrose: Grundsätze für Verhandlungen über Entwicklungsaufträge, in: Jahrbuch des Postwesens, Neunter Jahrgang 1959, S. 348 ff, S. 420.

6. Kapitel: Umsetzung der ABEI 2005 in der Praxis und Erfahrungen der Industrieseite

§1 Durchführung einer Umfrage zur Erfahrung der Industrieseite beim Umgang mit der ABEI in der Praxis

A. Rahmenbedingungen

Der von der Verfasserin erstellte Fragebogen wurde von Januar bis März 2013 an diverse Unternehmen in Deutschland verschickt, die aus Sicht der Verfasserin als mögliche Auftragnehmer von wehrtechnischen Aufträgen in Frage gekommen sind.

Der Fragebogen wurde sowohl per Email als auch postalisch übermittelt. Die Unternehmen hatten zudem die Möglichkeit, den Fragebogen online anonymisiert zu bearbeiten.

14 Unternehmen haben an der Umfrage teilgenommen. Sieben dieser Unternehmen beschäftigen mehr als 2000 Mitarbeiter, fünf davon zwischen 500 bis 2000; die anderen beiden zwischen 50 bis 200 Mitarbeiter.

Die Unternehmen sind nach eigenen Angaben insbesondere in der Sicherheits- und Verteidigungsindustrie, Metallindustrie, Luft- und Raumfahrt, Elektro- und Kommunikationstechnik und im Flugzeugstriebwerksbau tätig.

Die Bearbeiter des Fragebogens selbst arbeiten vor allem in der Rechtsabteilung (acht Teilnehmer) oder in einer kaufmännischen Abteilung bzw. im Contract Managment (fünf Teilnehmer).

In den letzten drei Jahren haben 7 der 14 befragten Unternehmen mehr als 10 Verträge mit dem öffentlichen Auftraggeber (öAG) abgeschlossen, in denen die ABEI zur Anwendung kam. Sechs weitere Teilnehmer haben jeweils zwischen einem und zehn Verträge mit dem öAG geschlossen, in denen die ABEI zur Anwendung kam.

Das Auftragsvolumen dieser Verträge war durchaus beachtlich, elf der Befragten gaben an, dass das Auftragsvolumen mehr als 250.000 Euro betrug, fünf Befragte gaben immerhin noch einen Betrag zwischen 50.000 und 250.000 Euro an.[329]

---

329 Mehrfachnennungen waren bei dieser Frage möglich.

B. Inhaltliche Fragen zur ABEI

I. Sind die Bedingungen der ABEI im Verhältnis zwischen der Industrie nach Ihrer Auffassung ausgewogen oder zugunsten einer Partei ausgestaltet?

Abbildung 1: Auswertung der Frage 6 aus der Umfrage zur Erfahrung der Industrieseite beim Umgang mit der ABEI in der Praxis.

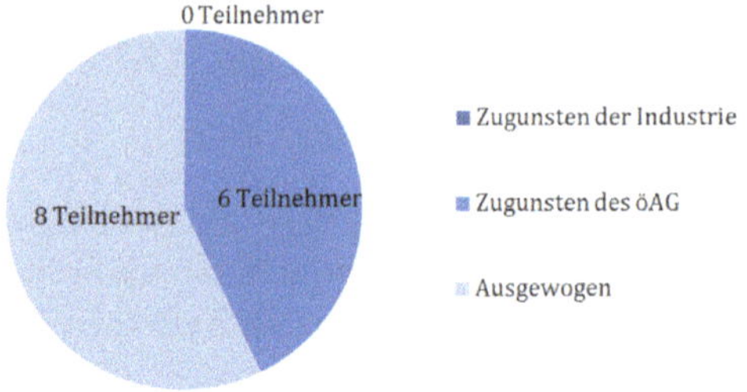

Optional konnten die Befragten eine Begründung für Ihre Entscheidung anführen, was von 5 Teilnehmern in Anspruch genommen wurde. Die Teilnehmer, die sich für „ausgewogen" entschieden hatten, bemerkten allerdings, dass zwar die ABEI selbst ausgewogen sei, der öAG diese aber regelmäßig zu seinen Gunsten modifiziere. Bei der Begründung „zugunsten des öAG" wurde die Rechteregelung insbesondere zu den Altrechten angeführt.

II. Wendet der öAG die Bedingungen der ABEI auch auf andere Verträge als Entwicklungsverträge an?

Abbildung 2: Auswertung der Frage 7 aus der Umfrage zur Erfahrung der Industrieseite beim Umgang mit der ABEI in der Praxis.

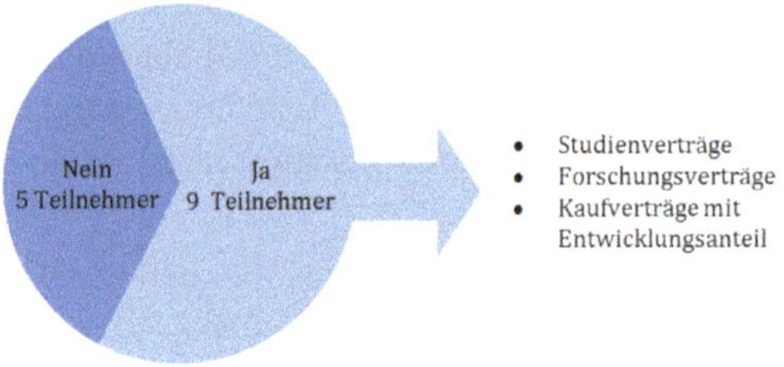

III. Auf welche Vergütungsregelung konnten Sie sich überwiegend mit dem öAG einigen?

Sofern ein Selbstkostenerstattungspreis vereinbart wurde: Wurde dabei der § 5 Abs. 5 ABEI (Möglichkeit der Erhöhung der Obergrenze bei nach oben begrenzten Selbstkostenerstattungspreisen) vom öAG von vornherein ausgeschlossen?

Abbildung 3: Auswertung der Fragen 8 und 9 aus der Umfrage zur Erfahrung der Industrieseite beim Umgang mit der ABEI in der Praxis.

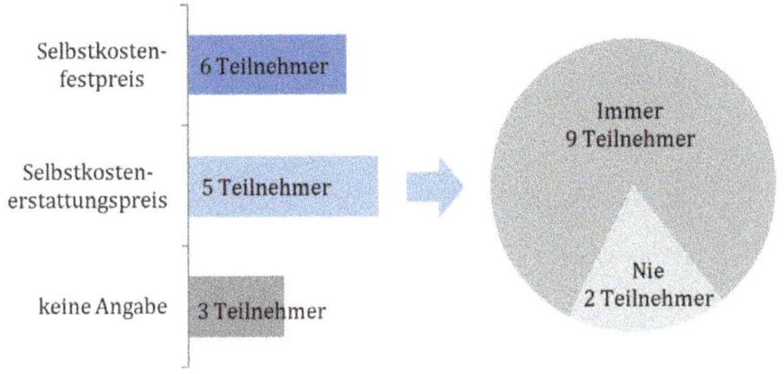

IV. Hatten Sie die Möglichkeit im Rahmen von Verhandlungen mit dem öAG die Regelungen der ABEI abzuändern?

Abbildung 4: Auswertung der Frage 10 aus der Umfrage zur Erfahrung der Industrieseite beim Umgang mit der ABEI in der Praxis.

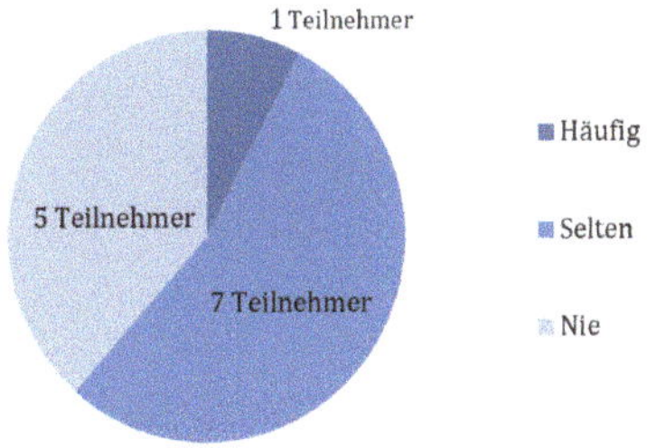

Fast alle Teilnehmer gaben an, dass sie in Verhandlungen mit dem öAG selten bis nie eine Änderung der ABEI durchsetzen konnten. Auf die optionale Nachfrage, welche Bedingungen abgeändert werden konnten, wurde relativ oft (bei vier von insgesamt fünf Antworten) das Thema IPR/ Nutzungsrechte genannt.

V. Wurden auf Initiative des öAG Bedingungen der ABEI abgeändert und abweichend vertraglich vereinbart? Falls Bedingungen abgeändert werden konnten, welche waren dies und inwiefern wurden diese abgeändert?

Abbildung 5: Auswertung der Frage 11 aus der Umfrage zur Erfahrung der Industrieseite beim Umgang mit der ABEI in der Praxis.

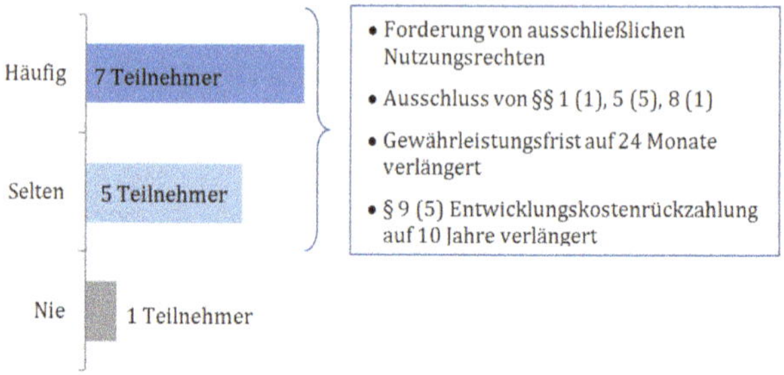

VI. Wurde § 1 Abs. 1 ABEI, wonach der Auftragnehmer bereits seinen Verpflichtungen nachkommt, wenn er sich nach besten Kräften bemüht, das bestmögliche Ergebnis zu erzielen, vom öAG von vornherein ausgeschlossen?

Abbildung 6: Auswertung der Frage 12 aus der Umfrage zur Erfahrung der Industrieseite beim Umgang mit der ABEI in der Praxis.

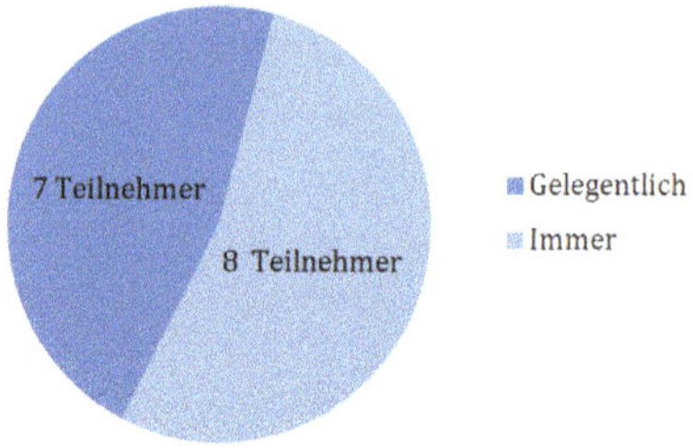

VII. Gibt es Bedingungen, die sich insbesondere in der Praxis als unpraktikabel, unklar oder in anderer Form als problematisch erwiesen haben?

Abbildung 7: Auswertung der Frage 13 aus der Umfrage zur Erfahrung der Industrieseite beim Umgang mit der ABEI in der Praxis.

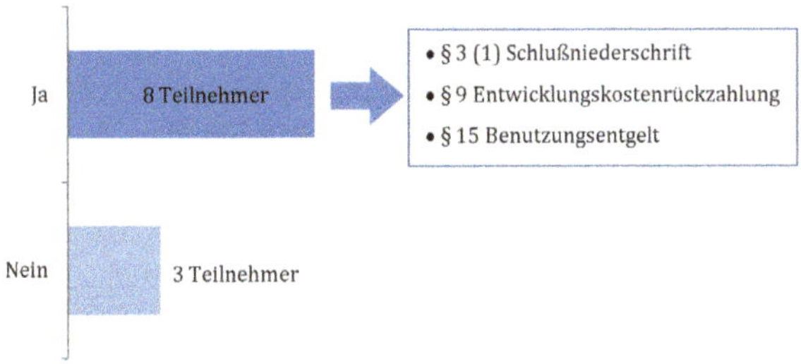

VIII. Welche Bedingungen sollten nach Ihrer Auffassung bei der ABEI überarbeitet werden? (Mehrfachnennungen möglich)

Bedingungen	**Teilnehmerzahl**
Regelung zu Benutzungsrechten und Benutzungsentgelt	9
Rückzahlung von Entwicklungskosten	7
Regelung zur Durchführung der Entwicklungsarbeiten	3
Regelung zur Gewährleistung	3
Vergütungsregelung	3
Außerordentliche Kündigung und Restabgeltung	1
Sonstige (Schlussniederschrift; Regelung zu den vertragliche Nebenpflichten des öAG)	1
Keine	3

Die Mehrheit sieht danach Bedarf für eine Überarbeitung einzelner Bestimmungen der ABEI; nur drei der Befragten sind der Ansicht, dass keine Bestimmung der ABEI überarbeitet werden müsste. Auffallend sind dabei die hohen Antwortzahlen bei den Punkten „Rückzahlung der Entwicklungskosten" und „Regelung zu Benutzungsrechten und Benutzungsentgelt."

C. Zusammenfassung

Im Wesentlichen ergibt die Umfrage folgende Ergebnisse:

- Obwohl in Literatur und Rechtsprechung weitgehend unbemerkt, sind die ABEI im wehrtechnischen Bereich weiterhin sehr relevant und liegen zumeist Verträgen zugrunde, welche eine nicht unbeachtliche Vergütungssumme vorsehen.
- Die befragten Teilnehmer halten die ABEI entweder für grundsätzlich zugunsten des öAG oder als ausgewogen ausgestaltet. Viele der Teilnehmer, die „ausgewogen" angegeben haben, weisen aber darauf hin, dass der öAG die an sich ausgewogenen Regelungen zumeist durch Modifikationen zu seinen Gunsten modifiziert, was wiederum zu einer unausgewogenen Vertragsgestaltung führt.
- Der öAG wendet die ABEI oftmals nicht nur auf Entwicklungsverträge an sondern z.B. auch auf Studienverträge, Forschungsverträge und Kaufverträge.
- Als Vergütungsart wird entweder ein Selbstkostenfestpreis oder ein Selbstkostenrichtpreis vereinbart, wobei im Falle eines Selbstkostenrichtpreises der § 5 Abs. 5 ABEI regelmäßig vom öAG ausgeschlossen wird.
- § 1 Abs. 1 („Bemühensklausel") wird ebenfalls regelmäßig seitens des öAG ausgeschlossen.
- Der Auftragnehmer kann hingegen kaum Änderungen der ABEI zu seinen Gunsten durchsetzen. Sofern dies in den seltenen Fällen möglich ist, betreffen die Änderungen in der Regel das Thema Nutzungsrechte.
- Die meisten Befragten gaben an, dass die ABEI Bedingungen enthält, die nicht praxistauglich, unklar oder in anderer Form problematisch sind. Insbesondere die §§ 9, 12, 15 ABEI sollten überarbeitet werden.

§ 2 Modifikationen der ABEI durch den öffentlichen Auftraggeber in FuE-Verträgen in der täglichen Praxis und deren rechtliche Konsequenzen

A. Mögliche (AGB-)rechtliche Auswirkungen im Rahmen der Verwendung des Vertragsmusters „Entwicklungsvertrag Inland" in der Fassung vom 01.10.2012

Im Rahmen der in Kapitel 5 § 2 durchgeführten AGB-rechtlichen Prüfung der ABEI 2005 wurde der Übersichtlichkeit halber ein Entwicklungsvertrag zugrunde gelegt, der nur noch die essentialia negotii regelt. Dies war auch bei der Einführung der ABEI 1959 tatsächlich der Fall, mittlerweile umfasst allein der aktuelle Mustervertragsentwurf in der Fassung vom 01.10.2012 einundzwanzig Seiten. Bei diesem Vertragsmuster handelt es sich ebenfalls um Allgemeine

Geschäftsbedingungen, da diese vorformulierten Vertragsbedingungen für eine Vielzahl von Verträgen für alle inländischen Entwicklungsverträge aufgestellt wurden. Das Vertragsmuster wurde den Verbänden vorab zur Kenntnisnahme zur Verfügung gestellt; eine Abstimmung mit dem BDI erfolgt grundsätzlich nur dergestalt, dass der BDI die überarbeiteten Vertragsmuster übermittelt bekommt und innerhalb eines bestimmten Zeitraums eine Rückäußerung tätigen soll. Eventuelle Änderungswünsche werden durch das BAAINBw geprüft und das Ergebnis wird dem BDI mitgeteilt. Unabhängig davon soll aber das entsprechende Muster zunächst in Kraft treten.[330]

In diesem Entwicklungsvertragsmuster wurden zum Teil wiederum Regelungen der ABEI durch den öffentlichen Auftraggeber modifiziert. Nachfolgend sollen in einem kurzen Überblick die wesentlichen Modifikationen der ABEI durch das Entwicklungsvertragsmuster und ihre (AGB-) rechtlichen Konsequenzen dargestellt werden.

I. Verlängerung der Gewährleistungsfrist gem. § 6 Abs. 1 Vertragsmusters „Entwicklungsvertrag Inland“

In § 6 Abs. 1 des Vertragsmusters „Entwicklungsvertrag Inland“ wird die Verjährungsfrist gegenüber § 3 Abs. 2 S. 4 ABEI 2005 von 6 auf 24 Monate ab Datum der Schlussniederschrift verlängert. Diese Verlängerung dürfte in der Absicht einer Angleichung auf die gesetzliche kauf- bzw. werkvertragliche Verjährungsfrist von zwei Jahren erfolgt sein (vgl. §§ 634a Abs. 1 Nr. 1 BGB bzw. 438 Abs. 1 Nr. 3 BGB). Da gem. § 21 Abs. 1 des Vertragsmusters „Entwicklungsvertrag Inland“, erster Spiegelstrich nur § 3 Abs. 2 S. 4 ABEI, ausgeschlossen werden soll, kann daraus gefolgert werden, dass im Übrigen die Regelung Anwendung findet und nur die Frist verlängert wurde.[331]

Da ansonsten nichts verändert wurde und die Gewährleistung ohnehin nur für einen beschränkten Teil der Entwicklungsarbeiten gilt, wird man mit den unter Kapitel 5 § 2 E) IV. aufgeführten Argumenten weiterhin von einer AGB-rechtlichen Wirksamkeit ausgehen können.

---

330 nicht veröffentlichtes Ergebnisprotokoll vom 08.02.2010 über das Gespräch über Vergabe- und Vertragsbedingungen für Bundeswehraufträge am 16.11.2009.

331 Richtigerweise hätte der öffentliche Auftraggeber dann auch § 3 Abs. 1 S. 4 ABEI ausschließen müssen, der vorsieht, dass sofern der Auftragnehmer das Unterbleiben der Schlussniederschrift nicht zu vertreten hat, die Rechtsfolgen 2 Monate nach Ablieferung des Ergebnisses eintreten. In § 6 Abs. 2 wird diese Frist nämlich modifiziert und auf 30 Tage zugunsten des Auftragnehmers verkürzt.

II. Regelungen zum Benutzungsentgelt gem. § 15 Abs. 1 und 4 des Vertragsmusters „Entwicklungsvertrag Inland"

Das Benutzungsentgelt gem. § 15 des Vertragsmuster „Entwicklungsvertrag Inland" i.V.m. der § 15 ABEI ist für die Nutzung der Altrechte durch den Auftraggeber unter Heranziehung Dritter zu entrichten. Während die ABEI in § 15 Abs. 1 nur eine die Entrichtung einer „angemessenen" Vergütung verlangt und in Abs. 2 einige Kriterien zur Ermittlung aufstellt, ist in § 15 Abs. 1 S.1 des Vertragsmusters „Entwicklungsvertrag Inland" die Benutzungsgebühr auf 3 % des Nettoverkaufspreises der Gegenstände, die unter Benutzung der in § 12 Abs. 2 S. 1 ABEI genannten Schutzrechte etc. hergestellt werden, gedeckelt. Damit wird die in § 15 Abs. 2 ABEI eingeräumte Flexibilität wieder teilweise zunichte gemacht, wobei zusätzlich darauf hinzuweisen ist, dass die 3 % Benutzungs- bzw. Lizenzgebühr im Vergleich zu üblichen Lizenzverträgen eher niedrig angesetzt sind.[332] Zudem soll diese mit steigender Stückzahl nach unten gestaffelt werden und ab einer bestimmten Stückzahl auslaufen.

Weiterhin ist in § 15 Abs. 4 des Vertragsmusters „Entwicklungsvertrag Inland" geregelt, dass nach Ablauf von 5 Jahren, berechnet vom Zeitpunkt des ersten Fertigungsauftrags, die Benutzung unentgeltlich ist. Grundsätzlich orientiert sich die Dauer der Lizenzerteilung an der Laufzeit der lizenzierten Schutzrechte[333] oder wird nur für einen bestimmten Zeitraum, also für die Dauer der Benutzung der Schutzrechte, die Gegenstand des Lizenzvertrages sind, abgeschlossen. Solange der Lizenznehmer aus der Nutzung der lizenzierten Schutzrechte wirtschaftliche Vorteile zieht, soll der Lizenzgeber daran teilhaben.[334]

Gerade im wehrtechnischen Bereich werden viele Rüstungsgüter von der Bundeswehr regelmäßig in großen Stückzahlen benötigt. Das gilt insbesondere für Verbrauchsgüter, wie z.B. Munition oder Waffen und Geräte, die regelmäßig Verschleiß ausgesetzt sind.[335] Das würde bedeuten, dass der Auftragnehmer ab dem 6. Jahr nach Erteilung des ersten Fertigungsauftrages durch den Bund an Dritte keinen Lizenzgebühren für die Nutzung der Altrechte erhalten würde.

---

332 Die sog. Richtlinien für Vergütung von Arbeitnehmererfindungen, die als Erfahrungswerte für Lizenzsätze dienen können, gehen in Nr. 10 von einem Lizenzrahmen von 1/3–10 % aus. Selbst wenn Bartenbach (in: Patentlizenz- und Kow-How-Vertrag, Rn. 1790) davon ausgeht, dass die Werte veraltet seien und der Höchstwert des Lizenzsatzes eher bei 4 % läge, liegt dieser doch um 33% höher als der vom öffentlichen Auftraggeber festgelegte Höchstsatz.

333 Bartenbach: Patentlizenz- und Know-how-Vertrag, Rn. 1242.

334 Schneider: Betriebswirtschaftliche Probleme, S. 81.

335 Schneider: Betriebswirtschaftliche Probleme, S. 81.

Hinsichtlich der AGB-rechtlichen Wirksamkeit ist zum einen festzuhalten, dass – wie bereits hergeleitet[336] – die Regelungen gem. § 12 ABEI zum näheren Umfang des Benutzungsrechts gem. § 307 BGB AGB-rechtlich wirksam sind.

Fraglich ist, ob die Regelungen zur Vergütung für die Nutzung der Altrechte AGB-rechtlich zu beanstanden sind. Grundsätzlich ist festzuhalten, dass unmittelbare Preisvereinbarungen sowie die Festlegung der maßgeblichen Bewertungsfaktoren nach § 307 Abs. 3 BGB[337] keiner Inhaltskontrolle unterliegen. Die Festlegung der Preise ist in marktwirtschaftlichen Systemen Teil des Kernbereichs der Ausübung von privatautonomen Handlungsfreiheiten und unterliegt in erster Linie der Kontrolle durch den Wettbewerb. Selbst wenn Preisbestimmungen in AGB enthalten sind, soll der Markt über ihre Angemessenheit entscheiden und eine Preiskontrolle durch die Gerichte scheidet nach der Konzeption des AGB-Rechts aus.[338]

Möglicherweise könnte man allerdings §§ 11 S. 2 bzw. 32 UrhG als gesetzliches Leitbild heranziehen, wonach der Urheber in angemessener Weise an den Früchten seines Werkes zu beteiligen ist. Bereits der Gesetzgeber stellte in der Gesetzesbegründung zur Novelle des UrhG im Jahr 2002 klar, dass der in § 11 S. 2 UrhG konstituierte Grundsatz der angemessenen Vergütung „künftig Leitbildfunktion" haben solle und dieses Prinzip „auch im Rahmen der AGB-Kontrolle" von besonderer Bedeutung sei.[339] Danach wäre die Angemessenheit durchaus gerichtlich überprüfbar, sofern Altrechte bzw. Teile der Altrechte urheberrechtlich geschützt wären.

Gem. § 7 UrhG kann der Urheber als Schöpfer eines Werkes nur eine natürliche Person sein. Nach dem in Deutschland geltenden Urheberrechtsprinzip entsteht somit das Urheberrecht nur in der Person des Schöpfers des Werkes, selbst wenn er sich zur Herstellung des Werkes durch Dienst- oder Werkvertrag verpflichtet hat. Eine juristische Person in Form des Bestellers, Arbeitgebers oder Dienstherren kann sich am Werk nur Nutzungsrechte einräumen lassen.[340]

---

336 Kapitel 5, § 2 E) V.

337 Stoffels: AGB-Recht, Rn. 443.

338 Ulmer/Brandner/Hensen: AGB-Recht, § 307, Rn. 71.

339 BT-Drs. 14/8058, 18, Hoeren, Thomas: IT-Verträge und Kreativverträge in: von Westphalen, Friedrich: Vertragsrecht und AGB-Klauselwerke, 35. Ergänzungslieferung 2014, Rn. 15.

340 Dreyer, Gunda/Kotthoff, Jost/Meckel, Astrid: Urheberrecht, 3. neubearbeitete Auflage, Heidelberg 2013, § 7 Rn. 7.

Mangels Urhebereigenschaft von juristischen Personen ist der in §§ 11, 32 UrhG verankerte Grundsatz der angemessenen Vergütung des Werkes nicht auf juristische Personen anwendbar.

Auch eine in irgendeiner Form konstruierte analoge Anwendung oder Verallgemeinerung dieses Rechtsgedankens verbietet sich aus den nachfolgenden Gründen: ein Hauptgrund für die Einführung von § 32 UrhG im Jahr 2002 war das Ziel, Urhebern mit schwacher Verhandlungsposition und niedrigem Einkommen zu helfen, ihr Urheberrecht auch wirtschaftlich zu realisieren. Das Urheberrecht beruhe auf dem Grundgedanken, Urheber angemessen an dem wirtschaftlichen Nutzen ihrer Arbeit und ihrer Werke zu beteiligen. Dieser Gedanke sei zum Teil umgesetzt, nicht aber dort, wo freiberuflichen Urhebern strukturell überlegene Verwerter gegenüberstünden.[341] Diese Begründung und die Tatsache, dass damit dem Vertragspartner die Freiheit, den Inhalt von Vergütungsvereinbarungen zu verhandeln, die eigentlich zum Kern der Privatautonomie gehört, ein Stück weit genommen wird, spricht für eine sehr enge Auslegung der Norm. Dafür spricht auch, dass dieser Gedanke in den anderen Gesetzen zum Schutz des geistigen Eigentums wie z.B. im Patentgesetz oder Gebrauchsmustergesetz nicht verankert ist.

Da es sich bei den potentiellen Auftragnehmern der ABEI fast ausschließlich um Unternehmer handeln wird, die kaum mit den oben erwähnten freiberuflichen Urhebern vergleichbar sind und somit das Leitbild von § 11 S. 2 UrhG nicht anwendbar ist, ist die Preisvereinbarung gem. § 307 Abs. 3 BGB aus den oben dargelegten Gründen als unmittelbare Preisabrede der Inhaltskontrolle zu entziehen.

III. Modifikationen zum Benutzungsrecht gem. § 16 des Vertragsmusters „Entwicklungsvertrag Inland"

In § 16 des Vertragsmusters „Entwicklungsvertrag Inland" sind gegenüber § 12 ABEI ergänzende und modifizierende Regelungen enthalten. § 16 ist hinsichtlich des Aufbaus recht unübersichtlich – teils sind Punkte aufgenommen, die bereits in der ABEI geregelt sind und nur etwas anders umschrieben wurden, teilweise wirkt es, als sei der Bund der Ansicht, dass verschiedene Absätze präzisiert werden sollten (z.B. hinsichtlich der im Rahmen der Entwicklung entstehenden Ergebnisse). Teilweise sind auch aus Auftragnehmersicht einige Verschlechterungen gegenüber der ABEI-Regelung enthalten. So ist in § 16 Abs. 1 S. 1 des

341 Pressemitteilung des Bundesverfassungsgerichts Nr. 71/2013 vom 28.11.2013, abrufbar unter: http://www.bundesverfassungsgericht.de/pressemitteilungen/bvg13-071.

Vertragsmusters „Entwicklungsvertrag Inland“ erstmals die Einräumung eines übertragbaren Nutzungsrechts an den Entwicklungsergebnissen vorgesehen. § 12 ABEI sieht nämlich nur die Einräumung eines nichtausschließlichen Nutzungsrechts vor, welches der Auftraggeber durch Dritte in seinem Auftrag ausüben lassen kann und somit nicht frei übertragbar ist. Dies ergibt sich daraus, dass – sofern die Auslegung des zugrundeliegenden Parteiwillens nichts anders ergibt – die Rechtsprechung grundsätzlich von einer Nichtübertragbarkeit der nichtausschließlichen Lizenz ausgeht, da sie als schuldrechtliche Erlaubnis zur Benutzung der Ergebnisse personen- und betriebsgebunden ist. Auch steht § 399 BGB einer freien Übertragbarkeit entgegen.[342] Durch die Aufnahme des Begriffs „übertragbar“ erteilt somit der Auftragnehmer explizit seine generelle Einwilligung zur Übertragung des Nutzungsrechts an Dritte.[343]

Wenn diese Regelung hinsichtlich der Regelung zur Übertragbarkeit der Nutzungsrechte als überraschend nach § 305c BGB einzustufen wäre, würde sie schon gar nicht Vertragsbestandteil. Wer der Bundeswehr als Verwender der Entwicklungsgegenstände Nutzungsrechte überträgt, braucht im allgemeinen nicht mit einer Bestimmung zu rechnen, die dem öffentlichen Auftraggeber eine Weiterübertragung der nichtausschließlichen Neu- und insbesondere der Altrechte an Dritte gestattet.[344] Mit der Rechteregelung soll ja das auch dem

---

342 Benkard: Patentgesetz, § 15 Rn. 103; Busse: Patentgesetz, § 15, Rn. 77.

343 Es kann allerdings nur vermutet werden, dass der öffentliche Auftraggeber mit der Erweiterung um die „Übertragbarkeit“ des Nutzungsrechts das ebenfalls in § 14 ABEI enthaltene Ziel verfolgte, das ihm eingeräumte Nutzungsrecht gem. § 12 Abs. 1 ABEI an andere NATO- bzw. EU-Mitgliedsstaaten einräumen zu können mit dem Ziel, eine einheitliche Ausrüstung für die gemeinsamen Streitkräfte zu implementieren. Leider schießt er dabei weit über dieses avisierte Ziel hinaus, da hier – im Gegensatz zu § 14 ABEI, der sich auf die Nutzungsrechte gem. § 12 Abs. 1 ABEI beschränkt – die Benutzungsrechte gem. § 12 Abs. 1 und 2 ABEI erfasst werden und darüber hinaus keinerlei Beschränkungen hinsichtlich des möglichen Nutzungsrechteempfängerkreises enthalten sind (vgl. § 14 ABEI – „NATO- bzw. EU-Mitgliedsstaaten“). Grundsätzlich muss man sich ohnehin fragen, ob der öffentliche Auftraggeber tatsächliche eine „Übertragbarkeit“ im Rechtssinne gemeint hat oder vielmehr eine Unterlizenzierbarkeit des Benutzungsrechts. In der Regel wird man nämlich davon ausgehen können, dass sich der öffentliche Auftraggeber auch nach Einräumung an einen Dritten die Möglichkeit der weiteren Eigennutzung vorbehalten möchte. Sofern der öffentliche Auftraggeber die Rechte überträgt, wäre er nach Übertragung nicht mehr zur Nutzung berechtigt.

344 vgl. dazu auch Löwenstein, Michael: AGB-Probleme beim Ein- und Verkauf von Computersoftware, BB 1985, 1696 (1699), hinsichtlich der Übertragbarkeit bei Softwarekaufverträgen.

Auftragnehmer bekannte Ziel verfolgt werden, dass der Auftraggeber die Möglichkeit hat, die Entwicklungsgegenstände durch Dritte im Auftrag fertigen zu lassen, damit dieser die Serienfertigung konkurrenzierend ausschreiben kann. Dieses Ziel wird bereits durch die Regelung in § 12 ABEI erreicht. Eine Ausdehnung des Benutzungsrechts auf eine freie Übertragbarkeit auf Dritte ist somit nicht zu erwarten und findet an den entsprechenden anderen Stellen, die sich auf die Rechteeinräumung beziehen (z.B. bei der Regelung des Benutzungsentgelts) keine entsprechende Anknüpfung.

Obwohl gute Argumente dafür sprechen, die Regelung der Übertragbarkeit als überraschende Klausel gem. § 305c BGB nicht von der Einbeziehung zu erfassen, lehnt die Verfasserin an dieser Stelle das Vorliegen einer überraschenden Klausel i.S.v. § 305c BGB ab. Ob eine Klausel überraschend ist, beurteilt sich grundsätzlich nach den Erkenntnismöglichkeiten des typischerweise zu erwartenden Durchschnittskunden. § 305 c Abs. 1 BGB ist danach nicht anwendbar, wenn eine ohne weiteres zu verstehende Klausel so angeordnet ist, dass eine Kenntnisnahme durch den Kunden zu erwarten ist.[345] Vertragspartner des öffentlichen Auftraggebers bei wehrtechnischen Entwicklungsaufträgen sind in der Regel Industriefirmen, die mit der Materie vertraut sind und bei Abschluss eines Entwicklungsvertrags besonderes Augenmerk auf die Rechteregelungen legen. Hier wurde § 12 ABEI in § 16 des Vertragsmusters modifiziert, also an einer prominenten Stelle, die üblicherweise von einem Auftragnehmer besonders sorgfältig geprüft wird vor Abschluss, so dass eine Kenntnisnahme durchaus zu erwarten ist.

Das Vorliegen einer überraschenden Klausel wird daher im Ergebnis abzulehnen sein.

Im Rahmen einer Inhaltskontrolle gem. § 307 Abs. 2 Nr. 2 BGB ist zu prüfen, ob wesentliche Rechte oder Pflichten, die sich aus der Natur des Vertrages ergeben, so eingeschränkt werden würden, dass die Erreichung des Vertragszwecks gefährdet ist. Entscheidend für die Bestimmung dieser wesentlichen Rechte und Pflichten ist dabei der durch den Vertragsschluss begründete Erwartungshorizont des Kunden[346] Aus diesen geschäftstypischen Gerechtigkeitserwartungen des Rechtsverkehrs ist unter Berücksichtigung von Zweck und Vertragsnatur das „Leitbild" einer angemessenen Regelung als Maßstab für die Inhaltskontrolle zu gewinnen. Dass es sich bei der Regelung über eine Nutzungsrechteeinräumung um eine sog. „wesentliche Rechte und Pflichten" i. S. v. § 307 Abs. 2 Nr. 2 BGB

345 Palandt: § 305 c, Rn. 4.

346 Ulmer/Brandner/Hensen: AGB-Recht, § 307 Rn. 245, Stoffels: AGB-Recht, Rn. 531.

handelt, wurde bereits in Kapitel 5 § 2 E. V. festgestellt. Bei der Prüfung, ob weiterhin eine wesentliche, den Vertragszweck gefährdende Einschränkung vorliegt, ist weiterhin zwischen den Neurechten gem. § 12 Abs. 1 ABEI und den Altrechten gem. § 12 Abs. 2 ABEI zu unterscheiden

Es entspricht nämlich durchaus einer verkehrsüblichen Vertragsgestaltung eines Forschungs- und Entwicklungsvertrags, dass einem Auftraggeber, der die Entwicklungsarbeiten vollständig bezahlt hat, auch eine eigentümergleiche Befugnis über die im Rahmen der Entwicklungsarbeiten geschaffenen Neurechte erteilt werden soll, so dass er über diese Rechte frei verfügen kann. Dazu gehört vor allem eine Übertragungsmöglichkeit auf Dritte.

Zwar kann eine gewisse nachteilige Auswirkung aus Auftragnehmersicht nicht ausgeschlossen werden, da diesem in gewissem Maße die Kontrolle über die Verbreitung seiner Schutzrechte entzogen wird. Allerdings beeinflusst die Übertragbarkeit des Nutzungsrechts die eigene Nutzungsmöglichkeit des Auftragnehmers grundsätzlich nicht. Zudem besteht – im Gegensatz zur Unterlizenzierbarkeit eines Rechtes, wonach der Auftraggeber beliebig viele Unterlizenzen an Dritte einräumen könnte – die Nutzungsbefugnis nur für den jeweiligen Rechteinhaber. Das bedeutet, dass nach Übertragung des Rechts durch den öffentlichen Auftraggeber auf einen Dritten, dieser keine Nutzungsrechte mehr besitzt. Sofern die Übertragbarkeit die Rechte gem. § 12 Abs. 1 ABEI betrifft, wäre dies AGB-rechtskonform.

Was die Altrechte gem. § 12 Abs. 2 betrifft, so wird man das Vorliegen einer wesentlichen, den Vertragszweck gefährdenden Einschränkung bejahen können. Der Auftragnehmer wird im Rahmen eines Forschungs- und Entwicklungsauftrag nicht erwarten, dass der öffentliche Auftraggeber eine freie Übertragbarkeit hinsichtlich seiner Altrechte erhält. Diese Altrechte sind oft das Resultat aufwendiger Eigenentwicklungen und sollen deswegen nur dem öffentlichen Auftragnehmer zur eigenen Nutzung der FuE-Ergebnisse eingeräumt werden. Die Möglichkeit einer völlig freien Übertragbarkeit dieser Altrechte, z. B. auch auf Wettbewerber des Auftragnehmers, entspricht hierbei nicht der vertragstypischen Interessenlage[347] und dem Erwartungshorizont des Auftragnehmers. Aufgrund der Wesentlichkeit von solchen Regelungen in Bezug auf das Geistige Eigentum, welches zu den Kernkompetenzen von Unternehmen zählt und auch zur Abgrenzung von Konkurrenten beiträgt, ist auch eine vertragszweckgefährdende Einschränkung zu bejahen.

347 Ulmer/Brandner/Hensen: AGB-Recht, § 307 Rn. 246.

Die Regelung ist somit hinsichtlich einer Übertragbarkeit der Altrechte AGB-rechtlich unwirksam. Da die unwirksame Formulierung „übertragbaren" in § 16 Abs. 1 des Vertragsmusters „Entwicklungsvertrags Inland" innerhalb dieser Klausel inhaltlich und sprachlich verständlich abtrennbar ist[348], kann die Klausel im Übrigen wirksam bestehen bleiben. Dadurch entfällt auch die Regelung in Bezug auf die Übertragbarkeit der Neurechte.

IV. Streichung der Haftungsbegrenzung in § 10 Abs. 7 ABEI in § 21 Abs. 1, 1. Spiegelstrich des Vertragsmusters „Entwicklungsvertrag Inland"

Beachtenswert ist des Weiteren § 21 Abs. 1 erster Spiegelstrich des Vertragsmusters „Entwicklungsvertrag Inland", wonach § 10 Abs. 7 ABEI ausgeschlossen wird. In § 10 Abs. 7 ist neben der Klarstellung des Haftungsmaßstabes noch eine Haftungsbegrenzung auf Vorsatz und grobe Fahrlässigkeit enthalten.

Um zu ermitteln, ob die Streichung dieser Haftungsbegrenzung AGB-rechtlich unwirksam ist, ist vorab das gesetzliche Leitbild gem. § 307 Abs. 2 Nr. 1 BGB bzw. die wesentlichen Rechte und Pflichten des Auftragnehmers, die sich gem. § 307 Abs. 2 Nr. 2 BGB aus der Natur des Vertrages ergeben zu ermitteln. Wie bereits festgestellt,[349] liegt der Schwerpunkt des Vertrages auf der Erbringung der Forschungs- und Entwicklungsleistung, so dass – je nach Vertragsauslegung – die dienst- oder werkvertraglichen Regelungen als gesetzliches Leitbild für die Verletzung von Schutzrechten Dritter heranzuziehen sind.

§ 10 Abs. 1 ABEI behandelt entgegenstehende Schutzrechte Dritter. Darunter werden gem. S. 2 alle im Entwicklungsergebnis benutzten Schutzrechte Dritter verstanden sowie solche Schutzrechte des Auftragnehmers, an denen dieser dem Auftraggeber die in § 12 ABEI vorgesehenen Rechte nicht oder nur unter Beschränkungen oder nur unter Belastungen zugunsten Dritter einräumt. Gem. § 10 Abs. 7 ABEI haftet der Aufragnehmer für alle Schäden, die dem Auftraggeber bei der Verwertung des Entwicklungsergebnisses durch entgegenstehende deutsche Schutzrechte entgegenstehen. Diese Haftung entfällt allerdings, wenn der Auftragnehmer die Bestimmung des § 10 ABEI beachtet hat, wonach der Auftragnehmer nur ein Bemühen schuldet, entgegenstehende deutsche Schutzrechte

348 Ulmer/Brandner/Hensen: AGB-Recht, § 306, Rn. 12.
349 Kapitel 4, § 1 A. II. 4.

unter Anwendung branchenüblicher Sorgfalt zu ermitteln. Bezüglich entgegenstehender ausländischer Schutzrechte haftet er hingegen nicht.[350]

Die gesetzlichen Regelungen bei Werk- bzw. Dienstverträgen wurden bereits im Rahmen von Kapitel 1 § 3 B. II dargestellt. Kurz zusammengefasst haftet danach der Auftragnehmer bei werkvertraglichen Leistungen im Rahmen der Gewährleistung verschuldensunabhängig für die Rechtsmangelfreiheit der Ergebnisse und verschuldensabhängig für die aus der Verletzung von Schutzrechten Dritter resultierenden Schäden. Bei dienstvertraglichen Leistungen ist das Bestehen einer Informationspflicht des Auftragnehmers anhand diverser Kriterien im Einzelfall zu ermitteln. Grundsätzlich wird man von den einschlägigen Unternehmen, die in der Regel ein gewisses Expertenwissen innehaben, bei der Erteilung von FuE-Aufträgen besondere Sorgfalt erwarten können und zumindest die Verpflichtung zur Durchführung einer Patentrecherche[351] mit einer unbeschränkten Haftung für die Folgen einer entsprechenden Nichtinformation des Auftraggebers annehmen müssen.

Danach ist die Regelung des § 10 ABEI für den Auftragnehmer z.T. sogar günstiger als die gesetzlichen Regelungen, da der Auftragnehmer neben dem eingeschränkten Haftungsumfang nur verschuldensabhängig für das Auftreten von Rechtsmängeln haftet. Somit stellt die Streichung einer noch weitergehenden Haftungsbegrenzung auf Vorsatz und grobe Fahrlässigkeit weder für dienst- noch werkvertragliche Verträge keine unangemessene Regelung i.S.v. § 307 Abs. 2 Nr. 1 BGB dar.

---

350 Dies ergibt sich vor allem aus § 10 Abs. 7 ABEI, wonach der Auftragnehmer für alle Schäden haftet, die aus der Verletzung deutscher Schutzrechte bestehen. Durch diese Einschränkung ergibt sich im Umkehrschluss, dass der Auftragnehmer für die Verletzung ausländischer Schutzrechte nicht haften soll – weder im Rahmen der vertraglichen Regelung noch im Rahmen der gesetzlichen Vorschriften.

351 Vgl. Pagenberg/Beier: Lizenzverträge, der davon ausgeht, dass Fahrlässigkeit bei einer Forschungs- und Entwicklungsfirma dadurch ausgeschlossen wird, dass ein mit Patentrecherchen vertrauter Patentrechercheur eine Schutzrechtsrecherche in den einschlägigen internationalen Patentklassen durchführt, wobei ggf. zur Beurteilung der aufgefundenen Schutzrechtsanmeldungen und Schutzrechte die Einholung sachkundigen Rats von Patentanwälten oder patentrechtlich erfahrenen Rechtsanwälten erforderlich ist.; vgl. auch BGH, GRUR 1977, 250 (252, 253) – Kunstoffhohlprofil.

V. Absetzen von 5 % der Vergütung in § 7 Abs. 11 des Vertragsmusters „Entwicklungsvertrag Inland"

Gem. § 7 Abs. 11 des Vertragsmusters „Entwicklungsvertrag Inland" verpflichtet sich der Auftragnehmer, Einzelleistungen/Leistungspakete kostenrechnerisch getrennt zu erfassen. Sofern der Auftraggeber dieser Verpflichtung nicht nachgekommen ist, ist der Auftraggeber berechtigt, einen Betrag in Höhe von 5 % von der vertraglichen Gesamtvergütung abzusetzen.[352]

Die öffentliche Hand begründet diese Regelung damit, dass sofern der Auftragnehmer gegen diese Pflicht verstößt, im Rahmen der Gesamtlimitierung eventuelle Limitüberschreitungen einzelner Leistungen mit Limitunterschreitungen verrechnet werden können und so ein Nachteil für den Auftraggeber im Falle einer Limitüberschreitung einzelner Leistungspakete/Einzelleistungen nicht mehr beziffert werden könne.

Um die AGB-rechtliche Wirksamkeit dieser Klausel beurteilen zu können, muss vorab festgestellt werden, ob es sich hierbei um eine Vertragsstrafe oder um eine Schadenspauschalierung handelt. Während die Vertragsstrafe in der Regel einen doppelten Zweck verfolgt, nämlich zum einen als Druckmittel zur vertragsgerechten Leistungserfüllung zu dienen und im Falle einer Vertragsverletzung den Schadensbeweis entbehrlich zu machen, dient die Pauschale allein dazu, den Schadensbeweis zu ersparen.[353] Die Abgrenzung kann im Einzelfall schwierig sein und ist mit erheblicher Rechtsunsicherheit verbunden. Die h. M. stellt dabei auf die primäre Druckfunktion der Vertragsstrafe als maßgebliches Unterscheidungsmerkmal ab.[354]

Im konkreten Fall ist die Abgrenzung tatsächlich schwierig; der Wortlaut gibt danach keinen Hinweis. Die öffentliche Hand argumentiert einzig mit dem Kriterium des erleichterten Schadensausgleichs, was für eine Schadenspauschale spricht. Andererseits fällt auch der Begriff „Sanktion", was auf die Ausübung eines Erfüllungsdrucks und somit für die Regelung einer Vertragsstrafe spricht[355]. Bei der Klausel kann es sich auch nicht um eine Schätzung des typischerweise

---

352 § 7 (11) „Der Auftragnehmer verpflichtet sich, die Einzelleistungen/Leistungspakete gemäß Anlage [...] kostenrechnerisch getrennt zu erfassen. Ist der Auftragnehmer dieser Verpflichtung nicht nachgekommen, ist der Auftragnehmer berechtigt, einen Betrag in Höhe von 5 v. H. von der vertraglichen Gesamtvergütung abzusetzen.

353 Ulmer/Brandner/Hensen: AGB-Recht, § 309 Nr. 6, Rn. 15, Palandt: § 276, Rn. 26.

354 Palandt: § 339, Rn. 1, Ulmer/Brandner/Hensen: AGB-Recht, § 309 Nr. 5, Rn. 11 mit weiteren Verweisen.

355 nicht veröffentlichtes Ergebnisprotokoll / BWB – BDI –Gespräch über Vergabe- und Vertragsbedingungen für Bundeswehraufträge vom 27.10.2005.

zu erwartenden Schaden handeln[356], da die Begrenzung der Höhe einzelner Leistungspakete für die Geltung der Verpflichtung Voraussetzung ist. Ob und wie viele Leistungspakte/Teilleistungen summenmäßig nach oben begrenzt werden, wird in jedem Entwicklungsvertrag individuell variieren, die Berechnungsgrundlage von 5 % des Gesamtpreises soll jedoch für alle Fälle gelten. Dies spricht wiederum gegen die Vereinbarung einer Schadenspauschalierung und für eine Vertragsstrafe.

Eine Vertragsstrafe soll auch die Erfüllung der Hauptverbindlichkeit sichern[357]. Die Hauptverbindlichkeit des Entwicklungsvertrags ist jedoch die Fertigstellung des Entwicklungsergebnisses. Ob Einzelleistungen/Leistungspakete kostenrechnerisch getrennt erfasst werden oder nicht spielt für das Entwicklungsergebnis keine Rolle sondern hat nur preisrechtliche Konsequenzen, was wiederum für einen pauschalierten Schadensersatz sprechen würde.

Andererseits geht es hier zwar nicht um die Hauptverbindlichkeit, aber die getrennte Erfassung ist eine aus Sicht des BAAINBw wichtige Nebenpflicht, deren Erfüllung mit einer Vertragsstrafe unbedingt sichergestellt werden soll. Die Wichtigkeit dieser Nebenpflicht kann mit den Besonderheiten des Preisrechts begründet werden, wonach die gesetzlich geregelte Festlegung des Preises bei Nichteinhaltung nicht mehr gewährleistet ist.

Aus rechtlicher Sicht sprechen somit gute Argumente sowohl für die Vereinbarung einer Vertragsstrafe als auch für die Vereinbarung einer Schadenspauschale. In diesem Fall ist auf die Unklarheitenregel des § 305 c Abs. 2 BGB zurückzugreifen, welche immer dann zum Zuge kommt, wenn bei den unterschiedlichen, möglichen Interpretationen nach den vorrangigen Auslegungsprinzipien keine einen „klaren Vorzug" verdient.[358] Gem. § 305c Abs. 2 BGB gehen danach Zweifel bei der Auslegung zu Lasten des Verwenders. Dies bedeutet, dass sofern die beiden Auslegungsmöglichkeiten im Rahmen des 307 BGB AGB-rechtlich wirksam sind, diejenige gilt, die dem Vertragspartner des Verwenders die beste Rechtsposition einräumt.[359]

Sofern ein pauschaler Schadensersatz vereinbart werden soll, ist dieser gem. § 307 Abs. 2 Nr. 1 BGB unwirksam, da dieser den nach dem gewöhnlichen Lauf der Dinge zu erwartenden Schaden übersteigt und somit wesentlichen Grundgedanken des Schadensersatzrechts widerspricht[360]. Dieses Ergebnis stimmt auch

---

356 Palandt: § 276, Rn. 26, OLG Köln, NJW 74, 1952 (1953).

357 Palandt: § 339 Rn. 1.

358 Wolf/Lindacher/Pfeiffer: AGB-Recht, § 305c, Rn. 129.

359 Wolf/Lindacher/Pfeiffer: AGB-Recht, § 305c, Rn. 132.

360 Wolf/Lindacher/Pfeiffer: AGB-Recht, § 309 Nr. 5, Rn. 141–143.

mit den Vorgaben des § 309 Nr. 5 lit.a BGB überein, da spezifisch unternehmerische Gesichtspunkte, die eine Schadenspauschalierung abweichend von § 309 Nr. 5 lit.a BGB zulässig machen können, nicht ersichtlich sind.[361]

Zwar ist das berechtigte Interesse der öffentlichen Hand durchaus erkennbar, doch übersteigt die Pauschale von 5% der Gesamtvergütung nach dem gewöhnlichen Lauf der Dinge den zu erwarteten Schaden. Es ist branchentypisch, dass Entwicklungsverträge im wehrtechnischen Bereich ein hohes Auftragsvolumen, z. T. im siebenstelligen Bereich, aufweisen. Eine ernsthafte Schätzung der Höhe des zu zahlenden Schadensersatzes ist nicht gegeben und die Höhe steht auch in keinem Verhältnis zu dem Nachteil, den die öffentliche Hand erleidet. Da in den Entwicklungsverträgen die Anzahl der höchstbegrenzten Einzelleistungen/ Leistungspakete – auch summenmäßig – völlig variieren kann, kann vor allem der starre Ansatzpunkt von 5 % der Gesamtvergütung zu einer unverhältnismäßigen Höhe führen und dem Verwender über den zu erwartenden Schaden hinaus zusätzliche Einnahmen zukommen lassen. Besser wäre es gewesen, wenn sich die Basis für die Berechnung der Schadenspauschale nur auf die jeweiligen höchstbegrenzten Einzelleistungen/Leistungspakete bezieht.

Gerade für den öffentlichen Auftraggeber, der sich im wehrtechnischen Bereich in einer besonderen Stellung eines marktbeherrschenden Unternehmens befindet, soll hier eine Verpflichtung zur Rücksichtnahme und maßvollen Verfolgung der eigenen Belange gelten.[362]

Die Klausel könnte auch unwirksam sein, sofern darin der in § 309 Nr. 5 lit. b BGB genannte Nachweis eines fehlenden oder geringeren Schadens ausgeschlossen würde. Zwar braucht dem Vertragspartner im unternehmerischen Geschäftsverkehr das Recht zum Gegenbeweis nicht ausdrücklich vorbehalten zu werden; es genügt vielmehr, dass die Klausel nach ihrem Wortlaut und erkennbaren Sinn die Möglichkeit des Gegenbeweises belässt.[363] Im vorliegenden Fall scheint der Gegenbeweis allerdings auch im unternehmerischen Verkehr als ausgeschlossen. Dies ergibt sich vor allem daraus, dass dem Auftraggeber das Recht zugesprochen wird, die Gesamtvergütung bei Vorliegen des Pflichtverstoßes ohne weitere Anhörung o. ä. des Auftragnehmers anteilig zu kürzen.

Sofern man die Klausel dahingehend zumindest als unklar bewerten möchte, so gehen Unklarheiten nach § 305c Abs. 2 BGB zu Lasten des Verwenders. Dies bedeutet eine Unwirksamkeit der Schadenspauschale.

---

361 Ulmer/Brandner/Hensen: AGB-Recht, § 309 Nr. 5, Rn. 33, BGHZ 67, 312.

362 Rittner: Rechtsgrundlage und Rechtsgrundsätze, S. 109, Rn. 229, WuW/E OLG 3831.

363 Palandt: § 309, Rn. 30, BGH, NJW 2010, 2122 Wolf/Lindacher/Pfeiffer: AGB-Recht, § 309 Nr. 5, Rn. 145.

Die Wirksamkeit der Vertragsstrafe wird nach § 307 BGB bestimmt. Obwohl im Geschäftsverkehr mit Unternehmern ein erheblich weiterer Spielraum für eine formularmäßige Vereinbarung von Vertragsstrafen zur Verfügung steht[364], könnte man auch hier nach § 307 Abs. 2 Nr. 1 BGB eine unangemessene Benachteiligung annehmen, wenn die Klausel mit wesentlichen Grundgedanken der gesetzlichen Regelung, von der abgewichen wird, nicht zu vereinbaren ist. Das kommt in Betracht, weil nach der gesetzlichen Regelung des § 339 BGB die Verwirkung einer Vertragsstrafe an ein Verschulden des Verpflichteten geknüpft ist. Die hier vereinbarte Klausel erwähnt dieses Erfordernis jedenfalls nicht ausdrücklich. Eine verschuldensunabhängige Vertragsstrafe weicht von dem Grundgedanken der gesetzlichen Regelung ab. Sie kann daher durch allgemeine Geschäftsbedingungen – auch im kaufmännischen Verkehr – nur dann wirksam vereinbart werden, wenn gewichtige Umstände vorliegen, welche die Regelung trotz der Abweichung vom dispositiven Gesetzesrecht mit Recht und Billigkeit noch vereinbar erscheinen lassen. Bei der Auslegung der Klausel ist zu beachten, dass diese zwar die Notwendigkeit eines schuldhaften Verhaltens nicht explizit erwähnen muss; sie darf aber auf keinen Fall den Eindruck erwecken, dass die Vertragsstrafe verschuldensunabhängig sei. Dem Schweigen der Klausel kommt dabei keine entscheidende Bedeutung zu, denn ebenso kommt in Betracht, dass die Klausel das gesetzliche Leitbild stillschweigend als selbstverständlich voraussetzt.[365]

Im konkreten Fall wird bei dieser Art der Pflichtverletzung das Verschulden immanent sein, so dass schwerlich ein Fall konstruierbar ist, wo diese Pflichtverletzung ohne Verschulden passiert. Es kann jedoch an dieser Stelle offenbleiben, ob eine Entscheidung darüber, ob hier eine verschuldensunabhängige Vertragsstrafe geregelt ist bzw. ob zumindest der Eindruck erweckt wird. Die Klausel verstößt nämlich aus einem anderen Grund gegen § 307 Abs. 1 BGB, da von einer unangemessen hoch angesetzten Strafe auszugehen ist, weil die Sanktion außer Verhältnis zum Gewicht des Vertragsverstoßes und zu dessen Folgen für den Vertragspartner steht. Hierzu gelten die gleichen Erwägungen wie zur Schadenspauschale und es wird entsprechend darauf verwiesen.

Zusammengefasst bedeutet dies, dass die Klausel sowohl bei Annahme einer Schadenspauschale als auch einer Vertragsstrafe AGB-rechtlich unwirksam ist und gänzlich wegfällt; sie kann also nicht auf ein zulässiges Maß reduziert werden.[366] Da somit die Klauseln sowohl bei Annahme einer Vertragsstrafe als auch

---

364 Ulmer/Brandner/Hensen: AGB-Recht, § 309 Nr. 6, Rn. 33.

365 BGH: Urteil vom 03.04.1998 – V ZR 6/97, Rn. 13 (juris).

366 Wolf/Lindacher/Pfeiffer: AGB-Recht, § 309 Nr. 5, Rn. 110–119.

bei Annahme einer Schadenspauschale unwirksam sind, braucht keine Entscheidung i.S.v. § 305c Abs. 2 BGB getroffen werden, welche Klausel für den Vertragspartner des Verwenders günstiger ist.

VI. § 7 Abs. 11 des Vertragsmusters „Entwicklungsvertrag Inland" – Verjährungsfrist für Rückforderungsansprüche aus Preisprüfungen

Der öffentliche Auftraggeber verwendet in § 7 Abs. 11 des Vertragsmusters „Entwicklungsvertrag Inland" nachfolgende Klausel zur Verjährungsfrist für Rückforderungsansprüche aus Preisprüfungen:

„Die Verjährungsfrist für Rückforderungsansprüche, die auf einer Preisprüfung beruhen, beginnt mit dem Schluss des Jahres, in dem ein Preisprüfungsergebnis vorliegt und beträgt 3 Jahre."

Diese Regelung könnte als Allgemeine Geschäftsbedingung den Auftragnehmer unangemessen benachteiligen und deshalb unwirksam sein.

Eine unangemessene Benachteiligung liegt gem. § 307 Nr. 1 BGB dann vor, wenn die Bestimmung mit wesentlichen Grundgedanken der gesetzlichen Regelung, von der abgewichen wird, nicht zu vereinbaren ist.

Zwar hält sich die dreijährige Verjährungsfrist auf den ersten Blick an das gesetzliche Leitbild des § 195 BGB. Für den Beginn der Verjährung wird jedoch auf das Vorliegen des Preisprüfungsergebnisses abgestellt.

Voraussetzung für den Beginn der Verjährungsfrist ist gem. § 199 BGB nicht nur die Fälligkeit, sondern auch die Kenntnis bzw. grob fahrlässige Unkenntnis des Gläubigers von den Anspruch begründenden Umständen (§ 199 Abs. 1 Nr. 2 BGB).

Im Zeitpunkt der Überzahlung ist diese Kenntnis sicherlich noch nicht vorhanden, sonst wäre eine Überzahlung überhaupt nicht erfolgt. Kenntnis von den anspruchsbegründenden Tatsachen kann wohl erst dann vorliegen, wenn die Preisüberwachungsstelle in die Prüfung eingestiegen ist und erste Zwischenergebnisse vorliegen. Dabei ist entbehrlich, dass noch nicht alle Einzelheiten bekannt sind und der Anspruch noch nicht bezifferbar ist.[367] Die Kenntnis der Preisüberwachungsstellen als Wissensvertreter gem. § 166 BGB des öffentlichen Auftraggebers kann diesem dabei auch zugerechnet werden.

§ 199 Abs. 4 BGB bestimmt dabei, dass die maximale kenntnisunabhängige Verjährungshöchstfrist 10 Jahre nach Entstehung des Anspruchs beträgt.

In der Praxis bedeutet dies, dass die Verjährung ohnehin verhältnismäßig spät beginnt und der Zeitraum zwischen Überzahlung der Verjährung weitaus länger

---

367 Palandt: § 199, Rn. 27.

sein kann, da sowohl die Auftragserteilung an die Preisprüfungsbehörde als auch die eigentliche Preisprüfung Jahre dauern kann, ohne dass der Auftragnehmer dies beeinflussen kann.

Die Klausel selbst enthält keine kenntnisunabhängige Verjährungshöchstfrist, so dass die Frist theoretisch unendlich sein kann.

Dadurch liegt auch eine weitere Abweichung von einer gesetzlichen Regelung hinsichtlich § 202 Abs. 2 BGB vor, wonach die Verjährung durch Rechtsgeschäft nicht über eine Verjährungsfrist von 30 Jahren ab dem gesetzlichen Verjährungsbeginn hinaus erschwert werden kann.

Diese vom Gesetzgeber sorgfältig abgewogene Verjährungsregelung hat bei der Inhaltskontrolle Leitbildfunktion i.S.d. § 307 Abs. 2 Nr. 1 BGB. Durch diese Regelung soll zum einen der Gläubiger eine faire Chance erhalten, seinen Anspruch durchzusetzen und zugleich sichergestellt werden, dass im Interesse des Schuldnerschutzes und der Rechtssicherheit nach längerer Zeit kenntnisunabhängige Verjährung eintritt.[368]

Wie oben beschrieben, liegt es hier u.a. in der Hand des öffentlichen Auftraggebers, den Beginn der Verjährungsfrist weitgehend beliebig lang hinauszuschieben (z.B. entscheidet der öffentliche Auftraggeber darüber, ob und zu welchem Zeitpunkt ein Auftrag an die Preisüberwachungsstellen erfolgt) bzw. ist es nicht angemessen, das Risiko einer längeren Prüfung durch die jeweiligen Preisprüfungsbehörden allein auf den Auftragnehmer abzuwälzen. Vielmehr ist seitens des öffentlichen Auftraggebers – ggf. über das BMVg bzw. das BMWi bzw. den Bund-Länder-Ausschuss – auf die Preisüberwachungsstellen hinzuwirken, dass Preisprüfungen zügiger durchgeführt werden.

Gerade für Unternehmen bedeutet nämlich die Ungewissheit über das Vorhandensein möglicher Rückforderungsansprüche insbesondere eine jahrelange Belastung der Bilanz durch notwendige Bildung von Rückstellungen.

Eine solche jahrelange bzw. theoretisch unendliche Ungewissheit ist für den Auftragnehmer unzumutbar. Vielmehr muss eine solche Klausel in den Allgemeinen Geschäftsbedingungen eine zeitliche Obergrenze enthalten, ab wann Verjährung spätestens eintritt. Da in der Klausel jegliche zeitliche Beschränkung fehlt, ist auch keine Entscheidung darüber erforderlich, welche zeitliche Obergrenze nun als angemessen angesehen werden kann. Die Klausel berücksichtigt

368 Palandt: § 202, Rn. 8.

daher nicht in angemessener Weise berechtigte Interessen des Auftragnehmers und ist deshalb mit § 307 Abs. 2 Nr. 1 BGB nicht vereinbar.[369]

Gem. § 306 Abs. 1 BGB ist die vollständige Klausel ersatzlos zu streichen (Verbot der geltungserhaltenden Reduktion) und stattdessen findet insbesondere die Regelung gem. § 199 BGB über den Verjährungsbeginn Anwendung, so dass der Anspruch gem. § 199 IV BGB spätestens 10 Jahre nach seiner Entstehung verjährt.

VII. Ergebnis

AGB-Rechtlich sind die vom öffentlichen Auftraggeber im Rahmen des Vertragsmusters „Entwicklungsvertrag Inland" vorgenommen Modifikationen in §16 hinsichtl. der Übertragbarkeit der Altrechte, in § 7 Nr. 11 hinsichtl. der Vertragsstrafe/pauschalierten Schadensersatz und hinsichtlich der Verjährung von Rückforderungsansprüchen aus Preisprüfungen zu beanstanden. Weiterhin sind zwar etliche Verschlechterungen gegenüber den ABEI zu beanstanden, allerdings liegen diese zumeist noch im kontrollfreien Bereich der leistungsbestimmenden Klauseln und Preisabreden bzw. stellen gegenüber dem gesetzlichen Leitbild keine wesentliche Beeinträchtigung dar. Eine weitergehende Inhaltskontrolle würde die in § 307ff eröffnete Rechtskontrolle in eine unzulässige richterliche Billigkeitskontrolle verwandeln.[370]

B. Weitere Modifikationen gem. den Erfahrungen der Industrie lt. Umfrage und deren gegebenenfalls rechtliche Auswirkungen

I. Streichung der Bemühensklausel in § 1 Abs. 1 ABEI

Ein Großteil der Industriefirmen berichtet in der Umfrage[371], dass der öffentliche Auftraggeber im Einzelvertrag zumeist in § 1 (1) ABEI die Bemühensklausel (meist zusammen mit der Möglichkeit der Erhöhung der Preisobergrenze gem. § 5 Abs. 5 ABEI) streicht. Sowohl nach Auffassung des öffentlichen Auftraggebers als auch des Auftragnehmers wird dadurch der Charakter des der ABEI zugrundeliegenden FuE-Vertrags dergestalt geändert, dass statt einer

369 BGH, NJW 1994, 1788, wonach eine Klausel für unwirksam befunden wurde, nach der Ansprüche erst dann fällig werden, wenn der Vermieter Gelegenheit hatte, die Ermittlungsakte einzusehen, wenn das dadurch mögliche Hinausschieben der Fälligkeit nicht angemessen zeitlich begrenzt wird.

370 Staudinger: Kommentar zum BGB, § 307, Rn. 328.

371 Kapitel 6 § 1.

dienstvertraglichen eine werkvertragliche Leistung geschuldet ist und somit das entwicklungsspezifische Risiko für die Erbringung des Erfolges vom Auftraggeber auf den Aufragnehmer verlagert wird.

Dieser allgemein verbreiteten Ansicht kann in rechtlicher Hinsicht nicht gefolgt werden. Wie unter Kapitel 5 § 2 E. III. dargestellt, ist die vertragstypologische Einordnung anhand einer umfassenden Würdigung des Einzelvertrags zu ermitteln. Gewichtige Kriterien für die Einordnung als Dienst- oder Werkvertrag werden dabei die Wahrscheinlichkeit der Erfolgsherbeiführung sowie die in der Leistungsbeschreibung getroffene Risikozuweisung für das Erreichen des beschriebenen Ziels sein. Eine Bemühensklausel ist zwar ein äußert gewichtiges Indiz für das Vorliegen eines Dienstvertrags, allerdings ist eine solche auch kein zwingender Inhalt eines solchen. Das bedeutet, dass die Auslegung auch dann zur Annahme eines Dienstvertrages führen kann, selbst wenn § 1 (1) ABEI seitens des Auftraggebers gestrichen wurde. Umgekehrt kann in manchen Einzelfällen trotz Vorhandensein der Bemühensklausel die Auslegung das Vorliegen eines Werkvertrags ergeben, z. B. wenn kaum technisches Neuland betreten wird und die Leistungsbeschreibung dem Auftragnehmer das Risiko für das Erreichen des vorgegebenen Ziels zuweist. Diese Leistungsbeschreibung geht zudem bei Widersprüchen gem. § 1 Abs. 2 a) VOL/B, die über § 20 Abs. 1 ABEI bzw. über den Musterentwicklungsvertrag Anwendung findet, den Reglungen in § 1 Abs. 1 ABEI vor.[372]

Nichtsdestotrotz setzt die Streichung von § 1 Abs. 1 ABEI durch den öffentlichen Auftraggeber ein eindeutiges Signal, dass dieser den zu vergebenden Vertrag nicht mehr als Dienst- sondern als Werkvertrag einstuft und da für die Abgrenzung zwischen Dienst- und Werkvertrag der im Vertrag zum Ausdruck kommende Wille der Vertragsparteien maßgebend ist[373], wird die Auslegung oftmals zu dem Ergebnis kommen, dass ein Werkvertrag vorliegt. Zudem wird dieses Ergebnis im Zweifel auch so gelebt werden, da der Auftragnehmer eine zur finalen Klärung möglicherweise erforderliche gerichtliche Auseinandersetzung vermeiden wird, um zum einen die Beziehungen zu seinem oft einzigen Kunden in Deutschland nicht zu verschlechtern und er sich andererseits des Risikos des ungewissen Ausgangs einer Vertragsauslegung durch die Gerichte bewusst ist.

Die möglichen kartellrechtlichen Auswirkungen werden unter Kapitel 6 § 2 B IV, V dargestellt.

---

372 vgl. dazu auch Kapitel 5 § 2 E) III.

373 BHG, NJW 2002, 3323 (3324).

II. Vereinbarung eines Selbstkostenfestpreises bzw. Streichung von § 5 (5) ABEI bei Vereinbarung eines Selbstkostenerstattungspreises

Während die ABEI 2005 in § 5 zur Vergütungsart keine Vorgabe trifft und auf die jeweilige vertragliche Vereinbarung verweist, sieht das Vertragsmuster „Entwicklungsvertrag Inland", Stand 01.10.2012, in § 7 Abs. 1 die Vereinbarung eines höchstbegrenzten[374] Selbstkostenerstattungspreises mit der Möglichkeit der Erhöhung der Obergrenze gem. § 7 Abs. 9 Mustervertrag i.V.m. § 5 Abs. 5 ABEI vor.

Über 50% der Umfrageteilnehmer berichten allerdings, dass in Entwicklungsverträgen mit dem öffentlichen Auftraggeber nur Selbstkostenfestpreise vereinbart werden konnten und diejenigen Umfrageteilnehmer, bei denen ein höchstbegrenzter Selbstkostenerstattungspreis vereinbart wurde, berichten, dass in fast allen Fällen die Möglichkeit der Erhöhung der Obergrenze gem. § 5 Abs. 5 (fast immer zusammen mit der „Bemühensklausel" gem. § 1 Abs. 1 ABEI) gestrichen wurde. Diesem Vorgehen werden seitens des öffentlichen Auftraggebers in der Regel fiskalische Erwägungen bezüglich der Vermeidung von Kostensteigerungen bei Entwicklungsvorhaben zugrunde liegen.

Die Konsequenzen sind durchaus einschneidend; so kann der Auftragnehmer im Rahmen von § 5 Abs. 5 ABEI einen Antrag auf Erhöhung der Obergrenze stellen, dem der Auftraggeber stattgeben kann bzw. kann der Auftragnehmer im Ablehnungsfall seine Arbeiten nach Erreichung der vereinbarten Preisobergrenze einstellen.[375]

Fraglich ist nun, was passiert, wenn der § 5 Abs. 5 ABEI im Einzelfall gestrichen wurde und der Auftragnehmer die vereinbarte Höchstgrenze erreicht, ohne dass die in der Leistungsbeschreibung festgelegten Leistungen abgearbeitet worden sind. Man könnte vertreten, dass es gerade dem Wesen des Selbstkostenerstattungspreises entspricht, dass der Auftragnehmer alle die ihm entstehenden Kosten im Wege einer nachkalkulatorischen Berechnung erstattet bekommt und bei Erreichen der Höchstgrenze nicht nur die Vergütungspflicht sondern auch

374 § 7 Abs. 1 S. 2 VO PR sieht explizit die Möglichkeit der Vereinbarung einer Höchstbegrenzung der erstattungsfähigen Kosten vor. Begründet wird dies damit, dass dem Auftragnehmer andernfalls ein großer Spielraum verbleibt, sich anbietende Kosteneinsparungen zu unterlassen und die Auftragsdurchführung stattdessen kostenmäßig großzügig zu gestalten, vgl. Eibisch/Gottschalk § 7, Rn. 9.

375 Müller: Preisgestaltung bei Bundeswehraufträgen, S. 212, Reinhard in: Krapke, Paul-Werner: Leopard 2: sein Werden und seine Leistung, 1. Auflage, Norderstedt 2004, vgl. dazu auch Kapitel 4 § 2 A) II 1.

die Leistungspflicht des Auftragnehmers entfällt, obwohl möglicherweise in der Leistungsbeschreibung noch weitere konkrete Leistungen geschuldet werden, da es sich um eine rein aufwandsabhängige Vergütung handeln soll. Dies entspräche auch dem Wesen der geschuldeten Leistung als Dienstleistung, die u.a. durch die Bemühensklausel in § 1 Abs. 1 ABEI als solche einzustufen sei.

Im Ergebnis ist diese Auffassung allerdings abzulehnen und man wird zu dem Ergebnis kommen, dass der Höchstbetrag der Selbstkostenerstattung nur die staatliche Vergütungs- und nicht die unternehmerische Leistungspflicht begrenzt.[376] Die Form der Entgeltberechnung, die in erster Linie aus der Unmöglichkeit resultiert, die Vergütung dem Vergleich mit Marktpreisen oder einer Selbstkostenfestsetzung nach Vorkalkulation zu entnehmen, kann nicht über die Natur des FuE-Vertrags entscheiden. Sie gilt gem. VO/PR für jede Vertragsart, wenn sich das Entgelt nicht anders festlegen lässt und besagt umgekehrt nichts über die Wahl der Vertragsart.[377]

Daraus resultierend ist in erster Linie zu ermitteln, worin die konkrete Leistungspflicht besteht und dementsprechend den Umfang der geschuldeten dienst- bzw. werkvertraglichen Leistung zu prüfen. Das bloße Erreichen der Preisobergrenze befreit den Auftragnehmer allerdings nicht von der Erbringung der vertraglich geschuldeten Leistung, so dass es sich im Ergebnis um einen Festpreis handelt, der zwar auch noch nach unten korrigiert werden kann, wenn der Auftragnehmer die Leistung zu geringeren Kosten erbringen kann, nicht jedoch nach oben, sofern die Kosten die Obergrenze übersteigen.

Gegenüber der ursprünglichen Regelung der Vereinbarung eines Selbstkostenerstattungspreises liegt bei Vereinbarung von Selbstkostenfestpreisen aus Sicht der betroffenen Auftragnehmer eine Risikoverschiebung auf diese dahingehend vor, dass sie die vertraglich geschuldeten Leistungen zu einem Festpreis erbringen müssen. Gleiches gilt für höchstbegrenzte Selbstkostenerstattungspreise, bei welchen die Möglichkeit der Aufstockung des Höchstbetrags gem. § 5 Abs. 5 ABEI gestrichen wurde. Im Rahmen eines echten Entwicklungsvorhabens ist das Entwicklungsergebnis bzw. die Wege dorthin oftmals bei Vertragsschluss noch nicht so konkret, dass sich anhand einer Vorkalkulation die erforderlichen Daten herleiten lassen würden. Komplexe Entwicklungen sind durch diverse Unsicherheiten und Risiken gekennzeichnet, deren Ausmaß bei Entwicklungsbeginn nicht vorhersehbar ist, da insbesondere die Unsicherheit über die Bewältigung

376 So auch Ullrich: Privatrechtsfragen, S. 209.

377 Es ist allerdings offensichtlich, dass Preisrecht und Vertragsrecht nicht immer harmonieren und ev. Wertungswidersprüche auftreten können.

unbekannter und noch nicht erforschter Detailphasen, die Einflüsse neuer Erkenntnisse der Wissenschaft und Forschung sowie unkontrollierte und wertmäßig nicht unrelevante Änderungen während der Entwicklungsarbeiten nicht zu unterschätzen sind. Tendentiell werden diese Probleme von den Unternehmen unterschätzt – so wird von vornherein ein komplikationsloser Ablauf der Entwicklungsarbeiten erwartet, was oftmals nicht nur zu höheren als den geschätzten Kosten sondern auch zu kostenrelevanten Terminproblemen führen kann.[378]

Dies zeigt, dass bei komplexen Entwicklungen die Überschaubarkeit der Kalkulationsgrundlage als wesentliche Voraussetzung für eine Festpreisvereinbarung nicht gegeben ist.

Auch ist fraglich, ob der Auftraggeber durch die Vergabe der Entwicklungsarbeiten zu Selbstkostenfestpreisen zu seinen Gunsten handelt, denn der Auftragnehmer kann den Festpreis auch unter der Annahme des denkbar ungünstigsten Verlaufs der Entwicklungsarbeiten berechnen – dann muss der Auftraggeber bei Vergabe damit rechnen, dass er unter Umständen einen erheblich überhöhten Preis für die Entwicklungsarbeiten bezahlen wird.[379]

AGB-rechtlich wird die Vereinbarung von Selbstkostenfestpreisen bzw. höchstbegrenzten Selbstkostenerstattungspreisen ohne § 5 Abs. 5 ABEI als bloße Entgeltabreden kaum zu beanstanden sein und auch preisrechtlich sind keine Anhaltspunkte für einen Verstoß ersichtlich; da das Preisrecht – wie man in dem § 1 Abs. 2 VO PR aufgestellten Gebot der Vereinbarung fester Preise (sofern es die Verhältnisse des Auftrags ermöglichen) erkennen kann – die Vereinbarung von Festpreisen grundsätzlich bevorzugt und ein Selbstkostenerstattungspreis ohnehin nur dann vereinbart werden darf, wenn keine andere Art der Preisermittlung möglich ist.

Die möglichen kartellrechtlichen Auswirkungen werden unter Kapitel 6 § 2 B IV, V dargestellt.

Das Ziel des öffentlichen Auftraggebers – eine Vermeidung von Kostensteigerungen bei Entwicklungsvorhaben – könnte jedoch auch anders bzw. interessengerechter gelöst werden. So sollte z.B. das Entwicklungsziel im wehrtechnischen Bereich nach dem Grundsatz der Sparsamkeit und Wirtschaftlichkeit bedarfsgerecht und vernünftig definiert und auch die Projektbegleitungsmaßnahmen seitens des Auftraggebers ernsthaft durchgeführt werden. Zudem sollten bezüglich der vereinbarenden Meilensteine regelmäßige Konferenzen abgehalten werden, bei welchen der erreichte

---

378 Broschwitz, Johannes: Festpreise für Entwicklungsleistungen in öffentlichen Aufträgen, DB 1971, S. 2369 ff., 2370.

379 Schneider: Betriebswirtschaftliche Probleme, S. 42.

Entwicklungsstand analysiert und die Art und Weise der Fortsetzung festgelegt bzw. der Abbruch rechtzeitig verfügt wird[380] (wozu der Auftraggeber aufgrund des außerordentlichen Kündigungsrechts in § 19 ABEI berechtigt wäre).

Eine weitere Möglichkeit besteht darin, den Auftragnehmer bei Selbstkostenerstattungspreisvereinbarungen im Rahmen eines „cost-sharing" am Kostenrisiko zu beteiligen. Erstattungspreisvereinbarungen weisen aus Auftraggebersicht den Nachteil auf, dass für den Auftragnehmer kein Anreiz besteht, Aufwand und Kosten einzuschränken, da er daraus – anders als beim Festpreisvertrag – keine Vorteile ziehen kann.[381]

Diese „cost-sharing"-Systeme werden z.B. von der European Space Agency nach eigenen Angaben seit Jahren mit Erfolg eingesetzt.[382] Dabei wird im Rahmen eines Selbstkostenerstattungspreisvertrags zum einen eine feste Prämie vorgesehen, die der Auftragnehmer dann erhält, wenn er die vertraglich festgesetzten Ziele erreicht. Daneben vereinbaren die Parteien bei Vertragsabschluss einen festgelegten Betrag, der als Schwellenwert dient. Nach Abschluss der Entwicklungen erfolgt eine Gegenüberstellung mit den tatsächlich angefallenen Kosten – bis zu dem oben genannten Schwellenwert werden dem Auftragnehmer alle Kosten voll erstattet (gegebenenfalls erhält der Auftragnehmer bei Unterschreitungen einen zusätzlichen Gewinn); überschreiten die Ist-Kosten den Schwellenwert, so ist der Auftragnehmer an diesen Kosten mittels eines vorher festgelegten Kostenbeteiligungsmechanismus zu beteiligen, so dass sich der Gewinn mindern oder sogar ein Verlust eintreten kann.[383]

III. Anwendung der ABEI auf andere Vertragsarten als Entwicklungsverträge

In der durchgeführten Umfrage gaben 9 der 14 Teilnehmer an, dass der öffentliche Auftraggeber die ABEI auch auf andere Verträge als Entwicklungsverträge anwendet. Im Folgenden sollen die von den Teilnehmern anderweitig genannten Vertragsarten kurz auf die dabei resultierenden Probleme untersucht werden.

---

380 Hertel/Ludwig: Schriften zum öffentlichen Auftragswesen, S. 94.

381 Wolff: Aufträge der öffentlichen Hand über Entwicklungsprojekte in der Raumfahrt, S. 250.

382 vgl. hierzu Anlage II, Ziff. 4.2 der Regeln und Vorschriften der europäischen Weltraumorganisation ESA/REG/002, abrufbar unter http://emits.sso.esa.int/emits-doc/e_support/GCE/ESA-GCC2010_German2.pdf.

383 Wolff: Aufträge der öffentlichen Hand über Entwicklungsprojekte in der Raumfahrt, S. 250, 251.

1. *Forschungsverträge*

Wie unter Kapitel 3 § 6 A) festgestellt, gibt es zwar die Allgemeinen Bedingungen für Forschungsverträge mit Industriefirmen, diese werden allerdings nach eigener Aussage des BAAINBw[384] in der Praxis nicht verwendet. Ein Grund dafür wurde nicht genannt, wahrscheinlich ist den Bearbeitern die ABEI geläufiger und man geht davon aus, dass sich die Regelungen der ABEI und der ABFI im Großen und Ganzen entsprechen. Auch wenn man davon ausgeht, dass es sich bei Forschungsverträgen in der Regel um Dienstverträge handelt, ist aus AGB-rechtlicher Sicht die Anwendung der ABEI auf Forschungsverträge relativ unproblematisch, da die AGB-rechtliche Prüfung sowohl für das Vorliegen eines Dienst- als auch eines Werkvertrags durchgeführt worden ist und die Ergebnisse diesbezüglich kongruent waren.

2. *Studienverträge*

Gegenstand von Studienverträgen ist üblicherweise das Vorbereiten von Entwicklungen und die Untersuchung bezüglich der Verwirklichung neuer Techniken. Die Ergebnisse werden in Gutachten, umfangreichen Untersuchungen oder als Demonstrationsmodell überreicht.[385]

Der öffentliche Auftraggeber selbst hat sein aktuelles Vertragsmuster zum Studienvertrag (Stand 01.10.2012) mittlerweile dem des Entwicklungsvertrags deutlich angenähert und auch die ABEI mit den im Wesentlichen gleichen Modifikation einbezogen.

Vertragstypologisch sind Studienverträge je nach konkretem Vertragsgegenstand als Werk- oder Dienstverträge einzustufen, was hier ebenfalls unproblematisch ist, da die Anwendung der ABEI grundsätzlich auf Werk- und Dienstvertrag AGB-rechtlich konform ist.

Da im Rahmen der Arbeiten in der Regel auch neues geistiges Eigentum entsteht, ist grundsätzlich auch die Aufnahme einer Regelung über die Einräumung von Nutzungsrechten am Arbeitsergebnis angebracht,[386] so dass die Einbeziehung der ABEI auf Studienverträge im Allgemeine nicht zu beanstanden ist.

---

384 Schreiben vom BAAINBw vom 21.11.2013.

385 Noelle, Thomas/Rogmans, Jan: Öffentliches Auftragswesen, 3. völlig überarbeitete und erweiterte Auflage, Berlin 2002, S. 158.

386 Ob allerdings die Nutzungsrechteregelung bei Studienergebnissen in der Form immer passend ist, kann hier durchaus in Frage gestellt werden. Insbesondere wenn das Ergebnis nur aus einem Bericht besteht, ist die Regelung zu den Altrechten nicht erforderlich bzw. missverständlich.

3. *Verträge über sogenannte „Anpassentwicklungen"*

a. Rechtliche Bewertung

Die Umfrage ergab auch, dass der öffentliche Auftraggeber die ABEI auf sogenannte „Anpassentwickungen" anwendet. Bei einer Anpassentwicklung handelt es sich in der Regel um eine Leistung, bei der bis auf wenige kleinere Änderungen die ursprüngliche technische Lösung beibehalten wird, z.B. bei einer Anpassung von existenter Hardware mit kompletten Unterlagen, soweit keine neuen unerprobten Verfahren oder Technologien eingesetzt werden.[387] Wenn der öffentliche Auftraggeber nun z.B. ein Unternehmen mit der Änderung/Anpassung der Karosserie am geschützten Fahrzeug DINGO – einer Eigenentwicklung der Industrie – oder einer Änderung der Sitzhalterung beauftragt, müssten dem öffentlichen Auftraggeber bei Anwendung der ABEI gem. § 12 Abs. 2 ABEI alle Rechte an Altrechten, die zur vertragsgemäßen Nutzung des Entwicklungsergebnisses erforderlich sind, in gleichem Umfang wie an Neurechten eingeräumt werden.

Daraus ergibt sich die Frage, ob sich aus dieser Regelung eine unangemessene Benachteiligung i.S.v. § 307 Abs. 1 S. 2 BGB für den Auftragnehmer ergeben kann. Dies wäre dann zu bejahen, wenn die Formulierung „die für die Zwecke des Vertrages und insbesondere die vertragsgemäße Nutzung der Entwicklungsergebnisse notwendig ist", nicht klar und verständlich ist. Das in § 307 Abs. 1 S. 2 BGB enthaltene Transparenzgebot verpflichtet den Verwender, Rechte und Pflichten seines Vertragspartners in den AGB möglichst klar und durchschaubar darzustellen.[388] In diesem Fall ist auch für einen aufmerksamen und sorgfältigen Vertragspartner nicht erkennbar, in welchem Umfang dieser Rechte an Altrechten einzuräumen hat. Zwar darf der Verwender grundsätzlich unbestimmte Rechtsbegriffe übernehmen[389], allerdings ist im Falle einer Anpassentwicklung der Umfang der einzuräumenden Rechte an Altrechten nicht klar. Im Fall einer Änderung der Sitzhalterung kann diese Regelung z.B. bedeuten, dass der Auftraggeber nur die Rechte an Altrechten erhält, die in den Ergebnissen der Anpassentwicklung selbst enthalten sind oder man kann sie so auslegen, dass die angepasste Sitzhalterung nur dann „vertragsgemäß" genutzt wird, wenn der Auftraggeber auch die Rechte an dem dazugehörigen Autositz erhält. Es ist hierbei geradezu augenscheinlich, dass die Regelung des § 12 Abs. 2 ABEI bei sogenannten Anpassentwicklungen nicht mehr passt.

---

387 Müller: Preisgestaltung bei Bundeswehraufträgen, S. 212.

388 BGH 106, 49, NJW 00, 651, Palandt: § 307, Rn. 16.

389 Palandt: § 307, Rn. 18.

Gem. § 306 Abs. 1 BGB ist danach § 12 Abs. 2 ABEI unwirksam und wird nicht Vertragsbestandteil. An deren Stelle tritt gem. § 306 Abs. 2 BGB das dispositive Recht. Da das Gesetz keine Regelung für diese Fälle vorgesehen hat, wird eine ergänzende Vertragsauslegung in der Regel zu dem Ergebnis kommen, dass sich die Verpflichtung zur Einräumung von Altrechten nur auf die Ergebnisse der Anpassentwicklung selbst bezieht.

b. Lösungsansätze

Zusammengefasst lässt sich also sagen, dass die ABEI für Verträge mit geringem bis gar keinem Entwicklungsanteil nicht die passenden Regelungen sind, da hier kein normaler Entwicklungsvertrag vorliegt, weil die Hauptanteile des von der Anpassentwicklung betroffenen Gegenstandes eben nicht durch den Auftraggeber finanziert worden sind, sondern auf einer Eigenentwicklung des Auftragnehmers beruhen bzw. durch einen Dritten finanziert worden sind.

Die Suche nach möglichen Alternativen führt zunächst zu anderen Allgemeinen Geschäftsbedingungen des öffentlichen Auftraggebers, der EB-GRUR. Die Ergänzenden Bestimmungen zum gewerblichen Rechtschutz und Urheberrecht (EB-GRUR)[390] sollen nach eigener Aussage des BAAINBw für die Vertragstypen vereinbart werden, „in denen die Erbringung von Entwicklungsleistungen oder von urheberrechtlich geschützten Arbeitsergebnissen an sich nicht vorgesehen ist, die Erbringung solcher Leistungen im Einzelfalle aber einer Regelung bedarf."[391]

In dem derzeit gültigen Dokument der EB-GRUR steht zum Anwendungsbereich einleitend folgender Passus: „Soweit die Leistungen des Auftragnehmers solche mit Entwicklungscharakter einschließen, gelten ergänzend nachstehende Regelungen."

Diese Aussagen und die Tatsache, dass die EB-GRUR inhaltlich nur auf die essentiellen Regelungen der ABEI Bezug nimmt (und diese z.T. modifiziert), lassen den Schluss zu, dass die EB-GRUR nur bei Verträgen zur Vertragsanlage (statt der ABEI) gemacht werden soll, bei denen der Auftragnehmer neben der ansonsten anders gearteten Hauptleistungspflicht wie z.B. bei einem Beschaffungsvertrag noch Entwicklungsleistungen in einem vergleichsweise geringen Maße erbringen muss.

Eine vertiefte Analyse, ob diese Regelungen bei Anpassentwicklungen, die aus Sicht beider Vertragsparteien besser passende Alternative darstellt, kann hier

390 vgl. dazu Kapitel 3 § 6 C.

391 Schreiben BAAINBw vom 21.11.2013.

unterbleiben, da über II (1) EB-GRUR die gesamte Nutzungsrechteregelung des § 12 ABEI zur Anwendung kommt, so dass hierdurch die oben dargestellte Problematik ebenfalls nicht gelöst wird.

Sofern schon bei Abschluss des Vertrages absehbar ist, dass im Rahmen der Vertragsleistung kaum bis gar kein technisches Neuland betreten wird, wäre als favorisierte Lösung der Abschluss eines Beschaffungsvertrags ohne die spezifischen Bestimmungen des Musterentwicklungsvertrages inklusive ABEI in Bezug auf das Benutzungsrecht für den Auftraggeber zu bevorzugen[392] bzw. höchstens eine Regelung hinsichtlich der entstehenden Neurechte aufzunehmen und die Übertragung von Benutzungsrechten an Altrechten explizit auszuschließen. Sofern der Auftraggeber im Einzelfall den Nachbau des kompletten Gegenstandes beabsichtigt, kann zusätzlich noch ein Lizenzvertrag geschlossen werden.

C. Kartellrechtliche Auswirkungen im Rahmen von § 19 GWB

Weiterhin könnte die Abänderung der ABEI bei der Erteilung von FuE-Aufträgen in der täglichen Praxis kartellrechtliche Konsequenzen haben. Indem die öffentliche Hand ihren Mustervertragsentwurf gegenüber der ABEI in etlichen Punkten zum Nachteil des Auftragnehmers abgeändert hat und/oder in der täglichen Praxis weitere Regelungen abändert (z.B. Streichung der Bemühensklausel, Vereinbarung von Festpreisen bzw. höchstbegrenzten Selbstkostenerstattungspreisen), könnte sie ihre marktbeherrschende Stellung missbrauchen.

Nachfolgend wird nur ein möglicher Verstoß gegen § 19 GWB geprüft, auf eine analoge Prüfung der entsprechenden europäischen kartellrechtlichen Vorschriften wird im Rahmen dieser Arbeit verzichtet.[393]

I. Verhältnis zu den AGB-rechtlichen Vorschriften

Das AGB-Recht und die wettbewerbsrechtlichen Vorschriften haben ursprünglich verschiedene Schutzbereiche und folgen verschiedenen Leitideen – so bezweckt das AGB-Recht vor allem den Schutz der Marktteilnehmer vor unangemessenen AGB[394], das GWB verfolgt hingegen den Schutz des Wettbewerbs als primäres Ziel, so dass die Regelungen des GWB (bzw. UWG) grundsätzlich neben dem AGB-Recht anwendbar sind.[395]

---

392 Hertel/Ludwig: Schriften zum öffentlichen Auftragswesen, S. 93.

393 Im Rahmen dieser Arbeit wird auf eine Betrachtung der Auswirkungen auf das europäische Kartellrecht verzichtet, da die Ergebnisse in der Regel übereinstimmen.

394 BT-Drucks 7/3919, 15 / Staudinger: Kommentar zum BGB, § 307, Rn. 47.

395 Staudinger: Kommentar zum BGB, § 307, Rn. 47.

Dabei stehen die Regelwerke nicht beziehungslos nebeneinander sondern können auch Überschneidungen und Berührungspunkte aufweisen. Die Berührungspunkte liegen dabei in den jeweiligen wertungsbezogenen Merkmalen, wie z.B. unangemessene Benachteiligung, Missbrauch oder unbillige Behinderung.[396] So kann z.B. die bewusste und planwidrige Verwendung unwirksamer AGB eine unlautere Wettbewerbshandlung gem. §§ 3,4 Nr. 2, 11 UWG sein oder die Verwendung besonders einseitig formulierter AGB durch marktmächtige/marktstarke Verwender den Tatbestand des Behinderungs- und Diskriminierungsverbots gem. § 19 Abs. 2 Nr. 1 GWB bzw. den Tatbestand des Missbrauchs einer marktbeherrschenden Stellung gem. § 19 Abs. 2 Nr. 2 GWB erfüllen.[397]

Andererseits ergänzen die §§ 305ff. BGB das Wettbewerbsrecht, dessen Instrumentarium oftmals nicht genügt, um die Verwendung von angemessenen AGB sicherzustellen.[398]

II. Unternehmereigenschaft der öffentlichen Hand gem. § 1 GWB

Voraussetzung für das Vorliegen von § 19 Abs. 1 bzw. Abs. 2 Nr. 2 GWB ist, dass ein Unternehmen seine marktbeherrschende Stellung missbräuchlich ausnutzt. Nach dem weiten Unternehmensbegriff des GWB, der jede Tätigkeit im geschäftlichen Verkehr erfasst, kann somit auch die öffentliche Hand unter den Begriff „Unternehmen" fallen. Wird die öffentliche Hand unternehmerisch tätig und greift sie im Rahmen ihrer Beschaffungstätigkeit zu den von der Privatrechtsordnung vorgesehenen Mitteln, unterliegt sie in diesem Bereich denselben Beschränkungen wie jedes andere Unternehmen und hat dabei insbesondere die Verhaltensanforderungen des GWB zu beachten.[399]

Da bei Anwendung des europäischen Kartellrechts ein anderer Unternehmerbegriff gilt, stellt sich die Frage, ob die Wertungen diesbezüglich ins deutsche Kartellrecht übernommen werden sollten.

Im Anwendungsbereich des europäischen Kartellrechts gilt eine Beschaffungstätigkeit der öffentlichen Hand dann nicht als unternehmerische Teilnahme am Wirtschaftsleben iSv. Art 102 AEUV, wenn die erworbenen Güter im

---

396 Rittner: Rechtsgrundlage und Rechtsgrundsätze, Rn. 125.

397 Ulmer/Brandner/Hensen: AGB-Recht, Vorb. v. § 307, Rn. 77.

398 Staudinger: Kommentar zum BGB, § 307, Rn. 47.

399 Lange, Eugen/Bunte, Hermann-Josef: Kommentar zum deutschen und europäischen Kartellrecht, Band 1 Deutsches Kartellrecht, 12. Auflage 2014, § 20 Rn. 20; MüKo Kartellrecht, § 20 Rn 11, dass die Beschaffungstätigkeit der öffentlichen Hand grds. den Bestimmungen des GWB unterliegt, ist seit langem anerkannt, vgl. Langen, Bunte § 20 Rn. 21, BGH 26.10.1961, NJW 1962, 196 „Gummistrümpfe".

Rahmen der Erledigung des öffentlichen Auftrags Verwendung finden.[400] Eine Beschaffung ist danach nur dann wirtschaftlich, wenn sie über die Deckung des eigenen Bedarfs hinausgeht und somit weiter am Wirtschaftsleben teilnimmt. Wenn also die öffentliche Hand z.B. Waren oder Dienstleistungen beschafft, um ihre spezifisch hoheitliche, nicht wirtschaftliche Tätigkeit zu ermöglichen, bestimmt dieser nicht-wirtschaftliche Charakter der späteren Verwendung des erworbenen Gutes den Charakter der Beschaffungstätigkeit als nicht unternehmerische Tätigkeit[401] Die Bundeswehr, die militärische Geräte und Dienstleistungen beschafft, handelt insoweit nicht als „Unternehmen".

Fraglich ist, ob aufgrund dieser Rechtsprechung der Unternehmensbegriff im deutschen Recht anzugleichen, oder ob der bisherige deutsche Ansatz beizubehalten ist. Der Vorrang des Gemeinschaftsrechts kann eine Übernahme in das deutsche Recht nicht erzwingen, da das Gemeinschaftsrecht diese Sachverhalte derzeit nicht regelt. Es sprechen zudem gewichtige Gründe gegen eine Angleichung ins deutsche Recht, da die Beschaffungstätigkeit der öffentlichen Hand andernfalls weder der kartellrechtlichen Kontrolle noch der öffentlich-rechtlichen Kontrolle durch die Verwaltungsgerichte unterläge. Auch wenn die privatrechtliche Beschaffungstätigkeit des Staates nach der FENIN-Rechtsprechung nicht unternehmerisch ist, so wird sie dadurch nach nationalem Recht nicht automatisch öffentlich rechtlich, so dass eine Schutzlücke entstehen würde, die rechtpolitisch nicht hinnehmbar wäre.

Auch der Ansatz eines „level playing fields" in Europa spricht nicht für eine Anpassung, da nach der FENIN-Rechtsprechung Voraussetzung ist, dass die Beschaffung eben nicht zu Zwecken der Weiterveräußerung und Teilnahme am Wettbewerb auf nachgelagerten Märkten erfolgt.[402]

Auch mit Blick auf Sinn und Zweck des Kartellrechts – nämlich Schutz des Wettbewerbs – lässt sich eine Angleichung nicht befürworten. Die öffentliche Hand steht als Nachfrager in einem vertikalen Wettbewerbsverhältnis zu den Anbietern der nachgefragten Leistung und kann so das Marktgeschehen beeinflussen. Auch dieses vertikale Wettbewerbsverhältnis muss nach der Intention des GWB vor Verfälschungen geschützt werden.[403]

---

400 EuGH, Urt. vom 04.03.2003 FENIN/ Sgl. 2003 II-357, Wiedemann, Gerhard: Handbuch des Kartellrechts, 2. Auflagen, München 2008, § 7 Rn. 2.

401 Bechthold: GWB, § 1 Rn. 10.

402 Lange/Bunte: Kommentar zum deutschen und europäischen Kartellrecht, § 20, Rn. 22

403 Kloster, Andrea: Auftraggebergemeinschaften der öffentlichen Hand, Diss., Frankfurt/Main 2008, S. 23.

Nach Erörterung dieser zahlreichen Argumente gegen eine Angleichung kann ein auch verbleibender rechtsästhetischer Anreiz eines europaweit homogenen Unternehmensbegriffs eine Anpassung nicht rechtfertigen.[404]

III. Marktbeherrschende Stellung

Gem. § 18 Abs. 1 GWB ist ein Unternehmen marktbeherrschend, soweit es als Nachfrager einer bestimmten Art von Waren oder gewerblichen Leistungen auf dem sachlich und räumlich relevanten Markt ohne Wettbewerber ist oder keinem wesentlichen Wettbewerb ausgesetzt ist. Die öffentliche Hand ist als Nachfrager von Entwicklungen im wehrtechnischen Bereich in Deutschland ohne weiteres als ein marktbeherrschendes Unternehmen einzustufen, welches in diesem Bereich eine Monopolstellung innehat.[405]

Neben dem öffentlichen Auftraggeber kommen höchstens noch (wehrtechnische) Unternehmen, die im Rahmen einer eigenfinanzierten Entwicklung Aufträge über Teilleistungen vergeben, als möglicher Auftraggeber von Entwicklungen im wehrtechnischen Bereich in Frage.

IV. Missbräuchliche Ausnutzung einer marktbeherrschenden Stellung durch die Verwendung Allgemeiner Geschäftsbedingungen

1. § 19 Abs. 2 Nr. 2 GWB i.V.m. §§ 305 ff BGB

Zu prüfen ist weiterhin, ob die öffentliche Hand ihre marktbeherrschende Stellung als Nachfrager durch die Verwendung der ABEI und des Mustervertrags bzw. des modifizierten Mustervertrags missbräuchlich ausnutzt bzw. ausgenutzt hat.

In Frage kommt neben der Generalklausel in § 19 Abs. 1 GWB nur ein Missbrauch gem. § 19 Abs. 2 Nr. 2 GWB durch die Forderung der öffentlichen Hand von Geschäftsbedingungen, die von denjenigen abweichen, die sich bei wirksamem Wettbewerb mit hoher Wahrscheinlichkeit ergeben würden.

Der Bundesgerichtshof hat sich mit der Bedeutung des AGB-Rechts für die kartellrechtliche Prüfung im Rahmen der Favorit-Entscheidung beschäftigt. Danach hat der BGH bei der Anwendung von § 19 Abs. 2 Nr. 2 GWB (damals noch § 22 Abs. 4 Satz 2 Nr. 2 GWB) auf Allgemeine Geschäftsbedingungen explizit nicht auf die Wertungen des Rechts der Allgemeinen Geschäftsbedingungen abgestellt, sondern darauf, ob im Rahmen einer Gesamtbetrachtung und

404 Lange/Bunte: Kommentar zum deutschen und europäischen Kartellrecht, § 20, Rn. 22.
405 OLG Frankfurt WuW/E 4354, zit in: Bechthold: GWB, § 130, Rn. 9, Rittner: Rechtsgrundlage und Rechtsgrundsätze, S. 113.

Anwendung des Vergleichsmarktkonzepts Leistung und Gegenleistung, welche von den Parteien ausgetauscht werden, „zum Nachteil der Abnehmer (erheblich) davon abweichen, was auf dem Vergleichsmarkt festzustellen ist." Dabei sei eine „Gesamtbetrachtung des Leistungsbündels" geboten.[406]

Damit ist bei der Ermittlung der Forderung missbräuchlicher Geschäftsbedingungen grundsätzlich – wie auch bei der Ermittlung ungünstigerer Entgelte – auf ein Vergleichsmarktkonzept abzustellen. Zur Feststellung von wettbewerbsanalogen Geschäftsbedingungen sind somit vorrangig die Verhaltensweisen von Unternehmen auf vergleichbaren real existierenden Märkten mit wirksamem Wettbewerb den konkret geforderten Bedingungen gegenüberzustellen.

So hat bei der Ermittlung von überhöhten Preisen vor allem das räumliche Vergleichsmarktkonzept praktische Bedeutung erlangt, indem die Preise für Produkte desselben sachlich relevanten Marktes auf unterschiedlich räumlich relevanten Märkten verglichen werden.[407] Vergleichsmarkt sollte dabei grundsätzlich ein Wettbewerbsmarkt sein – wenn ein solcher jedoch nicht existiert, kann der Vergleichsmarkt auch ein anderer Monopolmarkt sein.[408] In räumlicher Hinsicht sollen regionale oder lokale Vergleichsmärkte innerhalb Deutschlands herangezogen werden. Sollte – wie hier – das Unternehmen im gesamten Bundesgebiet

---

406 BGH WuW/E BGH 2103 (2106,2107), vgl. auch Kordel, Guido: Missbrauch einer marktbeherrschenden Stellung durch Verwendung zivilrechtswidriger AGB „im Auftrag des Bundes" – Die neuen AGB der Toll Collect aus der Sicht des deutschen und europäischen Kartellrechts, ZWeR 2005, 359 (370).

407 Geringere Bedeutung in der Praxis haben dabei das sachliche Vergleichsmarktkonzept, wonach zur Ermittlung überhöhter Preise die Preise für sachlich eng verwandt, aber doch nicht austauschbare Produkte verglichen werden bzw. das zeitliche Vergleichsmarktkonzept, bei dem die Preisgestaltung eines Unternehmens in einzelnen Zeitabschnitten verglichen wird (vgl. Lange/Bunte: Kommentar zum deutschen und europäischen Kartellrecht, § 19 Rn. 110/111).
Das zeitliche Vergleichsmarktkonzept kommt hier von vorherein nicht in Frage, da ein zeitlicher Vergleichsmarkt nur dann in Frage kommt, wenn die Marktbeherrschung jüngeren Datums ist und das Unternehmen in den Zeiten, in denen es noch nicht Marktbeherrscher war, sich anders verhalten hat. Ein zeitlicher Vergleichsmarkt ist somit nur dann relevant, wenn feststeht, dass er ein Wettbewerbsmarkt war (vgl. Bechthold: GWB, § 19 Rn. 58). Hier bestand für Entwicklungsaufträge im wehrtechnischen Bereich von vornherein nie ein Wettbewerbsmarkt, da die Bundeswehr schon seit jeher als Monopolist agiert.

408 BGH, Beschl. Vom 21.10.1986 – KVR 7 /85 „Glockenheide", WuW/ BGH 2309 (2311).

marktbeherrschend sein, so ist auf Vergleichsmärkte im Ausland zurückzugreifen.[409]

Diese Ausführungen zum Vergleichsmarktkonzept gelten auch für die Prüfung von Geschäftsbedingungen.[410] Gemäß den oben dargelegten Ausführungen müssten danach die Geschäftsbedingungen anderer öffentlicher Auftraggeber im Ausland bei der Vergabe von wehrtechnischen Entwicklungsaufträgen zum Vergleich herangezogen werden.

Dabei muss nach der Rechtsprechung für den Vergleich, welche Bedingungen für den Auftragnehmer günstiger sind, eine Gesamtbetrachtung des Leistungsbündels (d.h. des Preises und der AGB insgesamt) erfolgen.[411] Dies bereitet bei kartellrechtlichen Überprüfungen von Geschäftsbedingungen allerdings größere praktische Schwierigkeiten, da danach Vorteile einzelner Klauseln mit Belastungen durch andere zu saldieren sind und somit die Frage, welche Bedingungen für einen Auftragnehmer günstiger oder ungünstiger sind, nicht auf der Basis des Vergleichs einzelner Geschäftsbedingungen beantwortet werden kann, da die ungünstige Wirkung einer Bedingung durch die günstige Wirkung anderer Bedingungen oder durch den Preis wieder ausgeglichen werden kann.[412] Da hier aus Sicht der Verfasserin der subjektive Spielraum viel zu groß ist, zumal sich einzelne Vertragsbestimmungen kaum in Geld quantifizieren lassen, hält die Verfasserin das Vergleichsmarktprinzip zu einer kartellrechtlichen Überprüfung der Geschäftsbedingungen grundsätzlich für nicht geeignet.[413] Erschwerend kommt hinzu, dass eine mögliche Vergleichsbasis ohnehin recht schmal wäre, da insbesondere im Bereich der Wehrtechnik nur Monopolmärkte existieren und man hier im Rahmen des Vergleichsmarktkonzeptes höchstens die Bedingungen eines anderen ausländischen Verteidigungsministeriums bei der Auftragsvergabe prüfen kann; dort aber in der Regel durch die strukturellen Unterschiede und insbesondere durch die national unterschiedlichen rechtlichen Anforderungen

---

409 Bechthold: GWB, § 19, Rn. 77, Loewenheim/Meessen/Riesenkampff: Kartellrecht, § 19, Rn. 75.

410 Wiedemann: Handbuch des Kartellrechts, § 23, Rn. 59.

411 BGH, Beschl. Vom 06.11.1984 – KVR 13/83 „Favorit", WuW/E BGH 2103 (2105).

412 Wiedemann: Handbuch des Kartellrechts, § 23, Rn. 59.

413 vgl. dazu auch Lange: Handbuch zum deutschen und europäischen Kartellrecht, Rn. 1034, Möschel in: Immenga, Ulrich/Mestmäcker, Ernst-Joachim: Wettbewerbsrecht, Band 2, Teil 1 GWB, 5. Auflage, München 2012, § 19 Rn 174 geht davon aus, dass die Vergleichsmarktkonzepte, in die der Konditionenmißbrauch legislativ eingebettet ist, zwar nicht von vornherein ungeeignet sind, allerdings nur sehr bedingt passen.

an Allgemeine Geschäftsbedingungen keine wirkliche Vergleichbarkeit herzustellen ist.[414,415]

Eine unmittelbare Prüfung der AGB an den §§ 305 ff BGB im Rahmen des § 19 Abs. 2 Nr. 2 GWB scheidet somit aus.

2. *§ 19 Abs. 1 GWB i.V.m. §§ 305 ff BGB*

Fraglich ist, ob im Rahmen der Generalklausel des § 19 Abs. 1 GWB auch das dispositive Gesetzesrecht als Orientierungshilfe herangezogen werden kann. Die

---

414 Kordel: Missbrauch einer marktbeherrrschenden Stellung, ZWeR 2005, S. 359 (370) , Bechthold: GWB, § 19, Rn. 77, gerade bei einem Vergleich mit einem anderen Monopolunternehmen und/oder ausländischen Vergleichsmärkten ist aber besonders auf eine Vergleichsfähigkeit hinsichtlich der Marktstrukturen zu achten, vgl. BGH, Beschl. Vom 21.10.1986 – KVR 7 /85 „Glockenheide", WuW/ BGH 2309 (2311), Bechthold: GWB, § 19, Rn. 58.

415 Die Verfasserin hat dennoch die Bedingungen mit denen eines Mustervertrages (Draft Model Contract, CEDS-FSP Call, abrufbar unter http://www.eda.europa.eu/docs/default-source/procurement/ceds-fsp-model-contract-template.pdf) der European Defence Agency (EDA), einer Agentur der europäischen Union für Rüstungsplanung, -forschung und –beschaffung, verglichen. Zusammenfassend lässt sich sagen, dass diese Bedingungen der EDA für den Auftragnehmer nicht günstiger sind. Zwar enthält dieser Mustervertrag eine Haftungsbegrenzung auf 100 % des Auftragswertes in Article 22, dafür haftet der Auftragnehmer gem. Article 17.4 für alle denkbaren Patentverletzungen verschuldensunabhängig. Der Entwicklungsvertrag des deutschen öffentlichen Auftraggebers enthält neben der grundsätzlichen Haftungsbegrenzung gem. § 14 Abs. 2 VOL/B auf Schäden am Vertragsgegenstand selbst noch eine Begrenzung der Ermittlungspflicht auf deutsche Schutzrechte und branchenübliche Sorgfalt. Hinsichtlich eines außerordentlichen Kündigungsrechts ohne Grund (Termination for convenience) ist zwar in Article 20.1.2 geregelt, dass eine Kündigung mit einer Frist von mindestens 50 Tagen erfolgen muss, die Abgeltungsregelung in 20.1.4 ist jedoch mit § 19 ABEI vergleichbar. Hinsichtlich der Nutzungsrechte an den Ergebnissen ist in § 17 geregelt, dass der Auftraggeber an den Neurechten ein kostenloses und nichtausschließliches Nutzungsrecht erhält, welches er für sog. „defence"- und „security"-Zwecke nutzen kann; hinsichtlich der einzuräumenden Altrechte ist die Regelung dergestalt, dass der Auftragnehmer bei Nutzung für „defence"- und „security"-Zwecke eine angemessene Vergütung zu entrichten hat. Dies entspricht in etwa den ABEI-Regelungen.
Aus der Betrachtung und dem Vergleich dieser Regelungen lässt sich schließen, dass die Regelungen der ABEI bzw. des entsprechenden Entwicklungsvertragsmusters für den Auftragnehmer nicht ungünstiger sind als die EDA-Bedingungen, so dass auch unter diesem Gesichtspunkt das Vorliegen von § 19 Abs. 2 Nr. 2 GWB abzulehnen sein wird.

Anwendung der Generalklausel ist hier ebenfalls möglich, da § 19 Abs. 2 Nr. 2 GWB nur einen Regelfall beschreibt und keinen abschließenden Spezialtatbestand darstellt.[416] Der BGH hat die Frage, ob bzw. inwieweit bei der Prüfung der Geschäftsbedingungen auch auf die allgemeinen Gerechtigkeitsvorstellungen bzw. auf die Wertungen abzustellen ist, wie sie in den gesetzlichen Regelungen zur Inhaltskontrolle allgemeiner Geschäftsbedingungen zum Ausdruck kommen, ausdrücklich offen gelassen.[417]

Auch wenn teilweise vertreten wird, dass für eine Erstreckung auf AGB-rechtliche Gesichtspunkte keine Veranlassung besteht, weil dem Betroffenen durch das Zivilrecht direkt Rechtsschutz gewährt wird,[418] so sprechen doch die überzeugenderen Argumente dafür, die Wertungen des § 307 ff BGB als Maßstab für ein missbräuchliches Verhalten zu berücksichtigen, ohne allein den Ausschlag zu geben. Sofern das Gerechtigkeitsmodell des dispositiven Gesetzesrechts einen Leitbildcharakter für einen angemessenen Interessenausgleich bei Annahme eines funktionierenden Wettbewerbs darstellt, so wäre es nicht angebracht, dem marktbeherrschenden Verwender bei einem durch seine Marktmacht nur eingeschränkten Wettbewerb einen größeren Handlungsspielraum zuzugestehen.

Gegen das Argument, dass das Missbrauchsverbot nicht die Aufgabe habe, wie das AGB-Recht für eine individuelle Vertragsgerechtigkeit zu sorgen, wenn eine Partei als Verwender auftritt, lässt sich anführen, dass das GWB selbst ein paralleles Vorgehen von Kartellbehörden und Privaten gegen dasselbe Verhalten zulässt. So stellt § 33 GWB im Zivilrechtsweg eine eigene Anspruchsgrundlage dar, schließt jedoch ein gleichzeitiges Vorgehen der Kartellbehörde im Rahmen eines Untersagungsverfahrens nach § 32 GWB nicht aus. Somit soll zwischen dem öffentlich-rechtlichen Vorgehen der Kartellbehörden und dem zivilrechtlichen Vorgehen Privater gegen kartellrechtlich einschlägiges Verhalten kein

416 OLG Stuttgart Kartellsenat, Beschluss vom 25.08.2011 201 Kart 2/11, Rn. 29; Leo/Knöpfle in: Müller-Henneberg/Schwarz/Hootz: Gesetz gegen Wettbewerbsbeschränkungen und Europäisches Kartellrecht – Gemeinschaftskommentar, 5. völlig neubearbeitete Auflage, München 2001, Rn. 2188 stellt hingegen darauf ab, ob ein „verwertbarer Vergleichsmarkt" existiert. Sofern ein solcher vorhanden ist, ist ein Rückgriff auf § 19 Abs. 1 GWB nicht mehr möglich, da es sich bei § 19 Abs. 2 Nr.2 GWB für den Fall der Konditionenüberprüfung um eine erschöpfende Konkretisierung des Mißbrauchsbegriffs in Abs. 2 handle.

417 BGH, WuW/E 2103 (2105) „Favorit".

418 Wiedemann: Handbuch des Kartellrechts, § 23, Rn. 59.

Ausschließlichkeitsverhältnis bestehen. Dass sich gegebenenfalls die Nichtigkeit eines rechtlich relevanten Verhaltens aus zwei verschiedenen Vorschriften ergibt, ist rechtlich nicht zu beanstanden.[419]

Somit ist bei der Prüfung des Tatbestandes die gesetzliche Wertentscheidung, die der Inhaltskontrolle nach § 307 ff BGB zugrunde liegt, zu berücksichtigen.[420]

Obwohl marktbeherrschende Unternehmen aufgrund der ihnen mangels Wettbewerb kaum begrenzten Verhaltensspielräume eher geneigt sein werden, diese Freiräume in der Ausgestaltung ihrer AGB zu ihrem Vorteil auszunutzen, kann das nicht zur Folge haben, dass jeder Verstoß eines marktbeherrschenden Unternehmens gegen die § 305 ff BGB zugleich einen Missbrauch i.S.d. § 19 Abs. 1 GWB darstellt. Man wird vielmehr eine Gesamtbetrachtung der AGB unter Einbeziehung ihrer voraussichtlichen Wirkungen auf den Markt im Rahmen einer Interessenabwägung vornehmen müssen. Die AGB müssen danach „im Ganzen" als missbräuchlich einzustufen sein.[421]

Neben der Feststellung eines Verstoßes gegen die §§ 305 ff BGB ist also eine Interessenabwägung erforderlich, welche die AGB „im Ganzen" einer Prüfung unterzieht.

Wie in Kapitel 5 und 6 festgestellt, verstoßen neben § 19 Abs. 1 S. 2 ABEI auch Regelungen in § 7 Abs. 11 und § 16 des Vertragsmusters „Mustervertrag Inland" gegen die § 305 ff BGB.

Im Rahmen einer Interessenabwägung sind Kriterien zu entwickeln, anhand derer ermittelt werden kann, ob für die Verwendung der beanstandeten AGB ein sachlicher Rechtfertigungsgrund besteht.[422]

Demnach soll ein wesentliches Kriterium für die Beurteilung der Missbräuchlichkeit der Verwendung von gegen §§ 305 ff BGB verstoßenden AGB die Frage sein, inwieweit die andere Partei die AGB nur aufgrund der Marktmacht des Verwenders ausdrücklich akzeptiert hat, da es für ein Unternehmen in einem wettbewerblich strukturierten Markt in der Regel nicht möglich sein

---

419 Kordel: Missbrauch einer marktbeherrrschenden Stellung, ZWeR 2005, S. 359 (371).

420 Immenga/Mestmäcker: Wettbewerbsrecht, § 19, Rn. 174, Ulmer/Brandner/Hensen: AGB-Recht, Vorb. v. § 307, Rn. 88.

421 vgl. Leo/Knöpfle in: Müller-Henneberg/Schwarz: Gesetz gegen Wettbewerbsbeschränkungen und Europäisches Kartellrecht, Rn. 2179, Kordel: Missbrauch einer marktbeherrrschenden Stellung, ZWeR 2005, S. 359 (372).

422 Leo/Knöpfle in: Müller-Henneberg/Schwarz: Gesetz gegen Wettbewerbsbeschränkungen und Europäisches Kartellrecht, § 19 Rd. 2196.

wird, vollumfänglich die eigenen AGB durchzusetzen.[423] Dieses Kriterium ergibt sich aus den Bräuchen und Gewohnheiten des Handelsverkehrs und aus der Dogmatik des § 19 GWB, wonach sich die Missbrauchskontrolle darauf beschränkt, Verhaltensweisen zu verbieten, die dem marktbeherrschenden Unternehmen allein aufgrund seiner Marktmacht offen stehen und die einem einzelnen Unternehmen bei Vorliegen von Wettbewerb nicht möglich wäre.[424]

Im Falle der ABEI bzw. des entsprechenden Mustervertrags lässt sich hier keine pauschale Aussage treffen. Sofern es sich um eine öffentliche Ausschreibung handelt, sind die Bedingungen in der Regel nicht verhandelbar. Falls das entsprechende Angebot des Bieters von den Bedingungen abweicht, besteht die Gefahr des Ausschlusses aus dem Bieterverfahren. Auch im Rahmen eines Verhandlungsverfahrens o.ä. sind die Bedingungen kaum verhandelbar.[425] Damit liegt eine für den Handelsverkehr untypische Situation vor, indem die Auftragnehmer die AGB nicht freiwillig sondern nur deshalb akzeptiert haben, weil der öffentliche Auftraggeber sie unter Ausnutzung seiner Marktmacht und der nur ihm zur Verfügung stehenden Instrumente einer Ausschreibung unter Anwendung der öffentlichen Vergabevorschriften wie die VOL dazu „gezwungen“ hat.

Ein weiteres zentrales Kriterium für die missbräuchliche Verwendung des marktbeherrschenden Unternehmens ist, ob im Vergleich zum dispositiven Recht durch die AGB eine Risikoverteilung in unverhältnismäßiger Weise zu Lasten der Gegenpartei vorgenommen wird. Dabei lautet die Kernfrage, ob und inwieweit der AGB-Verwender ein berechtigtes Interesse an der Verwendung von AGB aufweist, die gegen die § 305 ff BGB verstoßen.[426]

Auf den ersten Blick erscheinen die AGB-rechtswidrigen Punkte von sekundärer Relevanz, da die wesentlichen Haftungs- und Gewährleistungsregelungen als AGB-rechtskonform befunden wurden. In der Tat kann hierbei aber im Einzelfall ein nicht unbeträchtliches Haftungsrisiko vorliegen, z.B. im Rahmen der Vertragsstrafe in § 7 Abs. 11 des Vertragsmusters „Entwicklungsvertrag Inland“, da die Auftragssummen bei Entwicklungsverträgen im wehrtechnischen Bereich nicht selten im zweistelligen Millionenbereich liegen.

423 In der Regel werden zumindest einzelne Bedingungen ausgehandelt werden bzw. werden die AGB beider Parteien miteinander kollidieren.

424 Möschel in: Immenga/Mestmäcker: Wettbewerbsrecht, § 19 Rd. 100.

425 vgl. Auswertung der Umfrage, Kapitel 6, A II, Ziff. 4.

426 Kordel: Missbrauch einer marktbeherrschenden Stellung, ZWeR 2005, S 359 (376).

Auch ist kein berechtigtes Interesse[427] des öffentlichen Auftraggebers ersichtlich, das als sachliche Rechtfertigung für die Verwendung der gegen die §§ 305 ff BGB verstoßenden AGB dienen könnte.

Im Ergebnis ist somit festzuhalten, dass der öffentliche Auftraggeber seine marktbeherrschende Stellung missbraucht, indem er offenbar kein berechtigtes Interesse an der Verwendung von AGB hat, die gegen die §§ 305 ff BGB verstoßen.

V. Sonstige Anhaltspunkte für eine missbräuchliche Ausnutzung einer marktbeherrschenden Stellung

In Einzelfällen kann zudem anhand der konkreten Vertragsausgestaltung ein Missbrauch der marktbeherrschenden Stellung gem. § 19 Abs. 1 GWB vorliegen, sofern die öffentliche Hand Entwicklungsrisiken systematisch auf die Privatwirtschaft abwälzt. Dies kann dadurch geschehen, dass die spezifischen Entwicklungsrisiken, wie z.B. der besonders dynamische technische Fortschritt, die langen Vertragslaufzeiten sowie die Haftung für das Eintreten des Erfolges einseitig dem Auftragnehmer aufgebürdet werden.[428] Dies ergibt sich bei der individuellen Vertragsausgestaltung vor allem aus der Leistungsbeschreibung.

Da zudem keine Anhaltspunkte dafür vorliegen, dass einzelnen Unternehmen unangemessene oder schlechtere Bedingungen als anderen angeboten werden, wird hier eine Diskriminierung im Rahmen einer „unbilligen Behinderung" iSv § 19 Abs. 2 Nr. 1 GWB nicht geprüft.

VI. Verwaltungsverfahren/ Untersagung

Gem. § 32 Abs. 1 GWB können die Kartellbehörden das betroffene Unternehmen verpflichten, eine Zuwiderhandlung gegen die Vorschriften dieses Gesetzes abzustellen. Dazu können sie gem. Abs. 2 alle erforderlichen Abhilfemaßnahmen vorschreiben, die gegenüber der festgestellten Zuwiderhandlung verhältnismäßig und für eine wirksame Abstellung der Zuwiderhandlung erforderlich sind.

---

427 So kann nach Leo/Knöpfle in: Müller-Henneberg/Schwarz: Gesetz gegen Wettbewerbsbeschränkungen und Europäisches Kartellrecht, Rn. 2196 eine Kondition beanstandungsfrei bleiben, wenn die Klausel für den Marktbeherrscher erforderlich ist, um den Vertrag in einer wirtschaftlich sinnvollen Weise zu erfüllen; vgl. sinngemäß BGH, Beschluss vom 22.07.1999 „Flugpreisspaltung", WuW 1999, S. 1205 (2107).

428 vgl. Emmerich: Kartellrecht, S. 342, BKartA, TB 1989/90 S. 28f.

Dabei wird insbesondere die Frage zu klären sein, ob es nach dem Grundsatz der Verhältnismäßigkeit vertretbar wäre, die Untersagung der beanstandeten Klausel zu verfügen.[429] Eine andere Möglichkeit wäre die Abmahnung oder die Setzung einer Übergangsfrist für die Vereinbarung einer vertraglichen Ersatzlösung. Im Rahmen der Verhältnismäßigkeit wird es in der Regel genügen, wenn die Behörde die Zusage des Unternehmens herbeiführt, die beanstandeten Klauseln aufzugeben oder zugunsten des Vertragspartners zu mildern.[430]

429 BKartA WuW/E 1983 "Favorit", 2103 (2105).

430 Leo/Knöpfle in: Müller-Henneberg/Schwarz: Gesetz gegen Wettbewerbsbeschränkungen und Europäisches Kartellrecht, § 19, Rn 2198.

7. Kapitel: Analyse unklarer und missverständlicher Regelungen der ABEI und Versuch einer Neugestaltung unter Berücksichtigung der Interessen der Industrie und des öffentlichen Auftraggebers

Im Rahmen der in Kapitel 6 dargestellten Umfrage wurden von den teilnehmenden Industriefirmen vor allem die Regelungen zur Entwicklungskostenrückzahlung und Benutzungsrechten/Benutzungsentgelt als dringend überarbeitungsbedürftig eingestuft. Im Folgenden sollen die wesentlichen Problemfelder der einzelnen Regelungen kurz analysiert und daraus eine Neuformulierung entwickelt werden, um den Interessen beider Vertragsparteien gerecht zu werden.

Zusätzlich wird noch ein Vorschlag hinsichtlich einer wirksamen Klausel in § 7 Abs. 11 des Entwicklungsvertragsmusters Inland erarbeitet.

§ 1 § 9 ABEI – Rückzahlung der Entwicklungskosten

A. Probleme in der Praxis

Die Regelung über die Entwicklungskostenrückzahlung existiert bereits seit 1959 und ist seither kaum abgeändert worden. Nichtsdestotrotz tauchen diesbezüglich in der Praxis immer wieder Schwierigkeiten auf.

So ist zum einen unklar, wie die Basis für die Berechnung der Rückzahlung gem. Abs. 1 a) bzw. Abs. 2 a, der „Stückveräußerungspreis" zu definieren ist. Insbesondere ist nicht eindeutig bestimmt, ob hier die Umsatzsteuer ebenfalls im Stückveräußerungspreis enthalten sein soll, so dass sich eine Klarstellung anbietet. Die Verfasserin schlägt vor, den Begriff „Nettoverkaufspreis" entsprechend § 15 Abs. 1, S. 1 des Mustervertrags Inland für die Zahlung des Benutzungsentgelts zu verwenden und zu definieren. Denn andernfalls ist schwer nachvollziehbar, warum für die Nutzung der Altrechte des Auftragnehmers durch den Bund der Nettoverkaufspreis als Basis dienen soll, für die Nutzung der Neurechte durch den Auftragnehmer hingegen der Bruttoverkaufspreis.

Als weiteres Problem wurde die Veräußerung von Software auf CD's identifiziert. Die öffentliche Hand vertritt dabei die Ansicht, dass es sich hierbei um einen Fall des Abs. 1 b) handelt und dementsprechend 50% der Netto-Lizenzgebühren an den Auftraggeber zu zahlen sind. Dem kann nicht gefolgt werden: Abs. 1 b) regelt nur die Einräumung einer Nachbaulizenz durch den Auftragnehmer an Dritte. Dafür wird er in der Regel eine Stücklizenzgebühr im unteren einstelligen Prozentbereich für jeden durch den Dritten veräußerten nachgebauten Entwicklungsgegenstand erhalten.

Im Falle der Überlassung von Software handelt es sich – sofern die Verträge eine dauerhafte, d. h. zeitlich unbegrenzte Nutzung gegen ein Einmalentgelt vorsehen – jedoch nicht um einen Lizenz- sondern um einen Kaufvertrag. Sollte es sich um eine Softwareerstellung handeln, also dem Vertrieb von Standardsoftware, die durch zusätzliche Leistungen an die Bedürfnisse des Kunden angepasst wird, ist dann eine werkvertragliche Qualifizierung angebracht, wenn die Anpassung der Standardsoftware an die individuellen Bedürfnisse des Kunden im Vordergrund steht.[431] Dem Wortlaut nach liegt allerdings bei beiden Vertragsarten ein Fall des Abs. 1 a) vor, so dass im Rahmen des § 9 5 % des Stückveräußerungspreises zu entrichten sind. Zudem wird die Software in diesem Fällen nicht durch den Dritten reproduziert und weiterveräußert – genau diesen Fall aber soll Abs. 1 b) regeln.

Zwar argumentiert der öffentliche Auftraggeber, dass die Überlassung eines Nutzungs/ Nachbaurechts entscheidend nur vom Wert des zur Nutzung überlassenen Know-hows bestimmt sei und hier keine nennenswerten Material- und Personalkosten einfließen, wie bei der Lieferung eines entwickelten Gegenstandes. Dies ist jedoch nur richtig für den Fall, dass eine reine Softwareüberlassung vereinbart wird, d.h. es wird dieselbe Software, die im Rahmen des Entwicklungsvertrags neu erstellt wurde, an Dritte geliefert. Dies wird aber ein sehr seltener Fall sein, da die meisten Kunden in dem doch sehr spezifischen Bereich der Wehrtechnik die Software auf ihre Bedürfnisse anpassen lassen werden. In dem Fall entstehen beim Auftragnehmer durchaus zumindest Personalkosten, so dass eine 50 % Abführung des Stückveräußerungspreises nicht mehr kostendeckend bzw. das Unternehmen nicht mehr wettbewerbsfähig ist.

Es wird vorgeschlagen, die Regelung grundsätzlich so zu belassen und wie vorangehend hergeleitet anzuwenden. Da die Argumente des BAAINBw allerdings auch z.T. nachvollziehbar sind, wird vorgeschlagen, den Prozentsatz moderat zu erhöhen, allerdings auf maximal 10 %.

431 Hoeren: IT-Vertragsrecht, S. 78.

Die Rückzahlungsverpflichtung wird grundsätzlich bei Veräußerung des entwickelten Gegenstandes ausgelöst, soll aber auch für die abgewandelte Ausführung gelten. Dies ist im Prinzip nachvollziehbar, da andernfalls der Auftragnehmer diese Rückzahlungsverpflichtung durch kleine Abwandlungen des Entwicklungsgegenstandes umgehen könnte. Allerdings scheint dies dann nicht mehr gerechtfertigt, wenn der Auftragnehmer den Entwicklungsgegenstand auf eigene Kosten in beträchtlicher Weise weiterentwickelt und gerade diese Weiterentwicklung ein wesentliches Verkaufsargument ist. Fraglich und unklar ist, ob dies noch unter den Begriff „abgewandelte Ausführung" subsumiert werden soll. Interessengerechter erscheint zumindest eine Integration einer Öffnungsklausel, die den Parteien die Möglichkeit gibt, in solchen Fällen individuell zu verhandeln.

B. Neuformulierung § 9 ABEI

Nachfolgend wird nun versucht, die unter A. angeführten Probleme bzw. Unklarheiten durch eine Neuformulierung aufzulösen.

§ 9 Rückzahlung der Entwicklungskosten

1. Der Auftragnehmer ist verpflichtet, die vom Auftraggeber getragenen Entwicklungskosten zuzüglich eines einmaligen Aufgeldes von 6,5 % an den Auftraggeber zurückzuzahlen, wenn und soweit
   a. der Auftragnehmer das **Entwicklungsergebnis i.S.v. § 2 ABEI bzw. Teile davon – auch in abgewandelter Ausführung** – an Dritte liefert, die ihrerseits nicht an den Auftraggeber liefern. oder
   b. der Auftragnehmer Dritten Rechte zum Nachbau am Entwicklungsergebnis oder zur Anwendung des entwickelten Verfahrens (auch in abgewandelter Ausführung) für Lieferungen einräumt, die nicht für den Auftraggeber bestimmt sind.
2. Die Rückzahlung erfolgt in der Weise, dass der Auftragnehmer
   a. in den vorstehend zu 1 a) genannten Fällen 5% des **Nettoverkaufspreises** des Gegenstandes oder Teiles – **sofern es sich beim Entwicklungsergebnis um Computer Software handelt: 10 % des Nettoverkaufspreises des Gegenstandes oder Teiles**
   b. in den vorstehend zu 1 b) genannten Fällen 50 % der Netto-Lizenzgebühren an den Auftraggeber abführt, bis der nach Abs. 1 zu zahlende Betrag erreicht ist.
3. **Klargestellt wird, dass sich die Bemessungsgrundlage für die Berechnung der entsprechenden Rückzahlungen (z.B. der Nettoverkaufspreis)**

immer nur auf das Entwicklungsergebnis (bzw. auf Teile davon – auch in abgewandelter Ausführung) bezieht. Sofern für das Entwicklungsergebnis kein gesonderter Nettoverkaufspreis bzw. keine Netto-Lizenzgebühr gegenüber Dritten gebildet wird, weil es z.B. in einen anderen Gegenstand eingebaut wurde, ist dies zu berücksichtigen und ein fiktiver Nettoverkaufspreis bzw. Netto-Lizenzgebühr zu bilden, die sich nur auf das Entwicklungsergebnis (bzw. Teile davon – auch in abgewandelter Form) beziehen.

4. Bei der Berechnung des zurückzuzahlenden Betrages sind, soweit zutreffend, von den vom Auftraggeber getragenen Entwicklungskosten die Preise der im Rahmen des Entwicklungsvertrags etwa gelieferten Versuchsmuster und die Entgelte für die Sonderbetriebsmittel, die in das Eigentum des Auftraggebers übergegangen sind, abzuziehen.
5. Sollte der Auftragnehmer bei dieser oder bei der vereinbarten Regelung nachweislich nicht wettbewerbsfähig sein, ist der Auftraggeber bereit, die Sätze zu ermäßigen.
   Die Sätze sind ebenfalls zu ermäßigen, wenn der Auftragnehmer nachweist, dass der zu liefernde entwickelte Gegenstand (bzw. der entwickelte Gegenstand, an dem Nachbaurechte oder Anwendungsrechte in Bezug auf ein entwickeltes Verfahren erteilt wurden) in nicht unerheblicher Form in der grundlegenden Konstruktion oder Funktion abgewandelt wurde, z.B. durch auf Kosten des Auftragnehmers oder eines Dritten finanzierte Weiterentwicklungen oder Verbesserungen.
6. Die Rückzahlungsverpflichtung entfällt nach 5 Jahren, sofern im Vertrag keine kürzere oder längere Frist vereinbart worden ist. Die Frist beginnt mit dem Tage der Schlussniederschrift.
   Der Auftragnehmer wird über seine Rückzahlungsverpflichtungen gemäß Abs. 1 unaufgefordert jährlich nachträglich Rechnung legen und entsprechende Zahlungen leisten. Er ist verpflichtet, dem Auftraggeber in die diesbezüglichen Unterlagen Einsicht zu gewähren. **Auf schriftlichen Wunsch des Auftragnehmers kann die Einsichtnahme alternativ auf seine Kosten von einem vom Auftraggeber beauftragten zur Berufsverschwiegenheit verpflichteten Dritten erfolgen.**

§ 2 § 12 ABEI – Benutzungsrechte und Kennzeichnung

A. Unklarheiten und Regelungslücken des § 12 ABEI

Die bereits in der ABEI recht umfangreiche Benutzungsrechteregelung wurde im Entwicklungsvertragsmuster erneut aufgegriffen. Dabei wurden einige Regelungen doppelt erwähnt (z.B. Erstreckung des Nutzungsrechts auf alle zum Zeitpunkt des Vertragsschlusses bekannten Nutzungsarten), einige wurden zum Nachteil des Auftragnehmers abgeändert und andere wiederum neu hinzugefügt. Aus Sicht der Verfasserin stellt die Regelung insgesamt eine eher unübersichtliche und oftmals unklare Gemengelage dar, so dass nachfolgend versucht wird, die Regelungen zu einer zusammenzufassen, zu ordnen und sinnvoll zu ergänzen.

Hinsichtlich Abs. 1 und 2 wird der Umfang der Neu- und Altrechte umfassend definiert, da z.B. § 12 Abs. 1,2 bislang nur Rechte an technischen Informationen, Schutzrechten und Computersoftware einräumt und hier die Gefahr einer Lücke bzgl. anderer Ergebnisse bleibt, wie z.B. nichttechnische Informationen, Know-how oder Erfindungen. Weiterhin wird die Erweiterung auf ein „übertragbares" Nutzungsrecht wieder entfernt, da wie unter Kapitel 6 § 2 A) III. dargestellt, eine solche Übertragbarkeit für die vom öffentlichen Auftraggeber verfolgten Zwecke nicht erforderlich ist und die Gefahr einer AGB-rechtlich unwirksamen, überraschenden Klausel gegeben ist.

In dem neuen Abs. 5 wird eine Regelung zu den gemeinsamen Schutzrechten und ihren Nutzungsbefugnissen implementiert. Eine solche fehlte bislang, da in § 11 Abs. 2 ABEI nur der Fall geregelt ist, dass der Auftraggeber im Falle einer gemeinsamen Erfindung diese auf Verlangen des Auftragnehmers auf diesen zu übertragen hat.

Abs. 6 fasst erneut die in § 12 Abs. 6 ABEI und § 16 Abs. 4 Mustervertrag geregelten Nutzungsbefugnisse zusammen.

§ 16 Abs. 2 ABEI wird in unveränderter Form in dem neu gefassten Abs. 7 beibehalten. Die Verfasserin interpretiert dies lediglich als Klarstellung, dass das Eigentum an den jeweiligen Unterlagen unberührt bleibt und über die in § 12 genannten Rechte keine weitergehenden Rechte eingeräumt werden.

Abs. 8 fasst die Regelungen aus § 1 Abs. 4 Musterentwicklungsvertrag und § 12 Abs. 5 ABEI zusammen. Sofern der Auftragnehmer handelsübliche Produkte für die Erstellung des Entwicklungsergebnisses verwendet, erwirbt der Auftraggeber insbesondere keine Nachbaurechte daran (über die der Auftragnehmer in der Regel selbst nicht verfügt), was aber für den Auftraggeber keine Einschränkung seines Benutzungsrechts bedeutet, da er die handelsüblichen Produkte selbst auf dem Markt erwerben kann.

Abs. 9 fasst ebenfalls diverse Regelungen über die Einschränkung des Benutzungsrechts zusammen. So kann der Auftragnehmer zur Wahrung seiner berechtigten Interessen bzw. zum Schutz seiner Geschäfts- und Betriebsgeheimnisse Einschränkungen bei der Nutzung durch den Auftraggeber vereinbaren.

Der Auftragnehmer hat andererseits vor Veröffentlichung von noch unveröffentlichten Unterlagen die schriftliche Zustimmung des Auftraggebers einzuholen. In diesem Zusammenhang wurde der in § 16 Abs. 5 des Vertragsmusters „Entwicklungsvertrag Inland" enthaltene Passus „an Dritte weitergegeben" rausgenommen, da dieser eine erhebliche Einschränkung der Nutzungsbefugnis des Auftragnehmers darstellen würde und es hier nach Ansicht der Verfasserin nur um die Veröffentlichung gehen soll. Andernfalls würde diese Regelung die austarierte Vertraulichkeitsregelung in § 17 ABEI größtenteils wieder aushebeln.

Abs. 10 ersetzt den alten Abs. 8 ABEI. Hierbei ist erneut hervorzuheben, dass trotz Rechteinhaberschaft des Auftragnehmers eine andauernde Verpflichtung zur Abstimmung besteht, ehe der Entwicklungsgegenstand ins Ausland exportiert wird, was vor allem den Auftragnehmer einschränken wird, da im Verteidigungsbereich alle anderen Kunden im Ausland ansässig sein werden. Zudem kann der öffentliche Auftraggeber aus Gründen der Verteidigung die Ausfuhr bzw. Vergabe von Nachbaurechten ins Ausland verbieten. Dieses Ansinnen ist zwar nachzuvollziehen, nach Ansicht der Verfasserin allerdings nicht notwendig, da im Regelfall ohnehin eine Exportgenehmigung vor Ausfuhr nach dem Außenwirtschaftsgesetz bzw. Kriegswaffenkontrollgesetz erforderlich ist, welche dann in der Regel mit den Ergebnissen dieser Regelungen konsistent sein sollte.

Die Regelungen der ABEI enthalten keine Regelungen hinsichtlich der Verpflichtung zur Anmeldung und Aufrechterhaltung von Schutzrechten durch den Auftragnehmer.

Fraglich ist, ob die Aufnahme einer diesbezüglichen Regelung in diesem Kontext überhaupt notwendig ist. Grundsätzlich hat der Lizenzgeber einer nichtausschließlichen Lizenz an einem Patent auch ohne vertragliche Vereinbarung die Verpflichtung, das Schutzrecht aufrechtzuerhalten und die Patentamtsgebühren zu entrichten sowie Nichtigkeits- bzw. Löschungsklagen abzuwehren.[432] Diese ergibt sich aus dem Charakter der Lizenz als Benutzungsrecht an einem Monopolrecht. Das bedeutet, dass diese Monopolposition erworben werden bzw.

432 Pagenberg/Beier: Lizenzverträge, 4 Rn. 79.

aufrechterhalten werden muss, ungeachtet dessen, ob es sich um eine ausschließliche oder nichtausschließliche Lizenz handelt.[433]

Im Rahmen von Entwicklungsverträgen im wehrtechnischen Bereich besteht allerdings im Unterschied zu einer herkömmlichen Lizenz die Besonderheit, dass Nutzungsrechte zumindest an Neurechten unentgeltlich einzuräumen sind und die für die Schutzrechteverwaltung anfallenden Kosten[434] allein vom Auftragnehmer zu tragen wären. Dies mag dann gerechtfertigt sein, wenn dieser aus freien Stücken aus eigenem Interesse ein Schutzrecht hinterlegt. Eine Verpflichtung in jedem Fall – auch ohne eigenes Interesse – ein Schutzrecht anzumelden und ohne zeitliche Begrenzung aufrechtzuerhalten, kann dagegen oftmals nicht interessengerecht sein.

Zudem hat der Auftraggeber auf dem Gebiet der Beschaffung von Material für die Bundeswehr in der Regel keinen Mitbewerber, dem gegenüber ihm die Benutzungserlaubnis einen – durch das Schutzrecht dokumentierten – Vorsprung im Wettbewerb verschaffen kann. Ihm geht es primär um die Nutzung der vom Auftragnehmer erarbeiteten Ergebnisse. Dies zeigt sich auch in der Formulierung in § 16 Abs. 1 des Vertragsmusters „Entwicklungsvertrag -Inland", die eine Rechtseinräumung auch an „Erfindungen" vorsieht und dadurch den Schluss zulässt, dass der Auftraggeber/Lizenznehmer selbst als Vertragsersteller nicht von einer Pflicht zur Schutzrechteanmeldung ausgeht.

Auf der anderen Seite gibt es auch gewichtige Argumente, die für eine Anmeldung und Aufrechterhaltung von Schutzrechten von schutzrechtsfähigen Ergebnissen sprechen.

Zum einen besteht bei der Lizenznahme von einem Schutzrechteinhaber eine größere, augenfälligere Sicherheit für den Lizenznehmer, dass der Schutzrechteinhaber, z. B. der Patentinhaber, in der Regel auch der tatsächliche Rechteinhaber ist.

Zudem besteht bei einem Verzicht des Auftragnehmers/Lizenzgebers auf eine Schutzrechtsanmeldung ein immanentes Risiko, dass ein Dritter das entsprechende Schutzrecht anmeldet und Abwehransprüche gegen die nicht von ihm autorisierten Nutzer geltend macht. In der Regel wird man sich dabei auf ein Vorbenutzungsrecht z. B. gem. § 12 PatG berufen können, sofern die darin genannten Voraussetzungen, u. a. der Nachweis einer Nutzung zum Zeitpunkt der Anmeldung der Erfindung, erfüllt sind.

433 Bartenbach: Patentlizenz- und Know-how-Vertrag, Rn. 1374.

434 Neben der Verpflichtung zur Zahlung einer Arbeitnehmererfindervergütung gem. § 9 Abs. 1 ArbErfG für in Anspruch genommene Erfindungen.

Auch wenn der Lizenznehmer einer nichtausschließlichen Lizenz theoretisch damit rechnen muss, dass außer ihm auch weitere Nutzungsberechtigte das Schutzrecht benutzen können, wird im konkreten Fall die Möglichkeit der Nutzung der Ergebnisse durch Dritte, die ein entsprechendes Schutzrecht erwerben (mit der Möglichkeit, Lizenzen an weitere Dritte zu vergeben), oftmals nicht im Interesse des Auftraggebers/Lizenznehmers – der die Schaffung der Ergebnisse zumeist voll bezahlt hat – sein. Dies kommt vor allem deutlich in § 12 Abs. 8 ABEI zum Ausdruck, wonach Dritten nur in Abstimmung zwischen den Vertragsparteien Nachbaurechte eingeräumt werden dürfen.

In der Regel wird der Auftragnehmer/Lizenzgeber deswegen schon von jeher ein Interesse haben, die entsprechenden schutzrechtsfähigen Erfindungen etc. zum Patent, Gebrauchsmuster etc. anzumelden, da er nur auf diese Weise seine und die Interessen des Auftragnehmers an den Ergebnissen am wirksamsten schützen kann.

Die Verfasserin schlägt einen Kompromiss dergestalt vor, dass der Auftragnehmer für alle schutzrechtsfähigen Ergebnisse ein entsprechendes Schutzrecht erwirbt und zumindest für ein Jahr aufrechterhält.

Hinsichtlich der Altrechte gem. § 12 Abs. 2 wird eine Klarstellung dergestalt aufgenommen, dass der Auftragnehmer nicht zur Aufrechterhaltung ev. bestehender Schutzrechte verpflichtet ist.

Abs. 12 und 13 entsprechen im Wesentlichen den bereits in der ABEI enthaltenen Regelungen.

B. Neuformulierung § 12 ABEI

§ 12 Benutzungsrechte und Kennzeichnung

1. An allen Ergebnissen, die im Rahmen der Entwicklungsarbeiten entstehen, insbesondere an allen Schutzrechten wie Patenten oder Gebrauchsmustern, patent- und gebrauchsmusterfähigen Ergebnissen, aber auch an allen sonstigen technischen Entwicklungen, Dokumentationen (in jedweder Form), Know-how, Software, sonstigen technischen Prozessen und sonstigen Informationen, die bei Durchführung des Entwicklungsvorhabens entstehen, erhält der Auftraggeber das nichtausschließliche, unentgeltliche, unwiderrufliche, nicht übertragbare und nicht unterlizenzierbare Recht, diese für Verteidigungs- oder sonstige staatliche Zwecke weltweit zu nutzen. Dieses Nutzungsrecht umfasst auch das Recht, dieses durch Dritte im Auftrag des Auftraggebers ausüben zu lassen.
2. An allen Schutzrechten (auch urheberrechtlich geschützte, wie z. B. Software), Know-how, Dokumentationen und sonstigen technischen Informationen,

die vor Beginn der Durchführung bzw. außerhalb des Entwicklungsauftrags entstanden sind, ohne mit Mitteln des Auftraggebers finanziert worden zu sein und zur vertragsgemäßen Nutzung des Entwicklungsergebnisses durch den Auftraggeber notwendig sind, erhält der Auftraggeber – soweit im Vertrag nichts anderes geregelt ist – das Recht, diese gegen ein Benutzungsentgelt nach § 15 in dem gleichen Umfang wie die Ergebnisse nach Abs. 1 zu nutzen.

3. Die in Abs. 2 aufgeführten Rechte und Informationen sind dem Auftraggeber vom Auftragnehmer möglichst bereits vor Vertragsschluss zu benennen und im Vertrag festzuschreiben.
4. Die Benutzungsrechte gem. Abs. 1) und 2) schließen auch die Möglichkeit der Weitergabe von technischen Informationen durch den Auftraggeber bei Verkauf, leihweiser Überlassung und Abgabe von veraltetem oder überschüssigem Gerät und Zubehör ein, soweit diese Informationen vom Erwerber für Zwecke der Nutzung benötigt werden. Insoweit gilt Abs. 9 entsprechend.
5. Sofern kein Fall von § 11 Abs. 2 ABEI vorliegt, erhält jede Partei an gemeinschaftlichen Schutzrechten ein nichtausschließliches, unentgeltliches Nutzungsrecht für den eigenen Bedarf. Jede Partei kommt für ihre Nutzung für die in der Bundesrepublik Deutschland gesetzlich geregelte Arbeitnehmererfindervergütung auf. Die Schutzrechtsanmeldung wird gemeinsam hinterlegt und die Kosten für das Patent hälftig aufgeteilt.
   Die jeweiligen Mitinhaber werden ein gemeinschaftliches Schutzrecht nicht wirtschaftlich nutzen oder nutzen lassen, ohne sich zuvor mit dem anderen Mitinhaber über eine angemessene Aufteilung etwaiger Erlöse vertraglich geeinigt zu haben.
6. Soweit der Vertrag keine abweichenden Regelungen enthält (insbesondere aufgrund den in Abs. 9 benannten Gründen), erstreckt sich das Benutzungsrecht gem. Abs. 1) und 2) auf alle zum Zeitpunkt des Vertragsschlusses bekannten Nutzungsarten; insbesondere beinhaltet dieses Benutzungsrecht auch das Recht zur Bearbeitung, Umarbeitung, Übersetzung, Veröffentlichung, Verarbeitung, Vervielfältigung und Ausstellung und schließt bei urheberrechtlich geschützten Ergebnissen die Handlungen nach § 69 c UrhG (mit)ein.
7. Soweit vom Auftragnehmer technische Unterlagen zu liefern sind, bleiben die Rechte am technischen Inhalt (Know-how, Technische Daten etc.) und an einschlägigen gewerblichen Schutzrechten (Patente, Gebrauchsmuster etc.) unberührt. Die Reche der Vertragsparteien an technischen Unterlagen,

die Ausgangsunterlagen für die Neugestaltung sind, bleiben ebenfalls unberührt. Dies gilt entsprechend für DV-Programme des Auftragnehmers.

8. Das Benutzungsrecht gem. Abs. 2 gilt nicht für die im Entwicklungsergebnis enthaltenen handelsüblichen Produkte oder geänderten handelsüblichen Produkte. Unter den Begriff „handelsübliche Produkte" fallen Erzeugnisse, die auf dem Markt allgemein zu Marktpreisen verkauft oder angeboten werden (z.B. „commercial off the shelf"-Produkte). „Geänderte handelsübliche Produkte" sind Erzeugnisse, die aus handelsüblichen Produkten ohne wesentliche Änderung in ihrer grundlegenden Konstruktion und Funktion erstellt worden sind.
9. Bei der Ausübung des Benutzungsrechts gem. Abs. 2 wird der Auftraggeber erkennbare bzw. durch den Auftragnehmer mitgeteilte berechtigte Interessen des Auftragnehmers hinsichtlich dessen gewerblicher Schutzrechte und Geschäfts- und Betriebsgeheimnisse berücksichtigen. Sofern der Auftragnehmer nachweisen kann, dass ihm bei Weitergabe oder Veröffentlichung geheimhaltungsbedürftiger Informationen gem. Absatz 2 erheblicher wirtschaftlicher Schaden droht, werden sich die Parteien über notwendige vertragliche Nutzungseinschränkungen unter Wahrung einer zweckmäßigen Nutzung des Entwicklungsergebnisses durch den Auftraggeber verständigen.
   Beabsichtigt der Auftragnehmer seinerseits, die vom Auftraggeber noch nicht veröffentlichten Berichte oder sonstigen Unterlagen zu veröffentlichen oder veröffentlichen zu lassen, hat er zuvor die schriftliche Zustimmung des Auftraggebers einzuholen. Er hat ferner nach Drucklegung alsbald drei Exemplare seiner Veröffentlichung dem Auftraggeber zu übersenden.
10. Will ein Vertragspartner Rechte zum Nachbau des entwickelten Gegenstandes oder zur Anwendung des entwickelten Verfahrens ins Ausland vergeben (auch in abgewandelter Ausführung) oder einen solchen Gegenstand ins Ausland liefern oder liefern lassen, so hat er sich vorher mit dem anderen Vertragspartner ins Benehmen zu setzen.
    Bei der Verwendung für sonstige staatliche Zwecke und/oder bei weltweiter Verwendung wird der Auftraggeber den Auftragnehmer möglichst frühzeitig davon unterrichten.
    Aus Gründen der Verteidigung kann der Auftraggeber verlangen, dass der Auftragnehmer die Ausfuhr und Vergabe von Nachbaurechten ins Ausland unterlässt. Gestattet der Auftragnehmer einem Dritten den Nachbau des entwickelten Gegenstandes, so hat er diesem die vorstehenden Verpflichtungen aufzuerlegen. Seinen ihm hiernach gegen den Dritten zustehenden

Anspruch hat er auf schriftliches Verlangen des Auftraggebers an diesen abzutreten.

11. Der Auftragnehmer wird in geeigneter Weise Sorge dafür tragen, dass er, soweit nach den für den Auftragnehmer geltenden Bestimmungen notwendig, die Rechte an in den Ergebnissen enthaltenen Schutzrechte von seinen Mitarbeitern erwirbt (Inanspruchnahme innerhalb der gesetzlichen Frist von 4 Monaten). Er wird die schutzrechtsfähigen Ergebnisse gem. Abs. 1 zum Schutzrecht anmelden und für die Dauer dieses Vertrages aufrechterhalten.
Will der Auftragnehmer im Anschluss ein unter diesen Vertrag fallendes Schutzrecht gem. Abs. 1 nicht weiterverfolgen oder ein erteiltes Schutzrecht nicht aufrechterhalten, so ist der Auftraggeber unverzüglich schriftlich zu informieren und ihm das Schutzrecht zur kostenlosen Übernahme anzubieten. Sofern der Auftraggeber die schriftliche Annahme dieses Übernahmeangebotes innerhalb von 4 Wochen nach Zugang erklärt, hat er die Kosten der Übertragung sowie Fortführung und Aufrechterhaltung dieses Schutzrechts zu tragen, andernfalls ist der Auftragnehmer ohne weitere Nachricht berechtigt, die beabsichtigte Schutzrechtsaufgabe durchzuführen.
Im Falle der einvernehmlichen Übernahme eines solchen Schutzrechts werden die Vertragspartner alle zur Übertragung erforderlichen und zumutbaren Handlungen und Erklärungen abgeben. Im Falle einer Schutzrechtsübertragung auf den Auftraggeber behält der Auftragnehmer ein nichtausschließliches, nicht übertragbares und nicht unterlizenzierbares Nutzungsrecht für eigene Zwecke.
Der Auftragnehmer ist im Rahmen dieses Vertrags nicht verpflichtet, die unter Abs. 2 fallenden Schutzrechte aufrechtzuerhalten und ist jederzeit berechtigt, diese Schutzrechte aufzugeben. Für diese aufgegebenen Schutzrechte entfällt in diesem Fall auch die Verpflichtung zur Entrichtung einer Benutzungsgebühr gem. § 15 ABEI.
Sofern er die in Abs. 2 genannten Nutzungsrechte z. B. im Wege einer Veräußerung auf Dritte überträgt, so hat er dafür Sorge zu tragen, dass bei einer Übertragung des dieser Nutzungsrechte zugrundeliegenden Schutzrechte die Belastungen durch diese Nutzungsrechte vom Übernehmer des Schutzrechts mit übernommen werden.

12. Der Auftragnehmer wird die nach dem Vertrag vorgesehenen Rechtseinräumungen auf den Auftraggeber erforderlichenfalls durch entsprechende Vereinbarungen mit den von ihm bei der Vertragsdurchführung einzusetzenden Mitarbeitern sicherstellen. Das bedeutet, dass er insbesondere die schutzrechtsfähigen Erfindungen, die seine Arbeitnehmer bei der

Durchführung des Entwicklungsvorhabens machen, unbeschränkt in Anspruch nimmt.
Bei der Vergabe von Entwicklungsanteilen an Unterauftragnehmer gilt 4.4.5 ZVB/BMVg.

13. Soweit im Vertrag keine abweichende Regelung getroffen ist, sind zu liefernde technische und nichttechnische Informationen vom Auftragnehmer wie folgt benutzungsrechtlich zu kennzeichnen:

    - Bei Einräumung nichtausschließlicher Nutzungsrechte an den Auftraggeber: „Benutzungsrecht nach VG 95034 beachten!"
    - Bei Lieferung von Informationen ohne gesonderte Einräumung von Nutzungsrechten an den Auftraggeber: „Urheber: (Firma) Schutzvermerk ISO 16016 beachten."

    Sollten im Einzelfall doch ausschließliche Nutzungsrechte eingeräumt werden oder wenn die Gestaltung ausschließlich vom Auftraggeber erarbeitet wurde, ist folgende Kennzeichnung vorzunehmen:

    - „Weitergabe, Vervielfältigung, Veröffentlichung sowie jede Form der Verwertung sind nur mit ausdrücklicher Zustimmung der BRD zulässig. Zuwiderhandlungen verpflichten zum Schadensersatz!"

    Es ist im Regelfall ausreichend, wenn der Schutzrechtsvermerk bei mehrseitigen Unterlagen auf dem Deckblatt aufgebracht ist. Bei zu liefernder Software sind der Datenträger und die Dokumentation entsprechend zu kennzeichnen. Treffen die vorgenannten Voraussetzungen für in sich abgeschlossene Teile von Unterlagen unterschiedlich zu, so können diese Teile fallspezifisch unterschiedlich zu kennzeichnen sein. In Zweifelsfällen wird der Auftraggeber die Entscheidung des Auftraggebers einholen.

§ 3 § 15 Benutzungsentgelt im Vertragsmuster „Entwicklungsvertrag Inland"

In § 15 des Vertragsmusters wird die Benutzungsgebühr auf 3 % limitiert. Damit wird die in § 15 ABEI eingeräumte Flexiblität erneut deutlich eingeschränkt. Die Verfasserin kann das Ansinnen des öffentlichen Auftraggebers eine Überschaubarkeit hinsichtlich möglicher finanzieller Verpflichtungen zu behalten durchaus nachvollziehen. Dennoch sollte es in Einzelfällen möglich sein, eine höhere Benutzungsgebühr zu vereinbaren. Dies kann z.B. bei Durchführung einer Anpassentwicklung der Fall sein, wenn der Anteil der verwendeten Altrechte im Entwicklungsergebnis überproportional hoch ist.

§ 15 Benutzungsentgelt

(1) Die Benutzungsgebühr gem. § 15 ABEI darf in der Regel 3 v. H. der Gegenstände, die unter Benutzung der in § 12 Abs. 2 genannten Rechte hergestellt worden sind, nicht übersteigen.

Sofern der einzuräumende Anteil der Altrechte im Einzelfall so hoch bzw. so bedeutend ist, dass der o.g. Höchstprozentsatz von 3% in einem Missverhältnis zum Wert der einzuräumenden Benutzungsrechte an den Altrechten steht, so ist auf Verlangen des Auftragnehmers eine Anpassung des Prozentsatzes über den o.g. Höchstbetrag hinaus vorzunehmen, so dass dem Auftragnehmer eine den Umständen nach angemessene Beteiligung gewährt wird.

Bestehen Gegenstände nach Satz 1 aus mehreren Teilen, so ist Bemessungsgrundlage lediglich der Anteil am Nettoverkaufspreis, der auf das betroffene Teil bzw. die betroffenen Teile entfällt. Die Benutzungsgebühr wird mit steigender Stückzahl nach unten gestaffelt und läuft bei einer bestimmten Stückzahl aus.

Ist ein Nettoverkaufspreis nicht zu ermitteln, so ist eine andere Bemessungsgrundlage zu vereinbaren.

§ 4 § 7 Abs. 11 im Vertragsmuster „Entwicklungsvertrag Inland"

Der Vorschlag nimmt vor allem die Ergebnisse der AGB-rechtlichen Prüfung auf und versucht eine AGB-rechtlich wirksame und angemessene Regelung zu finden. Bemessungsgrundlage für die Berechnung des pauschalen Schadensersatzes ist hierbei die Summe der in der Anlage [...] genannten höchstbegrenzten Vergütung für die jeweiligen Einzelleistungen/ Leistungspakete.

§ 7 Vergütung

(11) Der Auftragnehmer verpflichtet sich, die Einzelleistungen/Leistungspakete gem. Anlage [...] kostenrechnerisch getrennt zu erfassen. Ist der Auftragnehmer dieser Verpflichtung nicht nachgekommen, so ist der Auftraggeber **berechtigt, als pauschalen Schadensersatz einen Betrag in Höhe von 1 % der Vergütung der Summe der Höchstbeträge, der jeweils in Anlage [...] genannten Einzelleistungen/Leistungspakete geltend zu machen, wobei dem Auftragnehmer die Möglichkeit des Nachweises eines geringeren oder keines Schadens offensteht."**

8. Kapitel: Handlungsempfehlungen für den öffentlichen Auftraggeber für die künftige Beauftragung von FuE-Leistungen

Die im Rahmen dieser Arbeit durchgeführte Analyse der Vertragsbedingungen hat ergeben, dass Handlungsbedarf seitens des öffentlichen Auftraggebers für die künftige Beauftragung von FuE-Leistungen besteht. Nachfolgend werden die wichtigsten Ansätze kurz dargestellt.

§ 1 Anpassung der ABEI 2005 und des Vertragsmusters „Entwicklungsvertrag Inland“

In vertraglicher Hinsicht sollten insbesondere sowohl das Vertragsmuster „Entwicklungsvertrag Inland“ als auch die ABEI hinsichtlich der in den Kapiteln 5 und 6 dargestellten AGB- bzw. kartellrechtswidrigen Klauseln überarbeitet werden.

Des Weiteren wurden in Kapitel 7 diverse Formulierungsvorschläge gemacht, um die von der Industrieseite dargestellten Probleme in der täglichen Praxis zu lösen.

§ 2 Vertragliche Festlegung ob dienst- oder werkvertragliche Leistungen geschuldet sind

Die vorliegende Arbeit hat weiterhin gezeigt, dass die zu beauftragende FuE-Leistung im Einzelfall dem Dienst- und/oder dem Werkvertragsrecht unterfallen kann. Um Probleme bzw. Missverständnisse nach Vertragsschluss zu vermeiden und um die Vereinbarung interessengerechter Bedingungen für beide Parteien sicherzustellen, sind die Parteien bereits im Vorfeld dazu angehalten, jede jeweils zu erbringende FuE-Leistung konkret als Dienstleistung oder als Werkleistung festzulegen. So können durchaus im Rahmen eines einzigen Vertrages Dienst- und Werkleistungen zugleich Vertragsgegenstand sein. Kriterien für die Ermittlung von Dienst- oder Werkleistung sind insbesondere in Kapitel 1 § 3 B) III. dargestellt.

Hinsichtlich der anzuwendenden Bedingungen ist zu berücksichtigen, dass die ABEI – schon allein aufgrund der in § 1 Abs. 1 ABEI enthaltenen Bemühensklausel – eher auf die Erbringung dienstvertraglicher Leistungen ausgerichtet sind. Dies ist auch so gerechtfertigt, da die klassische Forschungs- und Entwicklungsleistung mit dem Merkmal des Betretens wissenschaftlichen Neulandes eben oftmals nur auf ein Bemühen ausgerichtet sein kann.

Sofern die Parteien im Einzelfall im Vorfeld von der Erbringung einer werkvertraglichen FuE-Leistung mit geringem technischem Risiko ausgehen, besteht die Möglichkeit, die Vertragsbedingungen diesbezüglich durchaus noch an manchen Stellen zu modifizieren, z.B. durch eine Streichung der Bemühensklausel, eine Änderung der Vergütungsregelung, eine Erweiterung der Gewährleistungsverpflichtung für den Auftragnehmer oder eine Einfügung einer Vertragsstrafenregelung. Der öffentliche Auftraggeber als monopolistischer Marktteilnehmer ist allerdings dabei angehalten, sehr maßvoll mit der Einstufung einer FuE-Leistung als werkvertragliche Leistung vorzugehen und dies entsprechend der Ausführungen der vorliegenden Arbeit auf Einzelfälle zu beschränken.

Aus diesem Grund wird auch kein Bedürfnis für die Erstellung weiterer Musterbedingungen für diese Art von Leistungen gesehen. So könnten z.B. im Vertragsmuster „Entwicklungsvertrag Inland" einige zusätzlich Alternativen/Textbausteine für die jeweiligen Bearbeiter/Ersteller aufgenommen werden. Sofern im Rahmen eines FuE-Auftrags ausnahmsweise nur werkvertragliche FuE-Leistungen zu erbringen sind, bietet sich auch die Vereinbarung eines Beschaffungsvertrags i.V.m. der EB-GRUR an.

§ 3 Weitere Ansätze zur interessensgerechten Optimierung des Vertragswerkes

Die im KPMG Gutachten[435] zurecht aufgezeigte Problematik, wonach wehrtechnische Produkt in vielen Fällen teurer werden als vertraglich ursprünglich vereinbart, zu spät geliefert werden und zudem noch mangelbehaftet sind, zeigt, dass sowohl Industrie als auch der öffentliche Auftraggeber gut beraten sind, neue Wege abseits der seit Jahrzehnten geübten Praxis einzuschlagen.

A. Vereinbarung von Meilensteinen

Es sollte in jedem Fall verstärkt auf die vertragliche Vereinbarung von Meilensteinen geachtet werden und diese sollten auch konsequent umgesetzt werden, da so der Projektfortschritt bereits in einem frühen Stadium verfolgt werden

435 KPMG/P3 Group/Taylor-Wessing: Umfangreiche Bestandsaufnahme und Risikoanalyse zentraler Rüstungsprojekte, Exzerpt, Stand 30.09.2014, unter www.bmvg.de/.../Exzerpt_Bestandsaufnahme_Ruestungsprojekte.pdf (26.10.2014), S.42; vgl. auch „Zusammenfassung und Thesen, B. Fazit und Ausblick, § 2".

kann und dadurch die Möglichkeit einer frühzeitigen Intervention bei auftretenden Problemen besteht.

B. „Cost-Sharing"-Systeme

Auch die Einführung von Anreizmechanismen bei der Vergütung könnte im Einzelfall ein sinnvoller Ansatz sein. Dies bedeutet, dass die Gewinnspanne der Industrie von dem Erreichen der vertraglich vereinbarten Ziele beeinflusst wird. Ein Bespiel dafür, ein sog. „Cost-Sharing"-System wird in Kapitel 6 § 2 B. II kurz dargestellt.

C. Vereinbarung von Leistungskorridoren

Zudem empfiehlt sich die Vereinbarung von sogenannten Leistungskorridoren. Es ist weder im Sinne des öffentlichen Aufraggebers noch der Industrie, wenn wie bisher in Entwicklungsverträgen Maximalforderungen spezifiziert werden, deren spezifikationsgerechte Lieferung nicht vorhersehbar ist, was im Ergebnis als Rechtsfolge die Unmöglichkeit der Leistung im Sinne von § 275 BGB herbeiführen könnte. Ziel des Bundes ist nicht primär die Geltendmachung von Schadensersatzansprüchen sondern der Zulauf optimaler Ausrüstung. Demzufolge sollten im Hinblick auf die wesentlichen technischen Spezifikationen Leistungskorridore vereinbart werden, die über Mehr-/Minderpreise ein Anreizsystem für die Industrie schaffen. Selbstverständlich sind auch Mindestanforderungen zu definieren bei deren Nichterreichung ein Rücktritts- und ggf. ein Schadensersatzrecht besteht. Eine solche Vertragsgestaltung ist auch haushaltsrechtlich nicht zu beanstanden, wenn die jeweiligen Maximalpreise entsprechend abgebildet werden.

D. Design-Freeze

Ein weiterer wesentlicher Schritt um die gesetzten Ziele zu erreichen, wäre bereits getan, würden Maßnahmen ergriffen, die hier unter dem Begriff „Design Freeze" subsumiert werden sollen. Hierunter ist die verbindliche Festschreibung von zu erreichenden technischen Spezifikationen, dem Stand der Technik und anzuwenden Rechtsnormen zu verstehen und zwar zum Zeitpunkt des Abschlusses des Entwicklungsvertrages.

Es ist bisher gängige Praxis, dass Konstruktionsstände erst nachträglich festgelegt werden, oftmals basierend auf zusätzlichen Wünschen des Auftraggebers oder auch Vorschlägen der Industrie.

Ebenso werden Änderungen im Stand der Technik, die sich während der Projektdurchführung ergeben technisch umgesetzt, selbst wenn diese wesentliche Auswirkung auf die Gesamtkonstruktion haben.

Auch nachträgliche Rechtsänderungen (z. B. Arbeitsschutzvorschriften) müssen nach den bisherigen Vorgaben vollumfänglich konstruktiv umgesetzt werden.

All dies hat zwangsläufig negative Auswirkungen auf den vereinbarten Preis, die festgelegten Lieferzeiten und die Qualität des Produktes.[436]

Entsprechend würden durch einen Design Freeze sowohl Industrie als auch der Kunde profitieren.

Im Hinblick auf nachträgliche Rechtsänderungen sollte eine generelle Bereichsausnahme für die Bundeswehr geschaffen werden. Kriegsgerät ist nicht mit zivilen Produkten vergleichbar und kann deswegen nicht denselben gesetzlichen Anforderungen unterliegen.

Selbstverständlich wird es auch bei strikter Anwendung eines Design Freeze, insbesondere bei langen Projektlaufzeiten Fälle geben, in denen Änderungen notwendig sind, so z. B. wenn aktuelle Software an die vorhandene Hardware anzupassen ist. Jedoch sind diese auf das zwingend notwendige Maß zu begrenzen und dann in einem formellen Änderungsvertrag einvernehmlich festzulegen. In diesem sind dann auch Auswirkungen auf die Liefer- und Meilensteinzeiten sowie den Preis zu vereinbaren.

Eng verbunden mit der Durchführung eines Design Freeze ist die konsequente Aufeinanderfolge der verschiedenen Programmphasen. Bei nahezu allen Großprojekten der Bundeswehr findet hier eine Überlappung der Phasen in dem Sinne statt, dass die Entwicklung noch nicht abgeschlossen ist, jedoch die Serie bereits ausgeliefert wird. Da es demzufolge in der Serie keinen einheitlichen

---

436 vgl. hierzu auch Friese, Ulrich: Zum Schutz der schwangeren Panzerfahrerin – wie fragwürdige Vorgaben der Bürokratie und Sonderwünsche des Militärs den Schützenpanzer Puma verteuern, FAZ vom 03.02.2015, S. 22, wonach im Innenraum des Schützenpanzers Puma nach Maßgabe der Arbeitsstättenverordnung so gute Klimabedingungen herrschen müssen, dass selbst für hochschwangere Soldatinnen die Beförderung noch möglich ist. Neben der Tatsache, dass in der Leistungsbeschreibung insgesamt 117 verschiedene gesetzliche Bestimmungen, Vorschriften und technische Vorgaben aufgelistet wurden führten auch insbesondere zahlreiche Sonderwünsche wie z. B. die Umrüstung von Schwarzweiß- auf Farbmonitore zu einem Anstieg des Stückpreises des Puma von ursprünglich 7 Millionen auf mittlerweile ca. 10 Millionen Euro.

Konstruktionsstand gibt, führt dies zu einem erheblichen Aufwand bei der Nachrüstung und wesentlichen Mehrkosten in der logistischen Versorgung.

Dies kann vermieden werden, indem die Serienfertigung erst begonnen wird, wenn das Entwicklungsergebnis formell abgenommen wurde. Voraussetzung hierfür ist, dass Industrie und öffentlicher Auftraggeber bei Vertragsschluss Termine vereinbaren, die realistisch sind und nicht politisch motiviert sind.

Werden diese Maßnahmen eingeleitet und durch ein vertraglich normiertes Vertrags- und Projektmanagement strikt umgesetzt und überwacht, können künftig Großvorhaben der Bundeswehr wesentlich schneller, kostengünstiger und spezifikationsgerechter durchgeführt werden, was nicht zuletzt im Interesse der Soldaten und Soldatinnen ist, die einen Anspruch auf die bestmögliche verfügbare Ausrüstung im Einsatz haben.

Zusammenfassung und Thesen

Resümierend werden die wichtigsten Erkenntnisse dieser Arbeit im Zusammenhang betrachtet:

A. Die wichtigsten Punkte

§ 1 Forschungs- und Entwicklungsverträge

Der Forschungs- und Entwicklungsvertrag bezeichnet ein Vertragsverhältnis zwischen Auftraggeber und Auftragnehmer über eine entgeltliche Forschungs- und Entwicklungsleistung.

Der Forschungs- und Entwicklungsvertrag lässt sich dabei nicht als ein einheitlicher Vertragstyp einordnen, sondern enthält als gemischter Vertrag Elemente verschiedener Vertragstypen wie z.B. dienst- oder werkvertragliche oder auch lizenzvertragliche Regelungen. Nach der Kombinationstheorie sind danach für jede Leistung die Vorschriften des entsprechenden Vertragstyps heranzuziehen.

Die rechtliche Einordnung der Forschungs- und Entwicklungsleistung ist jeweils im Einzelfall anhand des im Vertrag zum Ausdruck kommenden Willens der Vertragsparteien zu bestimmen. Sofern im Vertrag keine ausdrückliche Regelung getroffen wird, können rechtsfolgenbezogene Vereinbarungen (z.B. Gewährleistungsregelungen) oder die vertragliche Risikozuweisung Hinweise auf den Parteiwillen geben. Ein weiteres gewichtiges Indiz ist auch die Wahrscheinlichkeit des Erfolgseintritts, wobei der Stand der Technik dabei als Anhaltspunkt dient.

Die Einräumung von Nutzungsrechten an Schutzrechten, urheberrechtlich geschützten Werken und Know-how lässt sich hingegen als lizenzvertragliche Regelung einordnen. Der Lizenzvertrag kann ebenfalls keinem gesetzlich geregelten Vertragstypus zugeordnet werden sondern stellt einen Vertrag sui generis dar.

§ 2 Der Beschaffungsgang der Bundeswehr bei Entwicklungen im wehrtechnischen Bereich

Die Beschaffung der Bundeswehr erfolgt durch den öffentlichen Auftraggeber im Rahmen eines öffentlichen Auftrags i.S.v. § 99 GWB auf den jeweiligen Märkten. In Abgrenzung zur Zuwendung nimmt der öffentliche Auftragnehmer dabei wie ein Unternehmer am Wirtschaftsleben durch den Abschluss von zivilrechtlichen Verträgen teil.

Das öffentliche Auftragswesen ist dabei durch einige Besonderheiten wie z. B. dem haushaltsrechtlichen Gebot der Wirtschaftlichkeit und Sparsamkeit sowie einem Nachfragemonopol gekennzeichnet.

Die Beschaffung erfolgt auf Grundlage des Customer Product Managements (CPM), welche bundeswehrinterne Verfahrensbestimmungen zur Bedarfsermittlung und Bedarfsdeckung und Nutzung in der Bundeswehr darstellen. Dabei birgt insbesondere die Beteiligung der Industrie in Integrierten Projektteams (IPT's) neben kartell- und vergaberechtlichen Risiken durch Wettbewerbsverfälschungen auch erhebliche Nachteile für die am IPT teilnehmenden Unternehmen selbst. Neben der Verpflichtung zur Einräumung von kostenlosen Nutzungsrechten im Rahmen der IPT-Teilnahme schwebt nämlich auch vergaberechtlich das Damoklesschwert des Ausschlusses über ihnen.

Eine transparentere Gestaltung durch die Beteiligung von Unternehmen in IPT's im Rahmen von Studien- bzw. FuE-Aufträgen erscheint hier als ein wichtiger Schritt in die richtige Richtung.

Vergaberechtlich soll durch die Umsetzung der Richtlinie 2008/81/ EG im GWB bzw. im Rahmen der Schaffung der VSVgV der bislang abgeschottete Markt für Verteidigungs- und Sicherheitsbeschaffungen geöffnet werden. Für die Vergabe von FuE-Aufträgen ist dabei vor allem § 145 Nr. 6 GWB relevant, wonach Forschungs- und Entwicklungsleistungen vom Anwendungsbereich des 4. Teils des GWB ausgenommen sind, es sei denn der Auftraggeber erhält die ausschließlichen (Nutzungs-)Rechte an der Leistung, die von ihm voll vergütet wird. Eine Auslegung der Vorschrift ergibt, dass auch die FuE-Verträge, die auf Grundlage der ABEI geschlossen werden und nur die Einräumung eines nichtausschließlichen Nutzungsrechts für den öffentlichen Auftraggeber vorsehen, unter die Rückausnahme – und somit unter den Anwendungsbereich des 4. Teils des GWB – fallen müssen.

§ 3 Rahmenbedingungen von Forschungs- und Entwicklungsverträgen zwischen der öffentlichen Hand und Industriefirmen im wehrtechnischen Bereich

Der öffentliche Auftraggeber verwendet aus nachvollziehbaren Gründen (insbesondere aus Gründen der Verfahrensbeschleunigung, Ermöglichung der Vergleichbarkeit der Angebote etc.) diverse standardisierte Bedingungen bei der Vergabe von FuE-Leistungen. Je nach Art der Ausschreibung sind diese – meistens nur theoretisch – zwischen den Parteien verhandelbar.

Die Vergabevorschriften (§ 9 Abs. 1 VOL/A, § 11 Abs. 1 EG/VOL/A, § 10 Abs. 3 VSVgV) sehen dabei die Verpflichtung vor, die VOL/B grundsätzlich zum Vertragsbestandteil zu machen. Darüber hinaus existieren noch diverse Besondere und Ergänzende Vertragsbedingungen. Alle diese Bedingungen stellen nach herrschender Meinung Allgemeine Geschäftsbedingungen des öffentlichen Auftraggebers dar.

§ 4 Allgemeine Bedingungen für Entwicklungsverträge mit Industriefirmen

Der Vergleich mit den gesetzlichen Regelungen zeigt die Notwendigkeit, spezifische vertragliche Regelungen zu vereinbaren. So werden die gesetzlichen Regelungen insbesondere in den Punkten Haftung- und Gewährleistung, Verletzung von Schutzrechten Dritter und vorzeitige Beendigung den Parteiinteressen nicht gerecht; gesetzliche Regelungen zur Verteilung der Rechte an den FuE-Ergebnissen sind kaum vorhanden, so dass in diesem Fall die Rechteverteilung oftmals nur über eine Vertragsauslegung zu ermitteln ist.

Die ABEI wurde 1959 mit dem dazugehörigen Musterentwicklungsvertrag implementiert und zeigt, dass man versuchte, ein Regelwerk zu erstellen, welches um einen angemessenen Ausgleich zwischen den Interessen des öffentlichen Auftraggebers und der Industrie bestrebt ist. Unter Berücksichtigung der Komplexität des FuE-Vorhabens und der Unsicherheit der Erfolgserreichung fand dabei grundsätzlich eine Risikoverlagerung für die Erreichbarkeit des Entwicklungsziels auf den Auftraggeber statt. Dies manifestierte sich vor allem durch die Aufnahme einer Bemühensklausel in § 1 Abs. 1 ABEI und der Vereinbarung sog. Selbstkostenerstattungspreise. Die Reformen der ABEI bis zur Version ABEI 2005 zeigen allerdings, dass die Position des Auftragnehmers sukzessive verschlechtert wurde, insbesondere bei den Nutzungsrechten.

§ 5 Die Wirksamkeit wesentlicher Regelungen der ABEI 2005 als Allgemeine Geschäftsbedingungen im Sinne von §§ 305 ff BGB

Bei der ABEI 2005 handelt es sich um Allgemeine Geschäftsbedingungen i.S.v. §§ 305 ff BGB, die einer Inhaltskontrolle zugänglich sind. Eine solche findet auch statt, wenn die ABEI insgesamt und ohne inhaltliche Abweichung in den Vertrag übernommen wurde; eine analoge Anwendung der Regelung zur VOB/B gem. § 310 Abs. 1 S. 3. BGB ist abzulehnen.

Im Rahmen der Inhaltskontrolle ist eine Zuordnung der FuE-Leistung zum Werk- oder Dienstvertragsrecht unabdingbar, da die jeweiligen gesetzlichen Regelungen als Leitbilder dienen.

Die Untersuchungen haben ergeben, dass eine generelle Zuordnung der FuE-Leistung zum Werk- oder Dienstvertragsrecht nicht möglich ist, sondern von einer Einzelfallbetrachtung abhängt. Dabei kann insbesondere die jeweilige Leistungsbeschreibung ausschlaggebend sein, wenn dort z.B. die Risikoverteilung abgeleitet werden kann. Aufgrund der enthaltenen Bemühensklausel gem. § 1 Abs. 1 ABEI wird dabei oftmals das Ergebnis der Auslegung die Anwendung von Dienstvertragsrecht ergeben.

Die parallel durchgeführte Inhaltskontrolle für Werk- und Dienstvertragsrecht ergibt hinsichtlich des § 3 Abs. 2 ABEI eine AGB-rechtliche Wirksamkeit, die Prüfung des § 19 ABEI– außerordentliche Kündigung – kommt zu dem Ergebnis, dass § 19 Abs. 2 S. 1 ABEI aufgrund eines Verstoßes gegen das Transparenzgebot unwirksam ist.

§ 12 Abs. 1 und 2 ABEI zählen nach Ansicht der Verfasserin ebenfalls zu den kontrollfähigen Regelungen gem. § 307 Abs. 3 BGB, die im Ergebnis AGB-rechtlich wirksam sind.

§ 6 Umsetzung der ABEI 2005 in der Praxis und Erfahrungen der Industrieseite

Eine im Rahmen dieser Arbeit durchgeführte Umfrage unter diversen Unternehmen der wehrtechnischen Branche ergab, dass viele der befragten Teilnehmer der Ansicht sind, dass entweder die ABEI selbst bzw. die weiteren Modifikationen der ABEI im Vertragsmuster „Entwicklungsvertrag Inland“ zu einer unausgewogenen Vertragsgestaltung im Rahmen von FuE-Vorhaben beitragen. Regelmäßig schließt der öffentliche Auftraggeber z.B. die sog. „Bemühensklausel“ gem. § 1 Abs. 1 ABEI aus und vereinbart als Vergütungsart entweder Selbstkostenfestpreise oder Selbstkostenerstattungspreise (unter Ausschluss von § 5 Abs. 5 ABEI).

Darüber hinaus beschränkt der öffentliche Auftraggeber die Anwendung der ABEI nicht nur auf FuE-Vorhaben sondern wendet diese auch auf weitere Vertragsarten, wie z.B. Studienverträge oder Kaufverträge, an.

Die Praxistauglichkeit oder andere Probleme wie unklare Formulierungen werden von vielen Befragten ebenfalls moniert.

Eine genauere Betrachtung des Vertragsmusters „Entwicklungsvertrag Inland“ bestätigt die Umfrageergebnisse, da der öffentliche Auftraggeber in der Praxis diverse Bestimmungen der ABEI zum Nachteil des Auftragnehmers modifiziert. Die AGB-rechtliche Prüfung ergibt hierbei, dass die Verlängerung der Gewährleistungsfrist von 6 auf 24 Monate in § 6 des Vertragsmusters, die Änderungen der Regelungen zum Benutzungsentgelt in § 15 Abs. 1, 4 des Vertragsmusters, des Benutzungsrechts gem. § 12 ABEI in § 16 des Vertragsmusters sowie die Streichung der Haftungsbegrenzung in § 10 Abs. 7 in § 21 Abs. 1, 1. Spiegelstrich des Vertragsmusters rechtlich noch zulässig sind. Die Prüfung der Klauseln über eine Übertragbarkeit der Nutzungsrechte an Altrechten gem. § 16 Abs. 1 S. 1, das Absetzen von 5% der Vergütung in § 7 Abs. 11 des Vertragsmusters sowie die Verlängerung der Verjährungsfrist für Rückforderungsansprüche gem. § 7 Abs. 11 des Vertragsmusters kommt hingegen zum Ergebnis einer AGB-rechtlichen Unwirksamkeit.

Eine in der Praxis regelmäßig vorgenommene Modifikation ist lt. Erfahrungen der Industrieseite die Streichung der Bemühensklausel in § 1 Abs. 1 ABEI. Obwohl dadurch nicht automatisch eine Änderung des Vertragscharakters von Dienst- auf Werkvertrag stattfindet, sondern die vertragstypologische Einordnung anhand einer umfassenden Würdigung des Einzelvertrags stattfinden muss, verschiebt sich die Wertung – und auch das Verständnis der beiden Vertragsparteien vom Charakter der FuE-Leistung – durchaus in Richtung Werkvertrag.

Daneben wird fast immer ein Selbstkostenfestpreis vereinbart bzw. ein Selbstkostenerstattungspreis unter Ausschluss von § 5 Abs. 5 ABEI. Diesem Vorgehen liegen in der Regel fiskalische Erwägungen des öffentlichen Auftraggebers zugrunde. Zwar kann diese Praxis rechtlich nicht beanstandet werden, es findet allerdings dadurch eine weitere Verschiebung des Entwicklungsrisikos auf den Auftragnehmer statt[437]. Selbst für den öffentlichen Auftraggeber wirkt sich dieses Vorgehen nicht immer zu seinem Vorteil aus, denn wenn der Auftragnehmer die Entwicklungsrisiken sicherheitshalber in sein Angebot einpreist, muss der Auftraggeber u.U. damit rechnen, einen erhöhten Preis zu bezahlen. Eine bedarfsgerechte und vernünftige Definition des Entwicklungsziels sowie die Vereinbarung von „cost-sharing"-Systemen können hier mögliche Lösungswege darstellen.

Eine Ausweitung der Anwendung der ABEI auf andere Verträge ist bei Forschungs- und Studienverträgen in der Regel unproblematisch, da vor allem die AGB-rechtliche Wirksamkeit für Werk- und Dienstverträge geprüft wurde und diese bezüglich der Ergebnisse gleichlaufend waren.

Die Anwendung der ABEI bei sog. Anpassentwicklungen stellt hinsichtlich der Regelung § 12 Abs. 2 ABEI einen Verstoß gegen das in § 307 Abs. 1 S. 2 BGB niedergelegte Transparenzgebot dar.

---

437 vgl. auch das Resümee von Tom Enders (Airbus), der für den Transportflieger A400M einen Festpreis vereinbart hat und eine jahrelange Diskussion über die Übernahme der Mehrkosten entbrannte: „Wir werden nicht noch einmal für ein solches Projekt einen Festpreis vereinbaren und damit das Risiko einseitig auf uns nehmen" (Handelsblatt vom 15.10.2014, S. 19).

Kartellrechtlich betrachtet missbraucht der öffentliche Auftraggeber durch die Verwendung des Vertragsmusters „Entwicklungsvertrag Inland“, von welchem die ABEI ein Bestandteil ist, seine marktbeherrschende Stellung gem. § 19 Abs. 1 GWB i.V.m. §§ 305 ff BGB. Bei der Prüfung des Tatbestandes ist dabei die gesetzliche Wertentscheidung, die der Inhaltskontrolle nach § 307 BGB zugrunde liegt, zu berücksichtigen. Dabei ist auch das Kriterium erfüllt, dass hier die im Handelsverkehr untypische Situation vorliegt, dass der Auftragnehmer die AGB des Auftraggebers nur deswegen akzeptiert, weil der öffentliche Auftraggeber ihn unter Ausnutzung seiner Marktmacht – in der Regel im Rahmen einer Ausschreibung –dazu „gezwungen hat. Auch das weitere Kriterium, nämlich ob durch die AGB eine unverhältnismäßige Risikoverteilung zu Lasten der Gegenpartei vorgenommen wurde, kann hier bejaht werden, da vor allem durch die Verwendung der AGB-rechtswidrigen Klauseln in § 7 Abs. 11 des Vertragsmusters „Entwicklungsvertrag Inland“ ein Kostenrisiko im Millionenbereich entstehen kann.

Der Tatbestand gem. § 19 Abs. 2 Nr. 2 GWB i.V.m. §§ 305 ff BGB ist hingegen nicht erfüllt, da das hier zugrundeliegende Vergleichsmarktkonzept durch die strukturellen Unterschiede nicht auf andere Märkte (im Ausland) angewendet werden kann.

Im Einzelfall kann ein Missbrauch gem. § 19 Abs. 1 GWB vorliegen, wenn der öffentliche Auftraggeber Entwicklungsrisiken systematisch auf die Industrieseite abwälzt.

Den Kartellbehörden steht gem. § 32 Abs. 1 GWB die Möglichkeit offen, die Zuwiderhandlungen gegen § 19 GWB u.a. durch Abmahnungen entgegenzutreten.

§ 7 Neuformulierung und Handlungsempfehlung für den öffentlichen Auftraggeber

Im Rahmen dieser Arbeit wurde weiterhin eine Neuformulierung einiger Klauseln erarbeitet. So wurden die AGB-rechtswidrigen Klauseln des § 7 Abs. 11 des Vertragsmusters „Entwicklungsvertrag Inland“ AGB-konform gestaltet und die in der Praxis oft als missverständlich oder unklar monierten §§ 9, 12 und 15 ABEI neu formuliert und dabei präzisiert.

Als Handlungsempfehlung sollte der öffentlichen Auftraggeber neben der Beseitigung der AGB- und auch kartellrechtswidrigen Klauseln vor allem einen verstärkten Fokus auf die vorvertragliche Definition von Dienst- oder Werkleistungen mit den entsprechenden vertraglichen Konsequenzen legen. Sofern man sich für eine werkvertragsrechtliche Ausgestaltung entscheidet, bietet die

Vereinbarung von Leistungskorridoren eine Möglichkeit, den Vertrag flexibler und interessensgerechter auszugestalten. Neben der Vereinbarung von Meilensteinen ist auch ein sog. „Design-Freeze" ein wichtiger Ansatz um die Vorhaben fristgemäß und kostengünstiger abzuwickeln.

B. Fazit und Ausblick

§ 1 Fazit dieser Arbeit

Die Arbeit zeigt, dass die ABEI bei der Einführung ein hehres Ziel verfolgte, nämlich bei der Beauftragung von FuE-Leistungen einen interessengerechten Ausgleich zwischen Auftragnehmer und öffentlichem Auftraggeber zu schaffen. Dies zeigte sich vor allem durch die Aufnahme einer Bemühensklausel, die regelmäßig auf die Vereinbarung von Dienstvertragsrecht bzgl. der zu erbringenden FuE-Leistungen hindeutet und somit aus Sicht des Auftragnehmers vorteilhaft ist.

Allerdings offenbarte die weitere Betrachtung, dass der öffentliche Auftraggeber die Inhalte dieser Bedingungen zu Lasten des Auftragnehmers nach und nach verändert hat, sei es durch die Erweiterung der einzuräumenden Nutzungsrechte oder in der Praxis durch die Aufnahme abweichender Regelungen in den Mustervertrag. Insbesondere ist die konsequente Streichung der Bemühensklausel augenfällig, was auf die Intention des öffentlichen Auftraggebers hindeutet, die Vergabe von FuE-Leistungen durchgängig dem Werkvertragsrecht zu unterwerfen. Durch seine Monopolstellung und die Vergabe von FuE-Verträgen im Ausschreibungsverfahren kann der öffentliche Auftraggeber dies in der Regel auch durchsetzen, so dass eine durchgängige Risikoverschiebung auf den Auftragnehmer stattgefunden hat.

Im Ergebnis ist dies jedoch nicht mehr interessengerecht. Es sollte vielmehr im Einzelfall vorab festgestellt werden, inwieweit hier eine tatsächliche Dienstleistung vergeben wird, z.B. eine Entwicklung, bei welcher der Auftragnehmer in großem Umfang technisches Neuland betritt. In diesen Fällen (und ggf. auch aus anderen Gründen) sollte die FuE-Leistung dienstvertraglicher Natur sein, was sich insbesondere durch die Beibehaltung der Bemühensklausel, Vereinbarung von Selbstkostenerstattungspreisen (inkl. § 5 Abs. 5 ABEI) und in der Leistungsbeschreibung widerspiegeln sollte.

Andernfalls kann dies im Einzelfall auch zu einem Kartellrechtsverstoß führen.

Gleiches gilt für die im Rahmen dieser Arbeit ermittelten AGB-rechtswidrigen Klauseln, insbesondere im Mustervertrag „Entwicklungsvertrag Inland".

Hier sollte der öffentliche Auftraggeber schnellstmöglich Abhilfe schaffen und diese AGB-rechtskonform gestalten.

§ 2 Auswirkungen des Gutachtens von KPMG

Im Juni 2014 beauftragte das Bundesverteidigungsministerium bei einem Konsortium aus KPMG, Taylor Wessing und der Ingenieurgesellschaft P3 die Erstellung eines Gutachtens, welches die Gründe für die massiven Verzögerungen und Verteuerungen bei der Bundeswehr untersuchen sollte.

Zusammengefasst lassen sich die Missstände bei den untersuchten neun Großprojekten im Wesentlichen unter der Formel „zu spät und teurer als geplant und anfangs Minderleistung" darstellen.

Vertragsrechtlich wurde insbesondere die mangelnde Verankerung der Kosten-, Termin und Leistungsziele des Bundes moniert sowie die Verwendung von zahlreichen, nur geringfügig angepassten, hierarchisch aufgebauten und aufeinander bezogener Musterverträgen selbst bei großvolumigen und hochkomplexen Großprojekten. Das vertragliche Musterwesen würde – neben personellen Unterbesetzungen – zu unpräzisen Gewährleistungs- und Haftungsklauseln führen. Zudem enthielten die Verträge keine hinreichenden Anreize des Bundes, industrieseitig zu priorisieren und innerhalb des Kosten-, Zeit- und Leistungsrahmens zu erfüllen.[438] Insgesamt erscheint das KPMG-Gutachten aber auch ein politisches Papier zu sein. Zum Teil ist die Kritik oberflächlich und nicht sachgerecht und zeugt von geringer Kenntnis der Praxis des wehrtechnischen Beschaffungswesens. Man kann sich des Eindrucks nicht erwehren, dass das Ergebnis des Gutachtens einem bestimmten politischen Willen dienen soll.

Insofern sollte man aber dem Verlangen widerstehen und die Lösung nicht in einer vorschnellen Überarbeitung bzw. Erweiterung der bestehenden Musterverträge oder gar einer völlig individuellen Vertragsausgestaltung für jedes einzelne Beschaffungsvorhaben suchen. Bei der enormen Anzahl der zu schließenden Verträge im wehrtechnischen Beschaffungswesen bringt die Verwendung von Musterverträgen – wie bereits unter Kapitel 3 §1 dargestellt –zahlreiche Vorteile mit sich und erfüllt insbesondere die Vorgabe des § 55 Abs. 2 BHO, bei der Vergabe von Verträgen nach einheitlichen Richtlinien zu verfahren.

---

438 KPMG/P3 Group/Taylor-Wessing: Umfangreiche Bestandsaufnahme und Risikoanalyse zentraler Rüstungsprojekte, Exzerpt, Stand 30.09.2014, unter www.bmvg.de/.../Exzerpt_Bestandsaufnahme_Ruestungsprojekte.pdf (26.10.2014), S.42.

Dies schließt natürlich nicht aus, hochkomplexen Vorhaben bzw. (internationalen) Großprojekten angemessen Rechnung zu tragen und diese Musterbedingungen im Einzelfall bei konkretem Bedarf zu erweitern/anzupassen bzw. bei internationalen Großprojekten individuelle Bedingungen zwischen den verschiedenen Auftraggebern abzustimmen, wobei auch hervorzuheben ist, dass sich die Tauglichkeit eines Vertrags zu einem komplexen Vorhaben nicht zwangsläufig an dem Umfang der Bestimmungen misst.[439]

Die erwähnten unpräzisen Gewährleistungs- und Haftungsklauseln konnten bei der Prüfung nicht erkannt werden, eine allgemeine Haftungsbegrenzung ist außerhalb der in § 3 ABEI und § 14 VOL/B erwähnten Beschränkung der Haftung bei Mängeln auf den mangelhaften Gegenstand selbst nicht enthalten, so dass es sich dabei vermutlich um individualvertragliche Regelungen handeln wird.

Der wichtigste Ansatz ist, dass vor allem der öffentliche Auftraggeber vorab seinen Bedarf und seine Ziele in einer projektverantwortlichen Stelle bündeln und diese auch – am besten in Kooperation mit dem potentiellen Auftragnehmer – realistisch formulieren muss. Diese Kernaufgabe ist vertraglich vor allem in der Leistungsbeschreibung umzusetzen. Nur so lassen sich die zahlreichen Änderungsverträge mitsamt Kostensteigerungen und Terminverzügen in den Griff bekommen. Auch die Vereinbarung von Leistungskorridoren sowie ein „Design-Freeze"[440] können hierzu einen Beitrag leisten.

Vertragsrechtlich sind die bestehenden Musterverträge unter Berücksichtigung der in dieser Arbeit aufgezeigten Probleme als Basis grundsätzlich ausreichend. Hierbei sei auch auf die Ausführungen in Kapitel 8 bzgl. der weiteren Handlungsempfehlungen für den öffentlichen Auftraggeber verwiesen.

Die große Herausforderung wird dabei für den öffentliche Auftraggeber sein, nicht dem Reiz zu erliegen, die Bedingungen nur einseitig zu seinen Gunsten zu modifizieren, z.B. in der ABEI dem Bund bei einer bezahlten Entwicklung die ausschließlichen Rechte zuzugestehen. Vielmehr ist er dazu angehalten, gemäß seiner Verantwortung als monopolistischer Nachfrager im öffentlichen Auftragswesen einen ausgewogenen Ausgleich der Parteiinteressen anzustreben.

---

439 dass Vertragsmuster für FuE-Leistungen dabei nicht hochkomplex und umfangreich sein müssen, zeigen die Vertragsmuster in der einschlägigen Literatur z.B. im Pagenberg/Beier: Lizenzverträge, Muster 9, „Entwicklungsvertrag", welches ca. fünf Seiten umfasst oder Möfferts fünfzehnseitiger Musterentwicklungsvertrag in: Möffert: Der Forschungs- und Entwicklungsvertrag, S. 23–38.

440 Vgl. Kapitel 8 Handlungsempfehlungen.

Die hohe Aktualität der vorliegenden Arbeit zeigt sich in den gegenwärtigen Bestrebungen des Bundesministeriums der Verteidigung das Beschaffungswesen der Bundeswehr und insbesondere die vertraglichen Regelungen zu optimieren. Erfreulich hierbei ist, dass dies in einem Dialog mit der wehrtechnischen Industrie erfolgen soll. Inwieweit gegenwärtige Bestrebungen des Bundes die ABEI abzuschaffen bzw. künftig generell nicht mehr anzuwenden zielführend sind, hängt davon ab, wie die erforderlichen Regelungen, sei es durch Individualvereinbarungen bei Großprojekten oder vorgegebene Textbausteine in die Verträge einfließen. Entscheidend wird dabei sein, inhaltlich eine angemessene Aufteilung des Entwicklungsrisikos bei Entwicklungsverträgen zwischen Industrie und Bund vorzunehmen. Hierzu gehört, dass dem öffentlichen Auftraggeber einfache Nutzungsrechte wie bisher gemäß der ABEI 2005 übertragen werden. Lediglich bei bundeswehrspezifischen Unterlagen, wie z.B. für die sogenannte Interaktive Technische Dokumentation (IETD) kann eine Einräumung von ausschließlichen Nutzungsrechten zugunsten des Bundes in Betracht kommen. Voraussetzung hierfür ist aber eine angemessene Bezahlung, sowie eine bereits bei Vertragsschluss vereinbarte Regelung zu einer Rücklizensierung. Ebenso ist im Sinne eines ausgewogenen Ausgleichs der jeweiligen Parteiinteressen weiterhin in bestimmten Fallkonstellationen die inhaltliche Anwendung der Bemühensklausel gemäß § 1 Abs. 1 ABEI zu prüfen. Deren generelle Abschaffung, wie derzeit von der Amtsseite gefordert, würde der Komplexität eines militärischen Entwicklungsvorhabens nicht gerecht werden.

In jedem Fall kann diese Dissertation bei der zu erwartenden Überarbeitung der bestehenden Regelungen eine Hilfestellung leisten, um künftig eine rechtssichere und ausgewogene Vertragsgrundlage für FuE-Projekte zu schaffen.

Literaturverzeichnis

Anspach, Joachim/Walitschek, Hubert F.: Die Bundeswehr als Auftraggeber. Ein Wegweiser für Industrie, Handel, Handwerk und Dienstleistungsgewerbe, 2. überarbeitete Auflage, Koblenz 1986.

BAAINBw: Auftraggeber Bundeswehr, Stand Dezember 2014, abrufbar unter http://www.baainbw.de/portal/a/baain/!ut/p/c4/04_SB8K8xLLM9MSSzPy-8xBz9CP3I5EyrpHK9pMTEzDy9stSi9MSkVL3E0rSSosR0_YJsR0UAehl-P1Q!!/ (abgerufen am 09.01.2014).

Bartenbach, Kurt: Patentlizenz- und Know-how-Vertrag, 7. neubearbeitete Auflage, Köln 2013.

BDSV: Positionspapier zur wehrtechnischen Forschung und Technologie des Bundesverbandes der Deutschen Sicherheits- und Verteidigungsindustrie e. V. (BDSV) unter http://www.bdsv.eu/de/Presse/Positionen.htm (abgerufen am 26.10.2014).

Beaumart, Markus: Werkerfolgsrisiken in F&E-Verträgen in: Nicklisch, Fritz (Hrsg) Forschungs- und Entwicklungsverträge in Wissenschaft und Technik, München 2004.

Bechthold, Rainer: GWB – Kartellgesetz; Gesetz gegen Wettbewerbsbeschränkungen Kommentar, 7. Auflage, München 2013, zit: Bechthold: GWB.

Benkard, Georg: Patentgesetz: PatG, 10. neubearbeitete Auflage, München 2006

BMVg: Bericht der Ad-hoc Arbeitsgruppe EURO HAWK vom 05.06.2013, unter www.bmvg.de/resource/resource/.../sachstandsbericht.pdf (abgerufen am 27.10.2014).

BMVg AIN: Customer Product Management (nov.) Verfahrensbestimmungen für die Bedarfsermittlung, Bedarfsdeckung und Nutzung in der Bundeswehr vom 12.11.2012, unter www.baain.de/resource/resource/.../CPM_(nov.).pdf (abgerufen am 27.10.2014).

BMVg AIN: Leitfaden für die Beteiligung der Industrie in Integrierten Projektteams (IPT) vom 19.09.2013, unter http://www.spectaris.de/spectaris-infoletter/aeltere-ausgaben/092013/photonik-praezisionstechnik/leitfaden-fuer-die-beteiligung-der-industrie-in-integrierten-projektteams-ipt-veroeffentlicht.html (abgerufen am 09.01.2015).

Brandi-Dohrn, Matthias: Das Risiko im Entwicklungsvertrag, CR 1998, S. 645 ff.

Breidenbach, Stephan: Die Voraussetzungen von Informationspflichten beim Vertragsschluss, Diss., München 1989.

Broschwitz, Johannes: Festpreise für Entwicklungsleistungen in öffentlichen Aufträgen, DB 1971, S. 2369 ff.

Busse, Rudolf: Patentgesetz, 7. neubearbeitete und erweiterte Auflage, Berlin 2013

Byok, Jan/Jaeger, Wolfgang: Kommentar zum Vergaberecht, 3. überarbeitete Auflage, Frankfurt/Main 2011.

Daub, Walter/Eberstein, Hans H.: Kommentar zur VOL/A, 5. neubearbeitete und erweiterte Auflage, Düsseldorf 2000.

Daub, Walter/Eberstein, Hans H.: Kommentar zur VOL/B, 5. neubearbeitete Auflage, Düsseldorf 2003.

Dieblich, Franz/Von Wietersheim, Mark/Zeiss, Christopher: Vergabe- und Vertragsrecht, 4. aktualisierte und erweiterte Auflage, Köln 2012.

Dippel, Norbert/Sterner, Frank/Zeiss, Christopher: Praxiskommentar Beschaffung im Verteidigungs- und Sicherheitsbereich, Köln 2013.

Dreier, Thomas/ Schulze, Gernot: Urheberrechtsgesetz: UrhG, 4. Auflage, München 2013.

Dreyer, Gunda/Kotthoff, Jost/Meckel, Astrid: Urheberrecht, 3. neubearbeitete Auflage, Heidelberg 2013.

Ebisch, Hellmuth/Gottschalk, Joachim/Hoffjan, Andreas/Müller, Hans-Peter/ Waldmann, Bettin: Preise und Preisprüfungen bei öffentlichen Aufträgen, 8. Auflage, München 2010.

Emmerich, Volker: Kartellrecht, 10. Auflage, München 2006.

Feil, Thomas/Leitzen, Werner: EVB-IT Kommentar, Köln 2003.

Feuchtmeyer, Eberhard/Wiegand, Klaus: Vergabepraxis der Bundeswehr – Aus Sicht der Ausrüstungsindustrie, Wehrtechnik 1979, Heft 1, S. 23.

Fleischer, Holger: Informationsasymmetrie im Vertragsrecht, Habil., München 2001.

Frenz, Walter: Handbuch Europarecht, Band 3, Beihilfe- und Vergaberecht, Heidelberg 2007.

Gempe, Michael: Haftung für Rechtsmängel im Zusammenhang mit der Durchführung von Forschungs- und Entwicklungsaufträgen, Diss. an der Friedrich-Schiller-Universität, Dresden 2008, zit: Gempe, Haftung für Rechtsmängel.

Groß, Michael: Der Lizenzvertrag, 10. aktualisierte und erweiterte Auflage, Frankfurt/ Main 2011.

Hasselblatt, Gordian: Münchener Anwaltshandbuch Gewerblicher Rechtsschutz, 4., überarbeitete Auflage, München 2012.

Heiermann, Wolfgang/Zeiss, Christopher/Blaufuss, Jörg: Juris PraxisKommentar Vergaberecht, GWB- VgV – SektVO – VOB/A, 3. Auflage, Saarbrücken 2013.

Henn, Günter: Patent- und Know-how-Lizenzvertrag – Handbuch für die Praxis, 5., neu bearbeitete Auflage, Heidelberg 2003.

Hertel, Karl-August/Ludwig, Roland: Schriften zum öffentlichen Auftragswesen, Heft 8, Der öffentliche Auftrag – außer Bauleistungen – unter besonderer Berücksichtigung von Bundeswehraufträgen, Hamburg 1992.

Hoeren, Thomas: IT-Verträge und Kreativverträge in: von Westphalen, Friedrich, Vertragsrecht und AGB-Klauselwerke, 35. Ergänzungslieferung 2014.

Immenga, Ulrich/Mestmäcker, Ernst-Joachim: Wettbewerbsrecht, Band 2, Teil 1 GWB, 5. Auflage, München 2012.

Jank, Volkmar/Zdzieblo, Wolfgang: Schriften zum öffentlichen Auftragswesen, Heft 1, Einführung in das öffentliche Auftragswesen, Hamburg 1987.

Kaiser, Lorenz/Wurzer, Alexander: Handbuch internationaler Know-how-Schutz, 2. Auflage, Köln 2011.

Klemm, Egon: Schutzrechte, „Entwicklungsergebnis" und Benutzungsrechte des öffentlichen Auftraggebers bei sog. Entwicklungsaufträgen, DB 1968, S. 2259 ff.

Kloster, Andrea: Auftraggebergemeinschaften der öffentlichen Hand, Diss., Frankfurt/Main 2008.

Koch, Thurid: Die Haftungsfreizeichung bei Forschungs- und Entwicklungsverträgen, Diss., 1. Auflage 2009, Baden Baden 2009, zit: Koch, Haftungsfreizeichung.

Kordel, Guido: Missbrauch einer marktbeherrschenden Stellung durch Verwendung zivilrechtswidriger AGB „im Auftrag des Bundes" – Die neuen AGB der Toll Collect aus der Sicht des deutschen und europäischen Kartellrechts, ZWeR 2005, S. 359 ff. Zit: Kordel: Missbrauch einer marktbeherrschenden Stellung.

KPMG/ P3 Group/ Taylor-Wessing: Umfangreiche Bestandsaufnahme und Risikoanalyse zentraler Rüstungsprojekte, Exzerpt, Stand 30.09.2014, unter www.bmvg.de/…/Exzerpt_Bestandsaufnahme_Ruestungsprojekte.pdf (26.10.2014).

Krapke, Paul-Werner: Leopard 2: sein Werden und seine Leistung, 1. Auflage, Norderstedt 2004.

Kulartz, Hans-Peter/Marx, Fridhelm/Portz, Norbert/Prieß, Hans-Joachim: Kommentar zur VOL/A, 3. Auflage, Köln 2014.

Lange, Knut Werner: Handbuch zum deutschen und europäischen Kartellrecht, 2. vollständig überarbeitete Auflage, Frankfurt/Main 2006.

Langen, Eugen/Bunte, Hermann-Josef: Kommentar zum deutschen und europäischen Kartellrecht, Band 1 Deutsches Kartellrecht, 12. Auflage 2014.

Leinemann, Ralf/Kirch, Thomas: VSVgV Vergabeverordnung Verteidigung und Sicherheit mit Gesetz gegen Wettbewerbsbeschränkungen – 4. Teil – Auszug – und VOB/A-VS Kommentar, 1. Auflage München 2013.

Lempe Franziska: Die rechtliche Kartografierung von Forschungs- und Entwicklungsverträgen, Diss., Marburg 2012, zit: Lempe, Kartografierung, S.

Loewenheim, Ulrich: Handbuch des Urheberrechts, 2. Auflage 2010.

Loewenheim, Ulrich/Meessen, Karl M./Riesenkampff, Alexander: Kartellrecht Kommentar, 2. Auflage, München 2009.

Löwenstein, Michael: AGB-Probleme beim Ein- und Verkauf von Computersoftware, BB, Heft 26, 1985, S. 1696 ff.

Manowski, Peter: Werkvertragsrecht – die Neuerungen durch § 651 und der Abschied vom Werklieferungsvertrag, MDR 15/2003, S. 855.

Meierrose, Rudolf: Grundsätze für Verhandlungen über Entwicklungsaufträge und deren vertragliche Gestaltung, in: Jahrbuch des Postwesens, Neunter Jahrgang 1959, S. 348 ff, Windsheim 1960.

Meierrose, Rudolf: Das Gesetz gegen Wettbewerbsbeschränkungen (GgW) und die Deutsche Bundespost, Zeitschift für das Post- und Fermeldewesen, 1957, S. 925 ff.

Mes, Peter: PatG/ GebrMG, 3. Auflage, München 2011.

Möffert, Franz-Josef: Der Forschungs- und Entwicklungsvertrag, 3. Auflage, München 2008.

Möffert, Franz-Josef: Forschungs- und Entwicklungsverträge in: Münchener Vertragshandbuch, Band 3, Wirtschaftsrecht II, S. 225–277, 6. neubearbeitete Auflage, München 2009.

Müller-Hengstenberg, Claus-Dieter: Quo Vadis EVB-IT-Verträge, CR 2006, S. 426 ff.

Müller-Hengstenberg, Claus-Dieter: Vertragsbedingungen für Softwareverträge der öffentlichen Hand, 7. neu bearbeitete und wesentlich erweiterte Auflage, Berlin 2008.

Müller-Henneberg, Hans/Schwartz, Gustav/Hootz, Christian: Gesetz gegen Wettbewerbsbeschränkungen und Europäisches Kartellrecht – Gemeinschaftskommentar, 5. völlig neubearbeitete Auflage, München 2001.

Müller-Wrede, Malte: GWB- Vergaberecht Kommentar, 2. Auflage, Köln 2014.

Müller-Wrede, Malte: Kompendium des Vergaberechts, Systematische Darstellung unter Berücksichtigung des EU-Vergaberechts, 2. aktualisierte und erweiterte Auflage, Köln 2013, zit: Müller-Wrede: Kompendium des Vergabrechts.

Müller-Wrede, Malte: VOL/A Kommentar, 3. Auflage, Köln 2010.

Müller, Rainer: Preisgestaltung bei Bundeswehraufträgen, 2. neubearbeitete Auflage, Rheinbreitbach 1990.

Münchener Kommentar zum Europäischen und deutschen Wettbewerbsrecht (Kartellrecht): Band 2 – Gesetz gegen Wettbewerbsbeschränkungen, München 2008.

Münchener Kommentar, Kommentar zum Bürgerlichen Gesetzbuch: Band 2, Schuldrecht Allgemeiner Teil, §§ 241–432 Band 3, Schuldrecht Besonderer Teil I, §§ 433–610 Band 4, Schuldrecht Besonderer Teil II §§ 611–704 6. Auflage, München 2012 zit: MüKo, Bearbeiter § ….Rn.

Nicklisch, Fritz: Empfiehlt sich eine Neukonzeption des Werkvertragsrechts? Unter besonderer Berücksichtigung komplexer Langzeitverträge, JZ 1984, S. 757 ff.

Noelle, Thomas/Rogmans, Jan: Öffentliches Auftragswesen, 3. völlig überarbeitete und erweiterte Auflage, Berlin 2002.

OECD: Frascati Manual 2002, Proposed Standard Practice for Surveys on Research and Experimental Development, unter http://www.oecd-ilibrary.org/science-and-technology/frascati-manual-2002_9789264199040-en (abgerufen am 26.10.2014).

Oppenhoff & Partner: Newsletter Defence: Leitfaden für die Beteiligung der Industrie in Integrierten Projektteams (IPT): Sinnvolle Beteiligung oder rechtliches Minenfeld unter http://www.oppenhoff.eu/de/recht-aktuell/newsletter/articles/newsletter-defence-leitfaden-fuer-die-beteiligung-der-industrie-in-integrierten-projektteams-ipt-sinnvolle-beteiligungsmoeg lichk.html (abgerufen am 15.01.2015).

Paehler, Hans: Der Entwicklungsvertrag in der Wehrtechnik, Bundeswehrverwaltung 1960, S. 257 ff.

Pagenberg, Jochen/Beier, Dietrich: Lizenzverträge / License Agreements, 6., vollständig überarbeitete und erweiterte Auflage, München 2006.

Palandt, Otto: Bürgerliches Gesetzbuch: BGB mit Nebengesetzen, 73., neubearbeitete Auflage, München 2014, zit: Palandt, §. Rn.

Piesbergen, Heiko: CPM (nov.) der Bundeswehr – Möglichkeiten und Grenzen der Industriebeteiligung in iPTs, WT I/2013, S. 26 ff.

Pietzcker, Jost: Der Staatsauftrag als Instrument des Verwaltungshandelns, Tübingen 1978.

Plander, Harro/Schliek, Dagmar: Forschung als Gegenstand von Werkverträgen, RdA 1990, S. 219 ff.

Pünder, Hermann/Schellenberg, Martin: Vergaberecht Handkommentar, 1. Auflage, Baden-Baden 2011.

Rittner, Fritz: Schriften zum öffentlichen Auftragswesen, Heft 5; Rechtsgrundlage und Rechtsgrundsätze des öffentlichen Auftragswesens , Hamburg 1988, zit: Rittner, Rechtsgrundlage und Rechtsgrundsätze.

Rosenberger, Hans-Peter: Verträge über Forschung und Entwicklung, F&E-Kooperationen in rechtlicher und wirtschaftlicher Sicht, 2. Auflage Köln 2010, zit: Rosenberger: Verträge über Forschung und Entwicklung.

Schmeißer, Nikolai/ Zirkel, Markus: Forschungs- und Entwicklungsverträge – Rechtliche Einordnung und vertragliche Gestaltung, MDR 2003, S. 849 ff, zit: Schmeißer/ Zirkel: Forschungs- und Entwicklungsverträge.

Schneider, Gert: Betriebswirtschaftliche Problem in Verträgen über die Entwicklung von Rüstungsgütern, Diss., München 1964, zit: Schneider, Betriebswirtschaftliche Probleme.

Schütze, Rolf/Weipert, Lutz/ Cychowski, Christian: Münchener Vertragshandbuch, Band 3: Wirtschaftsrecht II, 6. Auflage, München 2009.

Schulte, Just: Kartellrecht – GWB, Kartellvergaberecht, EU-Kartellrecht, 1. Auflage, Köln 2012.

Solmecke, Christian: Wirksamkeit der Nutzungsbedingungen in sozialen Netzen, MMR 2012, S. 71 ff.

Staudinger, Julius von: Kommentar zum BGB, Buch 2 Recht der Schuldverhältnisse §§ 305–310, UKlaG, Neubearbeitung 2013.

Stöcklein, Richard: Das BWB als Vertragspartner, WT 1/76, S. 56 ff.

Ullrich, Hanns: Zum Werkerfolgsrisiko beim Forschungs- und Entwicklungsvertrag in: Festschrift für Wolfgang Fikentscher zum 70. Geburtstag, Tübingen 1998, S. 298 ff. Zit: Ullrich, Werkerfolgsrisiko beim Forschungs- und Entwicklungsvertrag, S.

Ullrich, Hanns: Privatrechtsfragen der Forschungsförderung in der Bundesrepublik Deutschland, Band 2, Weinheim 1984, zit: Ullrich, Privatrechtsfragen.

Ullrich, Roman: Lizenzverträge und ihre Inhaltskontrolle im unternehmerischen Geschäftsverkehr, Diss., Frankfurt/Main 2013.

Ulmer, Peter/Brandner, Hans E./Hensen, Horst Diether: AGB-Recht Kommentar zu den §§ 305–310 BGB und zum UKlaG, 11., neu bearbeitete Auflage, Köln 2011, zit: Ulmer/ Brandner/ Hensen: AGB-Recht.

Ulsenheimer, Stefan: Die zwischenbetriebliche Forschungs- und Entwicklungskooperation, Diss., Frankfurt 2001.

VDA : Jahresbericht der Jahre 1966/1967, unter https://www.vda.de/de/publikationen/jahresberichte/(abgerufen am 26.10.2014).

von Bernuth, Wolf: Die Bindung des AGB-Verwenders an unwirksame Klauseln – Grund und Grenzen, BB 1999, S. 1284 ff.

von Wietersheim, Mark: Vergaben im Bereich Verteidigung und Sicherheit, Gesetzliche Neuregelung und Anwendung, Köln 2013.

Walter, Otmar: Praxishandbuch VOL/B, 1. Auflage, Freiburg 2013.

Wandtke, Artur-Axel/Bullinger, Winfried: Praxiskommentar zum Urheberrecht, 4., neu bearbeitete Auflage, München 2014.

Westphalen, Friedrich Graf von: Der Software Entwicklungsvertrag - Vertragstyp - Risikobegrenzung in Büllesbach, Heymann: Informationsrecht 2000 - Perspektiven für das nächste Jahrzehnt, Köln 2001.

Weyand, Rudolf: Vergaberecht, Praxiskommentar zu GWB, VgV, SektVO, VS-VgV, VOB/A 2012, VOL/A, VOF mit sozialrechtlichen Vorschriften, 4. Auflage, München 2013.

Wiedemann, Gerhard: Handbuch des Kartellrechts, 2. Auflage, München 2008.

Winzer, Wolfgang: Forschungs- und Entwicklungsverträge - Ein Vertragshandbuch, 2. Auflage 2011.

Wolf, Manfred/Lindacher, Walter/Pfeiffer, Thomas: AGB-Recht Kommentar, 6. Auflage, München 2013.

Wolff, Eckart: Aufträge der öffentlichen Hand über Entwicklungsprojekte in der Raumfahrt in Nicklisch (Hrsg), Der komplexe Langzeitvertrag, Heidelberger Kolloquium Technolgie und Recht, 1986 Zit: Wolff, Aufträge der öffentlichen Hand über Entwicklungsprojekte in der Raumfahrt.

Zschucke, Heinrich: Das Geheimpatent sowie die Behandlung der Schutzrechte im staatlichen Entwicklungs- und Forschungsauftrag. (Referat gehalten vor dem Patentausschuss des Bundesverbandes der Deutschen Luftfahrtindustrie am 12. November 1958) Unveröffentlichtes Manuskript.

www.ingramcontent.com/pod-product-compliance
Ingram Content Group UK Ltd.
Pitfield, Milton Keynes, MK11 3LW, UK
UKHW021901290926
8980IPUK00015B/990

9 783631 677407